城市交通拥堵

|缓解之路|

The Road to Easing Urban Traffic Congestion

杭 文 著

东南大学出版社
·南京·

图书在版编目(CIP)数据

城市交通拥堵缓解之路/杭文著. — 南京:东南大学出版社,2019.5
 ISBN 978-7-5641-8278-6

Ⅰ.①城… Ⅱ.①杭… Ⅲ.①城市交通—交通拥挤—研究 Ⅳ.①U491.2

中国版本图书馆 CIP 数据核字(2019)第 023319 号

城市交通拥堵缓解之路
Chengshi Jiaotong Yongdu Huanjie Zhi lu

出版发行:东南大学出版社
社　　址:南京市四牌楼 2 号　邮编:210096
出 版 人:江建中
网　　址:http://www.seupress.com
电子邮箱:press@seupress.com
经　　销:全国各地新华书店
印　　刷:南京京新印刷有限公司
开　　本:700 mm×1 000 mm　1/16
印　　张:21.5
字　　数:420 千字
版　　次:2019 年 5 月第 1 版
印　　次:2019 年 5 月第 1 次印刷
书　　号:ISBN 978-7-5641-8278-6
定　　价:65.00 元

本社图书若有印装质量问题,请直接与营销部联系。电话(传真):025 - 83791830

自 序

创作本书的念头,始于5年前作者的申请书中标江苏省社会科学基金之际。5年来,作者一直未曾停止文献资料的查阅与数据案例积累,并前往美国、澳大利亚等国家驱车近3万km实地考察了十多座大城市的交通运作,终于在2017年夏秋之际积蓄了展开如此宏大叙事的勇气。回首漫长的写作过程,恰如孟子所言,"困于心,衡于虑,而后作"。

狭义的城市交通,属于工学领域。而城市交通系统,则是典型的复杂大系统。针对某一交通方式的改善政策,却可能给其他交通方式带来极大的困难。同时,交通系统是城市运作的"派生性"系统,交通现象体现的是城市运作和人们行为的逻辑。国际上其他城市某些"先进"的做法或"漂亮"的指标,简单地照搬至中国城市却可能"水土不服"。因此,更重要的工作,是系统、深入地理解中国大城市的运作模式及其对城市交通的影响,即"价值观蕴含方法论"。

基于此,本书写作的目的,是试图从交通工程学、城市地理学、经济学、复杂系统理论等多学科视角,分析转型期中国大城市交通系统的运行逻辑,解释大城市交通拥堵的概念、特征、致因、演化规律和影响,并在对比国内外大城市交通发展经验教训的基础上,提出中国大城市缓解交通拥堵的近远期策略。本书尝试着回答了下述问题:交通拥堵是怎么形成的?中国大城市的交通拥堵比国外严重吗?人们为什么会觉得交通拥堵难以忍受?交通拥堵的实质是什么?消除交通拥堵是否应该成为终极目标?面对交通拥堵,城市和我们又可以做哪些?

全书分为三篇十五章。第1章到第5章为"概念篇",阐述了中国城市发展模式与特征对交通的影响,从客观与主观两个角度分析了中国城市交通拥堵的测度指标、拥堵程度、时空特征、出行者行为及心理,运用复杂系统科学和经济学理论开创性地剖析了中国大城市路网的交通机理和不同主体对城市交通的理解,从城市运营者和交通出行者的双重视角揭示了交通拥堵的本质。第6章到第12章为"解析篇",选择了美、欧、亚三大洲十余座典型城市作为比较对象,结合"都市圈""中心城区""建成区"等概念对中外城市交通的发展水平进行了准确的数据对比,从城市道路基础设施、停车设施、公共交通、私人小汽车交通、非机动车交通和弱势群体交通等视角,深入解析了中外城市交通资源使用、分配和管理模式的经济机理,并提出了中国城市交通各方面改进的参照对象和技术细节。第13章到第15章为"展望篇",结合前文的分析结果与对未来的情景预判,从城市运营者和交通运营管理者两种视角提出了中国大城市缓解交通拥堵的近期和远期策略。

  在本书的撰写过程中,笔者得到了东南大学谢远长博士与顾志康博士、美国阿贡国家实验室王全录博士与周艳博士、南京大学石飞博士、江苏省城市规划设计研究院李铭博士等业内翘楚的大力支持。东南大学出版社的许进老师为本书的构思和出版提供了极大的帮助。刘伟、贺琨、潘煜斌、杨剑寅、薛思洁、王玥、邱晶琛、赵天一、殷实、钟敏儿、陈心雨、舒世瑶、任萍、张子儒、马伟国、吴双等同学积极参与了书中数据和案例的搜集整理工作。本书的完成亦得到江苏省社会科学基金项目"江苏城市交通发展及管理创新研究"(12GLC006)、中央高校基本科研业务费专项资金项目"纳入出行者不舒适度的大城市交通拥堵疏解技术研究"(2242016K40107)和江苏省社科应用研究课题和文化精品课题"城市交通拥堵的症结与缓解对策研究"(12SYA-017)的资助。书中很多内容参考了其他同行及相关人士的著作、观点和其他文献资料,在此一并对诸位表示衷心的感谢!

  书中力求尽量深入地进行事实判断,而将价值判断交由各位读者完成。同时,希望书中的一些思想和做法能够抛砖引玉,启发读者。当然,由于作者水平有限,书中难免存在不妥和错误之处,责任全部由作者承担,恳请读者批评指正。

2019年1月于南京

目 录

第一篇　概念篇
——天下熙熙，皆为利来

第1章　交通与城市发展 … 2
1.1　城市的意义 … 2
1.2　城市化 … 8
1.3　优质资源 … 17
1.4　大院制 … 22

第2章　交通拥堵的客观测度 … 31
2.1　交通拥堵的工程学含义 … 31
2.2　交通拥堵评估与城市排名 … 36
2.3　交通拥堵的时空特征 … 45

第3章　交通出行者的行为与心理 … 53
3.1　小汽车出行者的行为与心理 … 53
3.2　公共交通出行者的行为与心理 … 63
3.3　非机动化交通出行者的行为与心理 … 70
3.4　交通拥堵主观感受与客观测度的关系 … 75

第4章　城市交通复杂大系统 … 84
4.1　城市交通系统 … 84
4.2　城市交通系统内部的复杂反馈性 … 90
4.3　城市路网的交通机理 … 93

第5章　城市交通拥堵的本质 … 104
5.1　城市交通是什么？ … 104
5.2　城市交通的投入与产出 … 109
5.3　交通拥堵的本质 … 115

第二篇 解析篇
——知其然，知其所以然

第6章 中外城市交通发展对比 124
  6.1 中外城市发展对比 124
  6.2 中外城市交通发展对比 137

第7章 城市道路基础设施 158
  7.1 路权分配 158
  7.2 道路设计与管理 173

第8章 城市停车设施 190
  8.1 路内停车泊位 190
  8.2 公共停车场 197
  8.3 专用停车场 202

第9章 城市公共交通 209
  9.1 城市公交 209
  9.2 出租车 229

第10章 私人小汽车交通 237
  10.1 汽车产业 237
  10.2 城市小汽车交通 240
  10.3 应如何看待小汽车交通 250

第11章 非机动化交通 253
  11.1 传统自行车交通 253
  11.2 电动自行车交通 257
  11.3 公共自行车交通 264
  11.4 共享单车 271
  11.5 步行 275

第12章 弱势群体的城市交通 280
  12.1 社会性弱势群体 280
  12.2 生理性弱势群体 286
  12.3 方式性弱势群体 290

第三篇 展望篇
——士不可以不弘毅,任重而道远

第13章 交通需求管理 ········ 298
- 13.1 交通需求管理概述 ········ 298
- 13.2 交通诱导 ········ 300
- 13.3 高峰时段定价 ········ 302
- 13.4 道路拥挤收费 ········ 306

第14章 中国大城市缓解交通拥堵的近期策略 ········ 311
- 14.1 情景预判 ········ 311
- 14.2 城市运营者视角 ········ 312
- 14.3 交通运营管理者视角 ········ 314

第15章 中国大城市缓解交通拥堵的远期策略 ········ 319
- 15.1 情景预判 ········ 319
- 15.2 城市运营者视角 ········ 320
- 15.3 交通运营管理者视角 ········ 321

结语 ········ 327

参考文献 ········ 329

第一篇 概念篇
——天下熙熙，皆为利来

第 1 章

交通与城市发展

本章分析了近 20 年来中国大城市"增长主义"的发展模式、城市化进程中的人口扩张和迁移特征、优质社会资源的集中化特征以及"大院制—大街区"的土地利用特征对城市交通的综合影响;解释了"职住分离"现象、密集的短期人口流动和"宽道路—稀路网"模式的形成与发展机理。

1.1 城市的意义

1. 城市的定义

城市,是大型的人类定居点。城市一般拥有大量的住房、交通、卫生、公用事业和土地利用,其密度促进了市民、政府组织和企业之间的相互作用并使得各方获益。中国的《城市规划基本术语标准》(建设部,1998)中指出,城市是"以非农业产业和非农业人口集聚为主要特征的居民点。"需要注意的是,中国的城市,是行政区划而非用地性质的概念:中国城市的市域范围中包含着农村;而发达国家城市(city)在立市之初或区划范围调整时,就意味着其市域范围内已经没有农村用地。

城市大小的分类,在不同的国家有着自己的标准。中国城市规模的划分标准是,城区常住人口:50 万以下的城市为小城市,50 万~100 万为中型城市,100 万~500 万为大城市,500 万~1 000 万为特大城市,1 000 万以上为超大城市。为了表述的方便,本书统称城区常住人口 100 万以上的城市为大城市。

2. 城市的意义

城市,既是生产的机器也是生活的容器,是人类利用资源、创造文明能力的最高表现。人们来到城市,在社会化分工中追求更高的生产效率,也在社会化共享中追求更高的生活质量。简·雅各布斯(1961)在《美国大城市的死与生》中写道,城市是创造财富和经济发展的引擎,人口聚集将使昂贵的公共基础设施在经济上可行,并支撑起多样化的公共生活;大城市是天然的多样化的发动机,是各种各样新企业的孵化器；大城市是成千上万各个行业小企业的天然经济家园。从这个意义上说，城市是物质的，城市的本质是提供公共服务，城市化就是不断地增加公共产品的过程(赵燕菁，2011)。

同时，城市是由人组成的社会网络，而非简单的人类聚居区。城市为不同文化背景的人们交流思想提供了自由和接近的机会——在人口密集的城市空间中人们可以面对面地完成思想交流和碰撞并相互启发——使知识的传播更加快捷和顺畅，也使人类创造力的迸发拥有无限的可能(张振鹏等，2014)。在当前的信息时代，城市更是为人类获取信息、做出选择、实现决策提供了空间与可能。正如美国学者刘易斯·芒福德(2005)所说："城市是一种特殊的构造，这种构造致密而紧凑，专门用来流传人类文明的成果。"从这个意义上说，城市的本质不是建筑，而是公共空间，是街道，是人和人之间的互动。

随着城市的扩张与发展，大城市里出现了人口膨胀、交通拥挤、住房困难、环境恶化、资源紧张等"大城市病"。一些大学毕业生和市民不堪忍受大城市的生活压力，选择了"逃离北上广"，到二、三线城市寻求新发展。然而，有更多的人在面对漫长的通勤时间和巨大的住房压力时，选择留在或前往大城市，为了梦想，为了更好的资源和机会，也为了改变人生的契机。

3. 增长主义的城市

中华人民共和国成立后，中国建立了中央集权的计划经济体制，实行低经济水平下的高积累政策和重工业优先发展战略，投资向城市和重工业倾斜。20世纪50年代中期，以二元户籍制度为核心的"城乡二元结构"开始形成，包括二元的土地制度、粮食供给制度、副食品与燃料供给制度、教育制度、就业制度、医疗制度、养老保险制度、生育制度等14个方面的社会制度体系。城乡二元结构限制人员、商品等自由流通，人为地将中国社会分割为城市和农村。与之相伴的是农民被限制在土地上，很难离开土地进入城市生活。

南京大学张京祥等(2013)认为，改革开放以来，尤其是20世纪90年代中后期以来，中国发展的内外部环境均发生了显著变化。随着全球经济地域分工、产业转移以及国内全面对外开放、加入世界贸易组织、分税制、土地使用制度、住房市场化等一系列改革的不断深入，面对机遇与挑战并存的经济全球化以及考核制度、地方财政短缺等多重压力，中国地方政府(其主体是地级市)逐步以城市空间(其核心是城市土地)为载体，建立起了中国大城市的"增长主义"发展模式，并进而衍生出一套以经济指标(以GDP为代表)增长为第一要务、以工业化大推进为增长引擎、以出口导向为经济增长主要方式、以制度设定攫取高额利润的相互嵌套的增长主义逻辑体系。正是经济增长至上、高额利润第一的"增长主义"发展战略，支撑了中国经济二十多年来的持续高速增长。如图1-1所示。

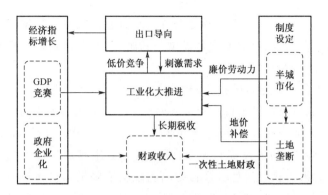

图 1-1 中国城市增长主义的逻辑

图片出处:张京祥,赵丹,陈浩.增长主义的终结与中国城市规划的转型.城市规划,2013,37(1)

1994 年之后,地级市为了支撑中国经济的真正主体,所谓的"唯 GDP"论,事实上就是残酷的"唯城市竞争论"(老蛮,2018)。城市空间资源作为地方政府通过行政权力可以直接干涉、有效组织的重要竞争元素,成为地方政府落实增长主义体系运转、实现价值再生产的重要载体。在经济指标增长的利益引诱下,地方政府以超前消费空间为代价换取城市的发展,这也使增长主义在城市空间上表现出城市工业用地与经营性用地同步扩张的基本空间表征(张京祥等,2013)。

低成本模式的工业化大推进产生了旺盛的用地需求,助推了城市空间的外延开发,各地工业园、开发区、产业园区层出不穷。这种板块式工业经济的驱动迅速拉开了城市的空间框架,而密集的工业板块经济之间残酷的资源竞争又进一步加剧了对空间的掠夺。与此同时,工业的快速发展对人口、产业等要素形成强大的集聚效应,并衍生出对经营性用地的旺盛需求;城市政府也迫切需要通过经营性用地的收益来弥补工业用地的巨大投入以实现基本的财务平衡,从而形成了城市空间扩张的利润生成循环。在城市建设的实践中,面对供不应求的用地需求以及考核竞争的环境,地方政府通过大手笔的规划使城市空间表现出"马赛克式"的碎片增长特征,城市建设用地以前所未有的速度扩张(张京祥等,2013)。如图 1-2 所示。

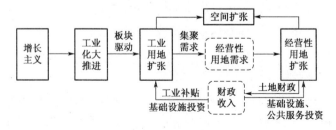

图 1-2 增长主义下的中国城市空间扩张循环

图片出处:张京祥,赵丹,陈浩.增长主义的终结与中国城市规划的转型.城市规划,2013,37(1)

在快速城市化的30余年中,中国的城市空间实现了快速扩张,然而却使城市空间的整体性遭到了一定程度的破坏。城市与乡镇、中心城区与外围城区、新城与旧城、高档社区与棚户区等,中国的城乡空间中呈现了纷繁复杂的马赛克式拼贴结构。不仅带来了表象上物质空间的分割,而且更重要的是其背后对城乡社会、文化环境和生活方式的割裂。在增长主义的城市中,流动人口是劳动力,而非市民;土地是商品,而非实现"栖居"的载体;空间是生产和工作的场所,而非生活设施和社会交往场所。而这些变化,都在冲击着机动化大潮下本已十分脆弱的城市交通系统。

4. 究竟是谁的大城市?

由于长期以来实行的"户籍"管理制度,加之大城市相对较高的户口迁入门槛,中国的大量流动人口并不能享受所在城市予以当地户籍人口的福利,只能暂时"寄居"在城市之中。即使如此,由于中国地区之间、城乡之间资源配置和发展水平的巨大差异,为了"逃离"贫穷、落后和上升渠道更窄的乡村和小城市,人们依然前赴后继地奔向大城市。人们之所以选择在城市居住和生活,除了乡村的落后和不堪,原因也在于城市的求知和就业机会多、劳动和资本收益大、价值观多元、各种中高端需求较容易得到满足。

2016年,中国流动人口总数达到2.45亿,主要从中西部地区流向沿海和一些区域性大城市。流入人口最集中的是在珠三角、长三角和京津冀三大都市圈。如图1-3、图1-4。

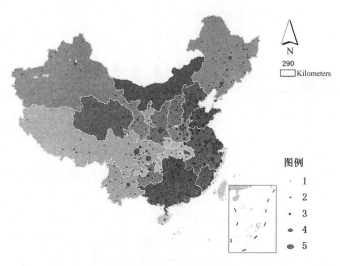

图1-3 基于常住人口迁徙的中国城镇化分区及城市中心性分级
图片出处:马琦伟,阚长城,2018

中国流动人口的大部分是青年务工农民。这些长期处于人户分离状态的农民工,难以获得以户籍制度为基础的城市住房保障及相关公共服务。由于城市高昂的房价和生活成本,加之就业和福利的不稳定,使得他们难以真正地融入城市生活。很多人选择将家庭中的老人和小孩留在农村地区(这就是"留守老人"和"留守儿童"的由来)而独自在城市里打拼。从年龄构成上来看,大城市外来常住人口中,中老年和儿童的比例远低于当地户籍人口(图1-5)。

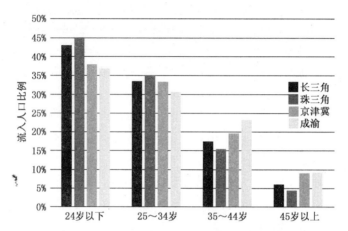

图1-4 2017年第二季度四大城市群流入人口年龄构成
图片出处:百度地图,2017年第二季度中国城市研究报告,2017.8.1

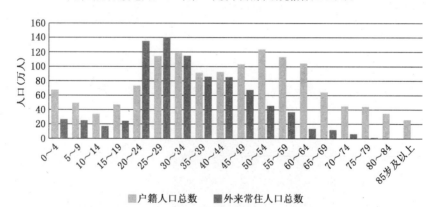

图1-5 2015年北京市户籍人口与外来常住人口分年龄人数对比
图片出处:本书作者绘制;数据来源:《2016北京统计年鉴》,北京市统计局,2016.10.

务工农民和小商户经营者的居住要求相对较低,选择也相对简单,通常就近居住在工地、工厂或商铺附近。对于文化层次或专业技能水平较高的"外来人才"来说,虽然更受大城市的欢迎,也容易融入城市生活(例如,符合户口迁入的人才引进政策),但居住和交通却成了更需权衡利弊的重要问题。

首先,中国城市居住用地的供应比例低于国际水平。与首尔、伦敦、东京等城市圈相比,由于北京、深圳、香港的土地用于居住用地的比例相对较少,导致住宅的容积率较高,且房价明显更高。体现在全球主要城市房价收入比数据上(图1-6),香港是30.91,上海是24.72,北京是24.47,显著高于全球其他主要城市(高善文,2017)。同时,中国不同城市居住用地的供给意愿也存在很大差异——中小城市的供地意愿相对较高,而大城市和特大城市供地意愿较低。加之大城市在公共服务和就业机会上要胜过中小城市,近年来与中小城市的房价差距越来越大。

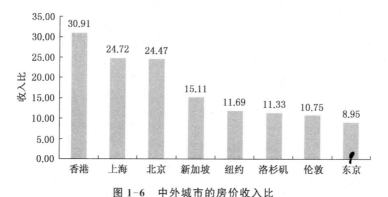

图1-6 中外城市的房价收入比

图片出处:高善文,土地供应垄断带来的扭曲:重点城市房价上涨之谜,清华金融评论,2017.2.5.

另外,对于迁入大城市的"外来人才"来说,由于无法像本地户籍人口那般继承长辈的房产,家乡房产的价值通常也远低于大城市,因此,在大城市置业的压力较大。于是,无论是购房还是租房,是选择中心城区较小、较旧的住宅以节省通勤距离(以及通勤时间和通勤成本),还是顶着日常的通勤压力去选择市郊较大、较新的房屋,是不少个人和家庭需要慎重考虑的问题(这也是本地户籍人口在购买/更换"改善型住房"时需要面对的问题)。如图1-7、图1-8所示。

图1-7 郊区90 m² 新建小高层,但需要每天开车或挤地铁1 h上班

图片出处:http://pinge.focus.cn/z/37153/

城市交通拥堵缓解之路

图 1-8　市区 40 m² 多层老小区，只需每天骑车 15 min 上班

图片出处：http://shijiazhuang.edushi.com/hy/2-11520.shtml

"36 大数据"(2015)分析了 20～30 岁大学及以上学历的工作人群在北京的职住分布情况，并以交通小区为分析单元，绘制了这些"外来人才"在京居住和就业的分布图：颜色越绿代表外来人才比例较高，越红代表本地人才比例较高。

外来青年人才大量安居(或租住)在海淀东部北部、朝阳、顺义、通州、亦庄、大兴等区域，在城市北、东、南三个方位形成一个倒"C"的包围圈。尤其是在回龙观、天通苑、沙河、宋庄以及黄村等部分区域，如果你遇到一个有大学以上学历的青年人，那么他/她有 90% 以上的可能会是个外地人。在北京，外来青年人才平均通勤距离近 20 km，他们从事信息技术、软件、互联网、新材料、新型制造业等高新技术行业工作。而本地的年轻人才更偏好在东城、西城、海淀西南部、丰台东南和河西、门头沟、房山等区域居住，呈带状分布。可见，尽管政府欢迎"外来高端人才"，但这些"人才"中的大部分却并未住进中心城区(36 大数据，2015)。

1.2　城市化

MIT 斯隆管理学院黄亚生教授认为，城市化，指的是农业人口向非农人口转化并在城市集中的过程，意味着乡土意识及行动和生活方式向城市意识及行动和生活方式的转变(黄亚生，2017)。1978 年 3 月，第三次全国城市工作会议树立了中国城市化发展的里程碑。在这之后的近 40 年里，中国人口的城市化率从 1978 年的 17.9% 迅速发展到 2017 年的 58.5%。当前，全国有十多个省份的城市化率(亦称城镇化率)超过了 60%，主要位于沿海地区，其中，上海、北京、广州、南京、厦门和天津均已超过80%,深圳的城市化率甚至已达到100%。

1. 城市建成区的扩大

中国三十多年的城市化进程,不仅体现在城镇人口占总人口(包括农业与非农业)的比重方面,也表现为城市建成区的不断扩大和城市常住人口的不断增加。

下面以城市化率位居榜首(87.6%)的上海市为例,分析城市化进程对城市交通的影响。1990~2000年,借着浦东新区开发开放的契机,上海中心城区(外环以内)外围快速发展,中心城区"退二进三"的产业调整也刺激了郊区工业化与城镇化的进程。建设用地的空间格局呈现出以中心城圈层蔓延为主、郊区城镇化为辅的特征(朱轶佳,2015)。2000年以来,随着中心城进一步向外蔓延,其边缘地带渐渐与郊区城镇融为一体,新兴工业区与郊区新城也逐步由点状向块状发展(朱轶佳,2015)。上海市的建设用地总量从1990年的1 151 km²增长至2016年的近3 200 km²,扩大了近2倍。

从空间变化上看,上海市建设用地的扩张呈由内而外的外推态势。借助内—中—外环线地域建设用地的占比,可以发现,1990年只有内环地域的建设用地比例超过50%,至1995年,内环内、内环—中环、中环—外环三个地域均达到70%左右,而2009年,这三类地域的建设用地占比均超过了80%;外环以外地域的建设用地占比也由1990年的14.15%增加到2009年的32.81%(朱轶佳,2015)。如图1-9所示。

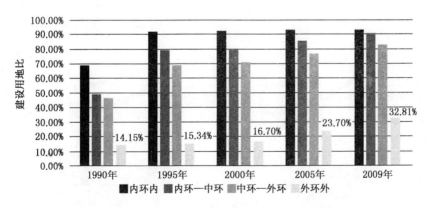

图1-9 上海市建设用地的扩张呈现出由内而外的外推态势

图片出处:朱轶佳,1990年以来上海建设用地扩展的时空演化特征研究,2015中国城市规划年会论文集,2015.9.

需要说明的是,"建设用地"并不等同于"城市建成区"。例如,上海外环之外有大量工业及物流用地,这些设施用地很多既具有农村特点又具有城市特点。通常将此类处于城市化进程某一阶段的地区称之为"半城市化"地区。"半城市化"是中国城市化进程中的一种特有现象,是指"农村人口向城市人口转化过程中的一种不完整状态(百度百科),其表现为,农民已经离开乡村到城市就业与生活,但他们在劳动报酬、子女教育、社会保障、住房等许多方面并不能与城市居民享有同等待遇,在城市没有选举权和被选举权等政治权利,不能真正融入城市社会。"从空间特征上来看,"半城市化"地区既有城市化水平较高的中心地域,也有城市化水平较低的边缘地域。从功能上看,正常的郊区化意指城市居民从中心城外迁,形成围绕城市的"卧城",而"半城市化"主要是由于非农产业,特别是制造业投资在城郊和乡村而引发的。因此,上海与中国其他城市目前存在的"半城市化"地区,并不属于城市建成区的范畴(图1-10)。

实际上,国家一直较严格地限制农用地转为建设用地,并控制着建设用地总量。一旦城市的开发规模接近建设用地总量控制上限,即使城市还在膨胀,也只能被迫转为存量规划(或者,如果可能的话,将城市扩展到区划以外),通过优化已有建设用地来提高城市容量。

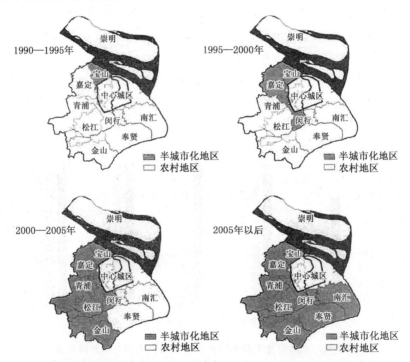

图1-10 1990—2009年上海市"半城市化"范围的变迁
图片出处:田莉,戈壁青,李永浮,1990年以来上海半城市化地区土地利用变化——时空特征和影响因素研究,城市规划,2014,38(6)

相对于上海市近3 200 km² 的建设用地面积,其城市建成区的面积只有1 400 km² 左右,位列中国第二;而中心城/中心城区(外环以内的区域)的面积仅为 660 km²。

2. 城市人口扩张

MIT 黄亚生教授认为,与其他国家所不同的是,在中国的城市化进程中,自发的市场作用并不明显,而地方政府在推动城市化过程中占了主导地位。一方面,政府对农村实行了一系列的抑制性政策,导致了农村的整体凋敝。这些政策包括减少农村财政支出、限制农村非正式金融、压制乡镇企业发展,使农民失去了在家乡谋生的机会。在抑制农村发展的同时,政府大力促进城市发展,投资城市基础设施建设,修建高楼大厦,为引进外资设立各种优惠条件。这些政策逐步导致了城乡差距的扩大,最终逼迫大量的农民背井离乡,去城市打工,形成了中国特色的农民工群体(黄亚生,2017)。

以上海为例,伴随着城市建设用地的增加,其常住人口也呈上升趋势。尤其是1990 年浦东新区开发开放后,常住人口增速明显。需要注意的是,上海市的户籍人口一直在以自然增长率"缓慢"增加。常住人口快速增加的真正动力,源自大量"外来常住人口"的涌入①,即"人的城镇化"严重滞后于"土地城镇化"。

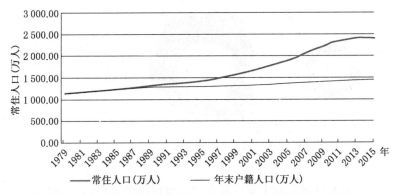

图 1-11　改革开放以来上海市常住人口与户籍人口的变化
图片出处:本书作者绘制,数据来源:《2016 上海统计年鉴》

1990—2016 年,上海全市常住人口从 1 334 万增加至 2 420 万。其中,户籍人口仅增加了 12.2%(1 283 万至 1 440 万);而外来常住人口却由 50 万增加到了近 980 万,增幅超过 18 倍,占比从城市常住人口的 3.8% 壮大为 40.5%。可见,外来人口的增长是上海市常住人口增长的主体(图 1-11)。

从外来人口的空间分布上看,外来常住人口大部分居住在中心城区以外的区域(例如浦东新区外环以外部分、闵行区、松江区,外来常住人口均超过 100 万人)。2015 年,上海市中心城区的外来常住人口约 250 万,人口占比约为 27%;而中心城

---

① 当外来流动人口在本地居住 6 个月以上且经济和生活与本户连成一体,就成为"常住人口"。

区以外的区域,外来常住人口约735万,人口比重高达49%(在闵行、奉贤、青浦、嘉定、松江区均超过50%,其中,在松江更是高达62%)。

这种外来常住人口的占比由内向外增长的空间分布趋势,与北京也非常相似(图1-12)。北京市2环以内的外来常住人口占比为27%;在5~6环之间区域这一占比已高达62%(这里有许多大大小小的生产制造企业和物流快递配送点,吸引了大量外来务工人员)。区别在于,由于上海中心城区以外多为"半城市化"区域,而北京6环外还有大片农村地区,对外来人口的吸引力较低(外来常住人口仅占12%)。

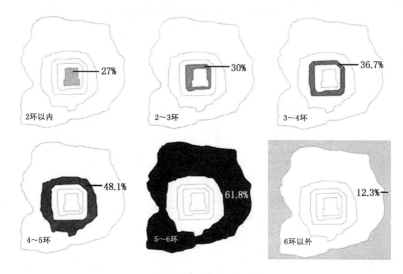

图 1-12　北京市各环路间的外来常住人口占比
图片出处:小芽、小浪,数据解读城市:北京 本地人 VS 外地人,36 大数据,2015.11.18.

虽然上海市人口增长的主要区域在中心城区以外,但从人口密度上来看,中心城区及其边缘依然远高于外围地区。

需要补充的是,除了外来常住人口,大城市的活动人群中,还有大量短期外来人员,比如游客、探亲访友者、求医的病患及陪同的亲友、来京出差的商务人士等。由于中国的诸多优质资源集中于大城市中心城区,短期外来人员的数量及其产生的交通影响不容忽视。

3. 城市人口疏解

为了给城市的继续发展和升级创造空间,并缓解核心区(内环内)的交通拥堵,上海出台了市中心人口疏解的一系列政策,主要包括:严格限制内环内区域的居住用地出让和住宅建设;对市中心进行大规模旧城改造,把旧区居民拆离市中心;在近远郊各处兴建大型居住社区,以承接新增人口与市中心迁出人口;在郊区建设独立新城,增加就业岗位等。

得益于上海市政府强大的执行力,在全市人口高速增长了近44%(从2000年的1 600万增长到2010年的2 300万),城市近郊区及新城人口大部分都有飞速增长的情况下,内环内的人口数量硬是被降了下来(郭斌亮等,2015)。

市中心人口外迁的主要去向,是中心城区的边缘地带——内外环间与近郊区。从规模上看,全市居住用地从1990年的177 km² 增长至2009年的481 km²,年均增幅达8%。从空间上看,外推趋势明显(图1-13)。1997年,上海的居住用地主要分布在中心城区内(0~20 km范围),峰值距中心10 km;2006年,居住用地的覆盖范围明显变大,距中心0~50 km的范围内均有一定数量超过500公顷的居住用地,峰值较1997年外推2 km;到2009年,居住用地规模进一步增加并出现4个峰值,分别距中心10 km、18 km、36 km和46 km,对应于内环内、内外环间、近郊区和远郊区(朱轶佳,2015)。伴随着城市居住用地的外迁,内环以内的常住人口逐步向外疏解,内外环间常住人口持续增长。2008年,中心城区的常住人口总数较2003年仅增加35万人,而近郊区、远郊区则分别新增常住人口80万人和61万人,近郊区已成为吸纳常住人口增长的主要地带(陆锡明,2011)。

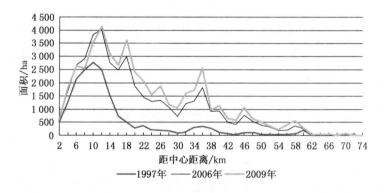

图1-13 1997~2009年上海市居住用地圈层分布变化

图片出处:朱轶佳,1990年以来上海建设用地扩展的时空演化特征研究,2015中国城市规划年会论文集,2015.9。

4. 城市人口变化的交通影响

然而,在人口向外疏解的同时,就业岗位却没有同步外移,相反,服务业还有向心集聚的趋势(图1-14)。毕竟,服务业特别是生产性服务业、社会服务业已经成为中国大城市经济增长的主要动力。以内环内浦西苏州河以南区域加浦东内环—杨高南路—源深路—黄浦江围合的区域(59 km²)为例,常住人口从2003年的240万人降至2008年的200万人,而就业岗位则从199万个提高到202万个,岗位人口比由0.8提高到1.0;相应的建筑密度增长了24%,其中公共建筑等非居住用地比例提高到60%(陆锡明,2011)。而对于城市近郊新建的住宅小区,较低端的配套服务对户籍人口的就业吸引力不足。于是,从市中心迁来的本地人口大多需要继续在中心城区的工作。

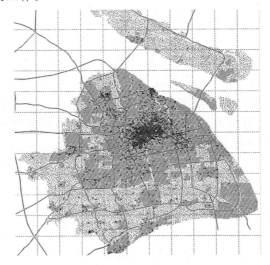

图 1-14 上海市生产性服务业的就业岗位分布
图片出处:郭斌亮、汤舸、高路拓,人口疏解,让城市变得更拥堵,城市数据团,2015.3.8.

据统计,城市人口每增加 1 人,平均会带来 2.1～2.8 次的日交通出行量。上海市常住人口出行率从 2004 年的 2.21 次提高到 2009 年的 2.23 次,其中,中心城区常住人口出行率从 2.36 次提高到 2.37 次。随着大城市常住人口与短期流动人口规模的快速膨胀,必然带来交通出行需求的绝对增加(陆锡明,2011)。同时,外迁的人口与内聚的就业岗位,造成"职住分离"现象愈发突出,导致进出中心城区的交通联系增长十分迅速。2009 年日均约 379 万人次进出中心城区,较 2004 年增长 21%,进出内环的日均出行量[①]增长了 11%。从各区域内部出行的角度来看,内外环间区域的交通出行量增长了 12%,近郊区内部的交通出行量增长了 16%,远郊区内部的交通出行量则增长了 9%,而内环内的交通出行量仅增长了 4%(陆锡明,2011)。

从出行结构来看(图 1-15、图 1-16),全市范围和中心城区的共同趋势,是步行和自行车出行向电(助)动车和机动化交通转化。两者相比,中心城区的公共交通占比远高于全市平均水平,这也体现了中心城区公共交通可达性和服务水平更高的事实。

---

① "一次出行",通常是指单程 400 m 以上或步行时间 5 min 以上,利用城市市政设施(城市道路与公路、公共交通设施等)实现某一主要目的的单向出行活动。

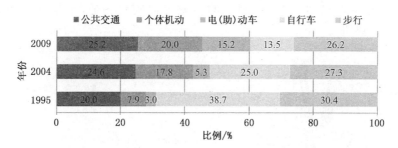

图 1-15　1995、2004 和 2009 年上海全市出行结构

图片出处:陆锡明,顾啸涛,上海市第五次居民出行调查与交通特征研究,城市交通,2011,9(5)

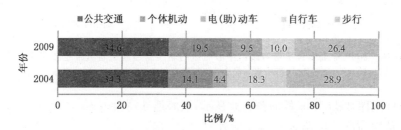

图 1-16　2004 和 2009 年上海中心城区出行结构

图片出处:陆锡明,顾啸涛,上海市第五次居民出行调查与交通特征研究,城市交通,2011,9(5)

从出行目的角度来看(图 1-17),通勤(从家中往返工作地点)出行与非通勤(以娱乐、购物、悠闲等为目的)出行的总数接近,但通勤出行中的机动化交通比重(62.4%)远高于非通勤出行(46.7%),加之通勤出行更集中于高峰时段,因此,人口与用地空间的变化,不仅导致通勤距离和通勤时间的增加,也形成了高峰时段中心城区更多的机动化通勤交通(陆锡明,2011)。

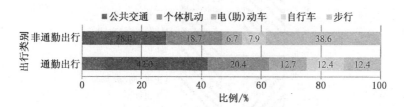

图 1-17　2009 年中心城区通勤和非通勤出行结构

图片出处:陆锡明,顾啸涛,上海市第五次居民出行调查与交通特征研究,城市交通,2011,9(5)

2009 年的调查发现(图 1-18),上海市工作日早高峰(8:00~9:00)经轨道交通进、出中心城区的客流之比为 2.4:1,全网约 20%的断面客流满载率大于 1.0,主要分布在进入中心区方向;同时,放射性快速路进入中心区方向平均行程车速不足

24 km/h，处于拥堵运行状态，相反的出城方向则较畅通，平均行程车速达到43 km/h（陆锡明，2011）。

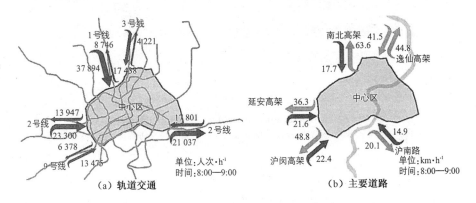

图 1-18　2009年工作日早高峰进出中心城区的轨道交通断面客流及主要道路行程车速
图片出处：陆锡明，顾啸涛，上海市第五次居民出行调查与交通特征研究，城市交通，2011，9(5)

百度地图2017年5月的调查亦显示，上海地铁站附近人群热力值最高的区域集中在黄埔与徐汇区附近。由此向外环延伸，逐步衰减，呈现出单中心放射性特征，扎堆现象严重。

以上分析主要是基于出行量（单位：人次）的角度，实际上，由于机动化出行的平均出行距离要超过非机动车和步行，因此，机动化出行的客运周转量（单位：人次·km）占比要高于出行结构中的占比（图 1-19）；而且，职住分离越明显，平均通

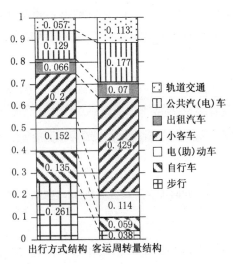

图 1-19　2009年全市出行方式结构与客运周转量结构比较
图片出处：陆锡明，顾啸涛，上海市第五次居民出行调查与交通特征研究，城市交通，2011，9(5)

勤距离越长,这一差异将越显著。职住分离的另一表现,是机动化交通出行者为对城市轨道或道路网络更长时间的占用。

简言之,由于城市用地的扩张与功能布局的改变,中国城市在人口总量持续增长的同时,核心区的人口有向着中心城区边缘和近郊外迁的趋势。但由于占城市产业比重越来越高的服务业(尤其是金融、文创、咨询、企业服务业等)具有空间上向心聚集的市场规律,因此,人口的"疏解"和城郊外来人口的增加,导致了通勤出行量和周转量的提升,长距离、潮汐性、时间集中的"通勤需求"给城市轨道交通和道路交通带来了更大的压力。那么,人口的疏解和外迁,是否有助于中心城区"非通勤交通"出行量的下降呢?答案是未必。

1.3 优质资源

1.3.1 集中在大城市

2016年,北、上、广、深四个一线城市,以全国5.2%的人口,创造了全国12.3%的GDP、31%的税收总收入(不含关税)、32.3%的国内旅游总收入、43%的轨道交通线路长度和57%的机场货邮吞吐量……

2016年世界500强中,中国上榜企业110家,总部所在城市分布如下:北京58家,上海9家,香港6家,深圳5家,台北4家,广州3家,杭州与西安各2家……四个一线城市就占据了总数的68%。

百度慧眼中规院联合创新实验室基于2017年全国短期人口流动数据,对全国各地级市的中心性进行计算并将其分为5个级别。结果表明,以商务、旅游、探亲等为主要目的的短期人口迁徙,更多反映的是区域内各城市之间的经济社会联系强度。北京、上海、成都、广州和深圳等大城市是全国短期人口迁徙的关键节点。

以深圳市为例,深圳统计年鉴2017显示,2016年末深圳市的常住人口为1190.8万,其中,常住户籍人口仅为384.5万,常住非户籍人口高达805.3万。可见,深圳市常住户籍人口的数量远低于外来常住人口。此外,基于移动大数据的深圳市人口统计研究(广东移动大数据应用创新中心,2017)显示,2017年11月,深圳总人口日均高达2567.2万,接近深圳市2016年末常住人口的两倍。即使考虑到数据的误差,也足以表明深圳市短期流动人口的数量极为庞大。

1.3.2 集中在大城市的中心城区

主要是由于规模经济(是指随着产量的增加,单位产出所需的边际投入越低)的存在,区域的很多优质资源随着企业和部门集中在大城市,尤其是大城市的中心城区,以利用这一区域的生产效率、市场容量和便利的交通。于是,很多行业的就业密度在中心城区较高,而随着与市中心距离的加大,变得越来越低。尤其是金融商务、高端商业、文化中介、信息咨询等,这也是欧美大城市普遍存在中央商务区(CBD)的原因。一个例外是制造业,制造业能够在城市郊区保持其就业密度,却越来越难以在中心城区立足。这些都是全球化环境下世界各大城市的共性规律。

由于城市中心的"梯度"开发,城市中心地价和租金节节升高。加上居住用地的缩减和房价的攀升,导致部分居民选择迁居至中心城区边缘或市郊。然而,与欧美大城市相比,中国大城市的向心力远远胜出。尤其是中心城区各类优质资源的集中度非常高,而人们通常无法从市郊以及周边的中小城市获得品质相似的资源或机会。因此,在中国大城市,大量实力群体和中产阶级依然选择居住在中心城区,而不是像美国大城市那样集中迁往郊区。

1. 政务资源

与国外大城市不同的是,中国大城市的党务和行政机构不仅规模较大,权力也更集中;党务和行政机构不仅指挥着所在城市本身的发展,控制着众多优质资源,也是周边区域甚至全国国民收入再分配的核心。

例如,南京市2015年常住人口823.6万,建成区人口约630万,中心城区常住人口约340万。而(城镇)机关单位从业人数就达到75 449人,再加上机关直属和下属事业单位超过10万的在职人员,以及数万名编外人员,总人数超过20万(南京市统计局,2016)。这些机关和事业单位大多分布在中心城区,不仅吸引了大量公务(包括来自外省市的)和办事出行,也锚定了大量优质社会资源和就业岗位,例如优质学校、优质医院、生活服务业等。

2. 医疗资源

在医疗和旅游优势资源的空间分布上,中国大城市及其中心城区也是占尽优势。从高德地图发布的2016年中国医疗目的出行次数分布可以看出(图1-20),医疗次数极高的城市多是一线或新一线城市。另外一些省会城市医疗出行次数也明显高于周边城市(图1-21)。

2015年,北京市各大医院的诊疗人次高达16 350万,折合每日44.8万人次。其中,仅三级医院的外来就诊患者就超过3 000万人次(日均8.2万以上),约占北京市三甲医院总就医人数的三分之一。从空间分布上看,北京的三甲医院主要集中在五环线内,其中,海淀、西城、东城和朝阳四个主城区的三甲医院数量最多。大量来自市郊和外省市的患者,加上陪同病患前来就医的亲友和前往医院探视住院病人的人员,给中心城区带来了大量进出城交通和市内交通出行。

3. 旅游资源

2015年,上海市国内旅游者来沪人数高达27 569万人次(平均75.5万人次/日),其中,外省市(内地)来沪旅游人数13 924万人次(平均38.1万人次/日),本市

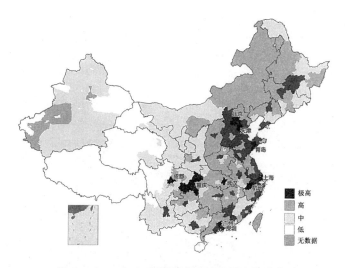

图1-20　2016年中国医疗目的出行次数分布
图片出处：高德地图,2016年度中国主要城市交通分析报告,2017.1.10.

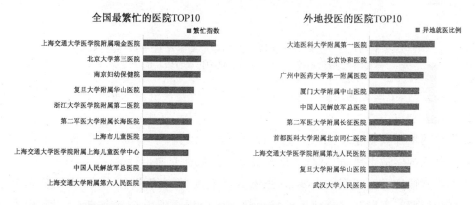

图1-21　全国最繁忙的医院与外地投医比例最高的医院集中在一线城市和省会城市
图片出处：滴滴媒体研究院,第一财经商业数据中心,无界智库,中国智能出行2015大数据报告,2016.1.

市民在本地旅游人数13 645万人次(平均37.4万人次/日)。同年,平均每天来沪旅游的外国人和港澳台同胞达到21 922人/天,考虑其平均逗留天数为3.3天/人,相当于每天有72 343名国际游客在上海。加之上海市最热门的旅游景点,除了上海迪士尼和上海野生动物园外,大多集中在中心城区(例如外滩、东方明珠电视塔、上海科技馆),给中心城区带来了较大的交通压力。相比较,美国旅游人数排名第一的纽约市,2016年接待的游客6 000万人次左右,折合约16.4万人次/日,不及上海的1/4。

4. 购物资源

此外,由于大量商业资源(尤其是高端商业和大型购物中心)集中在上海市中心城区(图1-22),"购物难"和"消费难"也导致了外环线附近和郊区的大量居民消费购物的"潮汐式"往返,从而进一步增加了进出中心城区的交通压力。

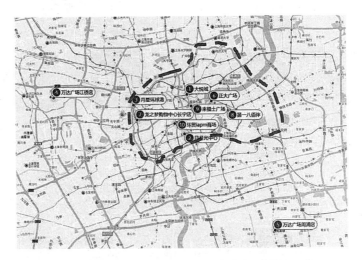

图1-22 上海市十大热门购物中心有8个位于内环线内
图片出处:百度地图,2017年第二季度中国城市研究报告,2017.8.1

简言之,中国大城市的中心城区,是诸多优质社会资源的集中地。而城市新增人口流入和市中心人口疏解的主战场——中心城区外围区域和近郊区,并没有随着人口的增加获得相应比例的优质社会资源。因此,中心城区不仅能够继续吸引大量外迁的本地市民,也造就了规模庞大的区域性交通出行。

反观西方发达国家的大城市,虽然其建成区"低密度""摊大饼"式地蔓延至广大区域(例如,美国芝加哥地区的城市建成区面积达到了北京市的4.5倍,而人口却不及北京的一半),导致了市中心的"衰落"和市郊小汽车出行的主导地位,但是,大量优质社会资源(例如医疗、教育、餐饮、商业)也随着居住人口(尤其是富余人群)流动至市郊的社区。于是,居住在郊区或卫星城的居民,除了在市中心上班的人,并不需要高频率地前往市中心去获取这些优质资源(因为可以就近获得),这就极大地减少了工作日进出市中心的交通压力。

1.3.3 集中在数量较少的大型单位

对于某一类型的社会服务网点(例如医院、学校或车管所)来说,在服务总量固定的情况下,也可以选择网点的数量和每个网点的大小。通常,由于网点规模经济性的存在,随着网点数量的增多(同质的网点较均匀地分布在某一区域内),网点的总运营成本会出现增加,而客户的交通成本又会随着平均出行距离的下降而得以降低(图1-23)。因此,很多行业中,需要对网点运营成本和客户的交通成本进行平衡。如果仅为了节省运营成本而设置数量较少而单体庞大的网点,可能会因为高昂的交通成本失去大量客户。于是,在人口密度较高的中心城区,饭馆、银行和便利店常常随处可见。然而,对于在某一区域的行业或市场内占据绝对优势地位或垄断地位者来说,是没有上述顾忌的。例如,巴黎的卢浮宫不太可能因为游客们的路途较为辛苦而拆分成多个分馆。

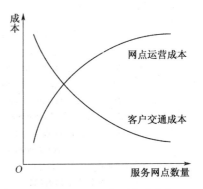

图1-23 服务网点运营成本与客户交通成本的关系
图片出处:本书作者绘制

在中国大城市,部分是为了塑造城市形象,部分是为了降低开发、运营和管理成本,很多公共服务设施(例如医院、图书馆、运动场馆、交通枢纽、购物中心、学校等)的单体规模越来越大,而在城市空间的分布却较为稀疏(因为数量没有增加,甚至还出现了减少)。这就增加了人们获得上述服务的交通出行距离,从而造成了交通压力的提升。

以青少年教育为例。2010年,东京有学校4 580所、学生234.67万人,平均每校512人。同年,北京有各类学校3 330所,在校学生数为329.96万人,平均每所学校991名学生。东京学校数量比北京多37.5%,而学生总数比北京少28.9%。平均每校在校生数北京比东京多93.6%。2015年,上海市普通中学的平均在校学生人数为722人,小学的平均学生数为1 045人,所有普通高校、普通中学和小学汇总后的平均在校学生人数高达1 160人。与东京比较,北京和上海的学校数量较少而平均规模较大,即使考虑到人口密度的差异,每所学校学生居住区域的覆盖范围也更广。较为稀疏的学校布局与校门数量少的"大院式"设计,增加了学生和教职工从居住地往返学校的距离,从而加重了道路交通压力。同时,更远的上学距离和并不安全的交通环境,增加了家长接送孩子的比例,因而导致了更多的交通出行(图1-24)。

比较研究发现(周建高,2014),东京都住宅区、车站、商店、学校、诊所等各种功能点规模较小但数量众多,在城市空间分布均衡。每个社区和街区中,性质不同的功能点紧凑混合,人们移动较少距离就能够满足多种生活需求。而北京的功能点一般规模较大但数量较少,分布稀疏,人们为满足需求必须进行较大距离的空间移动,增加了交通量。随着关闭临街商铺和"低端人口"疏解政策的推进,中国大城市的上述问题将越来越严重。

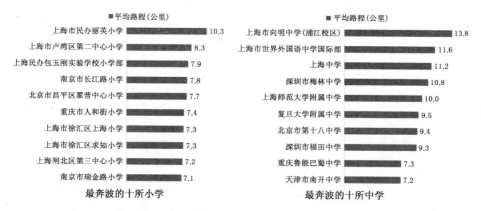

图 1-24 中国大城市平均出行路程最长的中小学

图片出处:滴滴媒体研究院,第一财经商业数据中心,无界智库,中国智能出行 2015 大数据报告,2016.1。

1.4 大院制

1. 中国城市的"大院制"

(1) 大院制的形成

1949 年后,中国选择了计划经济模式,在城市中,单位制度成为主流。在具体实践中,出于节约投资和方便人员管理等考虑,在项目投资中不仅包括了生产办公费用,也包括了用于职工生活区建设的资金。这样,在空间上就形成了以服务单位主要职能的生产空间和服务单位辅助职能的生活空间共同构成的单位大院。单位有机关、事业和企业等基本类型,并分属不同部门管理。单位还存在相应的级别,如国家级、省部级等。在国家体系中,各个单位就形成了纵向联系紧密、横向联系匮乏的格局。因此,城市中的单位大院就具有了身份特征,从而造成了城市规划管理方面的难题(并遗留至今)。另外,由于计划经济体制下施行的是土地划拨和无偿、无限期使用的制度,各个单位多占地、建"大"院就成了一种理性选择(刘天宝等,2016)。

于是,中国城市中流行着大机关、大企业、大院校、大部队的大单位、大院制模式,单位成了城市掌握生产和控制居民生活的手段。有条件的单位大院纷纷配建起了自己生活配套设施,如食堂、招待所、电影院、幼儿园、医院和职工宿舍;大院内部没有条件的单位,也会在邻近区域建设或添置职工住宅楼(通常为低密度住宅),并形成了新的"大院"——住宅小区。

以南京市为例,南京大学、东南大学、南京师范大学、河海大学、南京航空航天大学、南京林业大学、南京工业大学及中科院的地理所、古生物所等高等院校和科研院所的封闭式大院均汇集主城区;江苏省机关大院、南京市机关大院,以及原南京军区、南京空军、江苏省军区等机关大院也集中在中心城区;还有南汽、熊猫、晨光等大企业,以及数十个住宅小区,均将大院制时代的格局保留至今。

(2)大院制的积极作用

大院制有着多方面的积极作用(刘天宝等,2016):

第一,单位大院促进了社区安全。实体的院墙将城市空间与单位空间进行了区隔,大门成为唯一的内外联系通道。出入大门的身份识别,对外部群体限制的同时也将不安全因素(例如大量过境车流)限定在了大院之外。

第二,单位大院促进了居民交往和心理归属感的形成。单位社区居民既是同事,也是邻居。业缘、地缘关系的重合,再加上单位经常组织的集体活动,为居民之间正式和非正式的交往创造了条件。交往增多、长期在单位大院居住的时间效果和单位身份识别作用共同促进了居民心理归属感的形成。

第三,方便了社区组织管理和公共服务的供给。在公共产权的基础上,单位家长式的管理为社区运行创造了便利。同时,居民活动组织和对人员的监管也更容易。

第四,不同尺度生活圈的形成。依托单位的居住与工作组织,促进了"职住接近"模式的形成。从居民日常行为来说,便形成了以单位为核心、涵盖多种尺度与相应功能的生活圈。这进一步形成了降低交通需求的基础。

从城市交通的角度来看,在这种"大院划分、大墙围合、前店后居"式的布局模式和生活方式下,市民大多依靠步行和自行车完成通勤、通学,对机动化交通的依赖较小。

由于在计划经济条件下,几乎不存在土地市场,城市道路的主要目标是满足交通需求,而非带动道路两边土地的增值并通过土地增值得到回报(图1-25)。对于交通需求来说,道路上的阻抗越小通行能力越大越好,因此,道路要尽可能宽,车道

图1-25 计划经济时代,不少公交线路已经出现了车内拥挤的问题
图片出处:http://blog.sina.com.cn/s/blog_65bed08a0100je7t.html

要尽可能多;对于用地需求来说,内部选择越大外部干扰越小越好,因此,街区要尽可能大,穿越要尽可能小(张健等,2012)。于是,这一时期流行的"大街区""宽马路",反映了大型单位的用地需求,并导致主干路间距大、密度低,支路普遍不发达。不过,在城市居民出行距离较短、机动车交通量非常有限的情况下,交通拥堵问题并不突出(当然,不少公交线路已经出现了车内非常拥挤的情况)。

2. 大院制对城市交通的影响

20世纪80年代以来,随着改革开放的不断深入,市场经济开始在中国城市兴起。在土地、就业、住房、消费、医疗和教育市场化的大潮下,交通需求迅速冲破了大院制的阻隔,延伸至城市每一个可以到达的角落。以人千米、车千米计算的交通出行总量呈数十倍甚至百倍的增长,与大院制、低机动化交通需求相匹配的大尺度、低密度路网模式,逐渐落后于经济高速增长、就业与消费高度聚集的时代要求。尤其是进入21世纪之后,随着私人小汽车价格的逐渐平民化和各大城市版图的迅速扩张,大院制对城市交通的掣肘日益突出。

(1) 导致道路等级级配不合理

大院的存在,导致城市干路间距过大(常达到 700～1 200 m)且密度偏低(表1-1)。为了弥补干路密度的不足,城市管理者常常选择拓宽干路、增加机动车道数、减少过街设施等措施,以尽可能地提升干路的通行能力和"容错能力"。于是,形成了计划经济国家特有的城市路网和街区结构——"宽道路—大街区—稀路网"(图1-26、图1-27)。

表1-1 中国部分城市的干路与支路密度

地区	调查年份	路网密度(km/km²)			
		干路(包括快速路和主次干路)	规范值	支路	规范值
北京	2010	1.3	2.4～3.1	3.4	3～4
昆明	2010	2.3		2.5	
石家庄	2008	3.5		1.2	
苏州	2007	2.1		1.1	
福州	2009	3.4		2.6	

数据来源:《城市道路合理级配及相关控制指标研究年度报告》,中国城市规划设计研究院

较低的路网密度增加了车辆左转和掉头的频率,影响了路网的交通效率;当某一条主干路出现交通事故或道路改扩建时,可供改道的平行道路又很有限,降低了路网的容错性。由于次干路比例不足(有一部分次干路被拓宽成了主干路),使得由主干路至支路的出行没有经过次干路一级的缓冲,过多的支路与主干路相交一方面降低了主路通行能力,另一方面增加了短距离出行占用主干路的概率(石飞,

2006)。此外,由于很多大院被主干路和其他大院的院墙围合,因此,只能将主出入口开设在主干路旁。进出大院的车辆常常集中在一两个主出入口,对主干路的交通产生了强度较大的直接冲击。

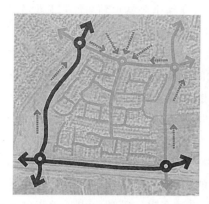
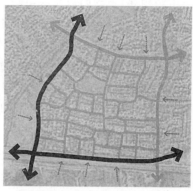

图 1-26　较大的街区或住宅小区,会导致交通流集中于出入口及街区/小区外围道路

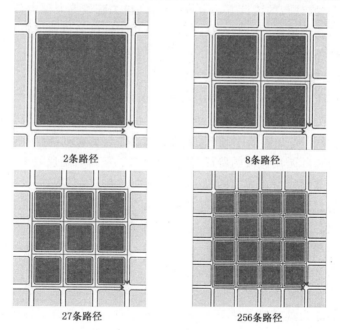

图 1-27　较小的街区提供了更多可选路径,从而提高了路网的容错性
图片出处:http://slideplayer.com/slide/9811175

即使大院的进出交通未与干路直接相连,但由于支路密度和宽度都难以满足车辆进出的需要,加之大院的占地常常导致支路系统的割裂,形成道路绕行甚至断头路。因此,支路车辆积压的后果是拥堵现象发生地由低等级道路向高等级道路转移,直至支路车辆排队或拖尾引发主干路的拥堵(石飞,2006)。

同时，由于大院的分割，使得城市支路密度更低。路网系统的整体性被破坏，单一的干道网系统成了城市路网的主骨架。例如，南京大学鼓楼校区，地处北京西路、中山路、上海路和广州路四条干路围合的区域中，且直接与北京西路和广州路这两条主干路相邻，东西向只有汉口路一条支路是公共道路（而且该道路机动车道的一半路幅被设为路内停车泊位），显然难以满足该方向交通的需要。北京西路和广州路之间相隔近 1 km，却没有次干路，致使中长距离交通集中于主次干路（石飞，2006）。同样，南北向的上海路和中山路之间也仅有青岛路和天津路这两条支路。

从城市道路等级级配来看，大院制也产生了较大影响。以南京市为例。至 1997 年 7 月，南京市主城范围宽 12 m 以上的道路总长度为 336.2 km，按快速路、主干路、次干路和支路四类道路进行统计，道路长度分别为 87.6、117.8、82.7 和 48.2 km，道路级配比大致为 1∶1.34∶0.94∶0.55，形成大路稀少、断头路多，次干路、支路严重缺乏，路网级配极不合理的局面（管驰明等，2001）。支路稀缺的一个重要因素是市内各种大院林立，大量支路被淹没在院墙之内。由于这些道路无法通行社会车辆，现行的统计方法未将居住区、机关院校等大院内部可供机动车行驶的道路计入城市道路。时至今日，虽然南京市主城区的道路里程有所上升，但各级道路比例仍不合理。

（2）"宽道路"损失了交通效率

一般情况下，宽 3.5 m 的机动车道在每小时内的交通通行量约为 1 000 台小汽车，而并行两车道每小时的通行量只为 1 800 台小汽车，依次类推，并行的车道数越多，道路的整体交通效率越低，因为并线、超车要减速，机动车之间会相互干扰。正是这种边际效用递减的特征，使得建设第二条路对交通效率的改进，要远远大于拓宽第一条路对交通效率的改进（杨保军，2008）。

除此之外，"宽道路—稀路网"号称通过减少道路交叉口来提高交通通行能力，结果导致交叉口和路段通行能力不匹配，交叉口拥堵现象非常严重。过度稀疏的大马路使城市无法有效组织单向交通，而单向交通的通行能力，同样的道路可以比双向交通增加 60%～70%（杨保军，2008）。

（3）给行人和骑车人带来不便

在路中过街设施不足的情况下，同样的起讫点，大尺度稀疏路网条件下行人和自行车的出行距离，比小尺度、细密路网条件下更长（图 1-28）。城市的步行、自行车可达性更低。人们可能要绕行较长的距离，才能到达街对面的目的地（王志高，2015）。

随着道路尺度的扩大，道路交叉口的尺度也越来越大。大尺度的交叉口，信号周期一般较长，行人和自行车过街也要等待更长时间（图 1-29）。而较长的过街距离和有限的绿灯时间，更增加了人们的焦虑感并降低了配合度（姜洋等，2016）。这

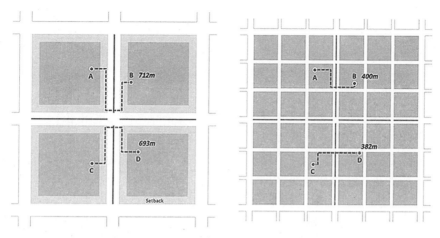

图 1-28　大院制和宽马路模式增加了人们出行的绕行距离
图片出处：姜洋，王志高，2016.

也是导致行人违规横穿马路或在集聚一定人数后"中国式"过马路现象产生的间接原因。同时，行动能力较弱的行人在有限的绿灯时间内穿过较宽的道路，既容易在绿灯结束时滞留在道路上影响交通，也容易引发安全事故。

图 1-29　脱离人性化尺度的宽马路和大交叉口
图片出处：王志高，2014.

（4）降低了公共交通的服务水平

大尺度、稀疏道路条件下，公交巴士的通达深度有限，即使将线路布置得很密集，也难以提高整个公交系统对城市的覆盖水平（姜洋等，2016）。因为，公交站点常常无法深入到出行者的家门口或办公楼下，人们需要先在大院或小区中步行一定距离，才能到达路边的公交车站；在目的地亦是如此。

同时，大尺度、稀疏道路条件下，公交线路通常只能在宽大干道上密集布置，一些城市主干道甚至集中了十多条公交线路。多条线路的公交车辆同时到达公交站台的情况非常常见，不仅（由于公交车辆之间的相互阻挡）降低了公交站台的服务效率,也(由于候车乘客无法在站台原地排队等待车辆停靠)间接造成了公交乘客候车和上车秩序混乱的现状,进一步降低了公共交通的服务水平。

(5) 为单位车辆通行和停车提供了便利

虽然大院制对城市道路交通有着种种负面影响,但是,对于大院/小区内部的车辆来说,却因此得到了相当大的便利。大院/小区中的道路和建筑间的空地主要供院内车辆使用,大院周围的高墙保障了这一特性的发挥。以南京大学鼓楼校区为例,各个校门之间的道路以及与校内重要建筑相连的道路,完全能够供机动车双向行驶,其通行能力甚至超过了校区周边的支路。而这些道路两侧和建筑之间的大量空地,提供了相当数量的停车空间。更重要的是,这些停车空间对于学校教职工的车辆来说,是免费提供的。

由于单位性质与级别的存在和土地利用无偿、无限期的使用特征,当城市整体发展与相关单位利益不一致需要协调时,困难就会产生。尤其是对行政级别高的单位来说(刘天宝等,2016)。换言之,城市管理者并不拥有众多大院或小区内部交通基础设施(内部道路、内部停车场)的支配权。尤其是对于大院来说,单位才是其内部交通资源的实际管理者。

3. 大院制的新发展

现行的《城市道路交通规划设计规范》中,大城市道路网密度规划指标上限值也仅有 7.1 km/km^2,远低于发达国家同类城市的实际路网密度。即使如此,很多城市的实际道路网密度也只是勉强达到规划中规定的下限值(5.4 km/km^2)。

如果说,老城区的大院制和大尺度的稀疏路网是计划经济时代的产物,由于历史原因和高昂的改造成本难以推倒重来。那么,在改革开放多年来的今天,中国大城市改建的老城片区和新建的城市新区,依然普遍采用大型物业(例如大型购物中心、室内或室外步行街、商业综合体等)、大型小区(通常为高密度住宅)配以大尺度稀疏路网的开发模式,路网密度甚至比很多旧城区更低,街区尺度也更大(图1-30),是何缘故呢? 其中,固然有中国人对邻里融合与商住安全的要求,更重要的原因其实在于城市的运作模式。

厦门规划局前局长赵燕菁认为(2013),中国城市化的核心,是"土地财政"。城市的特征,就是能提供农村所没有的公共服务。城市不动产的价值,说到底,就是其所处区位公共服务的投影。无论城墙,还是道路,或是引水工程,公共服务都需要大规模的一次性投资。传统经济中,一次性投资的获得主要是通过过去剩余的积累。基础设施巨大的一次性投资,成为制约城市发展的主要障碍。突破性的进步,来自近代信用体系的创新。通过信用制度,未来的收益可以贴现到当今,使得资本的形成方式得以摆脱对过去积累的依赖,转向预期收益。

中国城市化模式的大突破,起始于20世纪80年代后期。当时,依靠农业部门

图 1-30　体量巨大的商业综合体是城市中的新型"大院"
图片出处：http://cj.sina.com.cn/article/detail/5290939275/528849

为中国的工业化提供积累的模式已难以为继。深圳、厦门等经济特区仿效香港，尝试通过出让城市土地使用权，为基础设施建设融资。从此开创了一条以土地为信用基础，积累城市化原始资本的独特道路。这就是"土地财政"。1994年的分税制改革，极大地压缩了地方政府的税收分成比例，但却将当时规模还很少的土地收益，划给了地方政府，奠定了地方政府走向"土地财政"的制度基础（赵燕菁，2013）。随着1998年住房制度改革（"城市股票上市"）和2003年土地招拍挂（卖方决定市场）等一系列制度创新，"土地财政"不断完善。税收分成大减的地方政府不仅没有衰落，反而迅速暴富。急剧膨胀"土地财政"，帮助政府以前所未有的速度积累起原始资本。城市基础设施不仅逐步还清欠账，甚至还有部分超前。无论城市化的速度还是规模，都超过了改革之初最大胆的想象。

在此时代背景下，土地成了城市最重要的空间资源，土地收益成了城市政府甚至上级政府公共财政供给的最大来源（杨涛，2016）。由于土地经营几乎完全基于一次性的土地出让和房地产开发的当期收益，相比较而言，传统的临街商业对于公共财税收益的贡献十分有限。因此，城市服务性道路（主要是指次干路与支路）的路网密度（实质是临街商业面积）难以得到重视，而获益更快、交易成本（包含管理成本和控制成本）更低、更能展现城市形象的大尺度地块出让和开发成了主流，为之服务的快速路和主干路的建设也成了重点。

从土地金融的角度考虑，地方政府喜欢出售大的地块，也便于将后期建设（例如修路）的成本转嫁给地产开发商。而地产开发商拿地后，又常常会想方设法减少开发地块内的道路（开发地块内的市政道路也常常被委托给开发商代征代建）、绿地、停车场等公共设施以最大化商业收益。因此，土地交易的供需双方均缺乏加密城市路网的动机。于是，各大城市中兴起了一座又一座新时代的"大院"，而临街商铺逐渐萎缩甚至遭到取缔，一些聚集在中心城老旧小区和市郊的"低端产业从业人口"被驱离,而城市路网密度却不见增加(图1-31)。

图1-31 近年来,中国大城市展开了一场轰轰烈烈的
"拆店修墙"运动——关闭临街商铺
图片出处:http://www.urbanchina.org/n1/2017/0521/c410784-29289463.html

简言之,对于中国城市来说,在计划经济时代,"宽道路—稀路网"与"大院制—大街区"是相互匹配的。在转型期,"宽道路—稀路网"与"大院制—大街区"也符合"土地财政"和快速城市化的需要,这一个特征总体上不会以交通行业的意志为转移。此外,虽然不同城市在地理环境、历史发展和基础条件等方面存在差异,但在改革开放后,中国大城市及其交通的发展路径具有相似性,差别主要在于发展的先后与资源集中的程度。

第 2 章

交通拥堵的客观测度

本章介绍了交通工程学视野中城市交通拥堵的概念和常用的测度评估指标；运用"交通拥堵指数"和"拥堵延时指数"数据对比了中外大城市的交通拥堵水平和拥堵的波动性；分析了城市交通拥堵的时空特征；指出了现有城市交通拥堵评估模式的不足。

2.1 交通拥堵的工程学含义

2.1.1 路段或交叉口的交通测度

交通工程学视野中，交通拥堵主要意指某一路段的交通需求量（即一定时间内试图通过某条路段的车辆数）接近甚至超过其工程容量（即一定时间内该路段所能通过的最大车辆数）时，从而导致车辆拥挤缓行的交通现象。

理论上，常使用速度—流量关系的概念表达交通拥堵的概念：选定一条直的单向车道，考虑在一段时间内以不同速度沿该车道行驶的车流量，那么车速与流量的关系将如图 2-1 所示。流量取决于进入道路的车辆数和车速。当进入车辆很少时，车辆的交通阻力几乎为零，可以高速行驶，车速可能只受车辆性能和法定速度限制的约束；随着试图驶入该路段的车辆增多，它们之间产生相互影响；当增加的车辆不能再抵消降低车速的那一点，道路达到了最大流量，这就是道路的"工程容量"或"道路通行能力"（capacity）。当更多驾车者继续驶入并引起车速的进一步下降，结果使速度—流量曲线折回，这种车流水平称为强迫流量，此时便属于交通工程学视角下的交通拥堵状态。

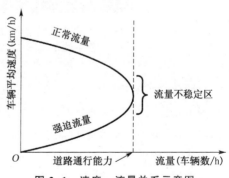

图 2-1 速度—流量关系示意图

1. 饱和度(volume/capacity ratio)

一种很常见的做法是用交通量(volume,更准确地,应该用交通需求/demand)与道路通行能力(capacity)的比值(V/C)——饱和度,来表示道路交通负荷和拥挤程度。由于这一指标简单易用,在中国城市的交通规划与管理中极为流行。规划设计单位和交通管理部门都习惯于使用"饱和度"来交流某一路段或交叉口的交通拥堵程度,并很少质疑对方在"饱和度"指标计算时对"道路通行能力"的取值。

实际上,"饱和度"指标并不容易准确把握。其中,除式的分母——"道路通行能力"的单位是标准车当量数或当量交通量(pcu),通常以小汽车为标准车,而将其他车型的交通量折算成小汽车交通量。不同车型的折算系数是经验性的,不一定符合特定路段的交通实际(车流中车辆的尺寸、加、减速和制动性能、爬坡能力等)。同时,道路通行能力的影响因素众多,计算较为复杂;而且,某一路段的道路通行能力并不恒定,非机动车和行人的干扰、气温的高低、风力大小、雨雪状况等因素均会导致道路通行能力发生变化。在中国大城市,行进的车辆队列数时常会超过车道数(图2-2)。

图2-2 在中国大城市,行进的车辆队列数时常会超过车道数
图中的单向三车道已形成了长长的四列排队
图片出处:新浪微博,南京路况直播间,2017.12.31.

因此,"饱和度"其实是很难直接观测的,从交通出行者的角度,亦是如此。除非车流量已经接近该路段当时的通行能力,驾车人很难察觉饱和度的变化。基于上述考虑,美国的道路通行能力手册(HCM)仅用"饱和度"这一指标来描述"道路服务水平"较低(E或F)时的情况(TRB,2010)。而业内也推出了其他指标来表征某一路段或交叉口的交通拥堵程度。

2. 密度(density)

交通密度(又称车流密度)是指一条车道上车辆的密集程度,即在某一瞬间单位长度(1 km)一条车道上的车辆数,其单位为:辆/km。如为多车道,则应除以车道数换算成单车道的车辆数,然后再计算。交通密度是一个瞬时值,它不仅随时间的变化而变动,也随测定区间的长度而变化。

交通密度指标常被用于分析高等级公路(例如高速公路及其匝道)的服务水平(LOS)。由于城市道路受到交叉口信号灯的影响,路段车流密度变化较大,因此,很少使用密度指标来表征城市道路服务水平。

3. 行程车速(speed)

行程车速是指车辆通过某段道路的长度与通过该条道路所需的行程时间(包括中间停车时间和延误时间)之比,平均行程车速是所测车辆样本行程车速的算术平均值。美国道路通行能力手册(HCM)中,根据行程车速与自由流车速(当车辆间没有相互干扰、不必考虑交通控制时,普通司机选择的速度称为自由流车速/FFS)的比值对城市道路路段的服务水平进行分级(A～F 级)。中国公安部颁布的《城市道路交通管理评价指标体系(2012 年版)》规定:特大型城市建成区主干道平均车速介于 19 km/h 与 22 km/h 之间时为轻度拥堵;平均车速 16～19 km/h 为中度拥堵;平均车速低于 16 km/h 时为严重拥堵。

南京市城市交通规划研究院编制的《2009 年南京交通发展年度报告》显示,当年市内快速路平均车速为 43.3 km/h,其中玄武大道、纬七路的平均车速可超过 50 km/h。"经六纬九"主干道平均车速为 26.5 km/h。老城区主要干道高峰时段车速较低,平均车速为 16.4 km/h,老城外围主干道平均车速为 29.4 km/h。公交车的车速也不快,早高峰平均运行速度为 15.9 km/h,而南京主城区内线路平均运行速度为 15.3 km/h,联系外围新市区的公交线路的平均速度为 18.9 km/h,比主城区公交线路平均快 23.5%。

4. 延误(delay)

包括车辆延误和出行者延误。车辆延误是指由于交通拥堵而多花费的旅行时间,即平均行程时间与自由流行程时间的差值;出行者延误通常用于评价道路使用者感受到的具体延误程度,由车辆延误与每车平均搭乘人数相乘得到。此外,2015 年的《美国城市机动性报告》(The Texas A&M Transportation Institute and INRIX,2015)中提出了通勤者延误的概念,认为高峰时期延误的主要影响通勤者,而非高峰时期的延误影响所有出行者。

"延误"指标也常常被应用于分析城市道路交叉口(包括信控平面交叉口、环形交叉口和信控匝道)的拥挤程度和服务水平。由于这一指标的数据获取和计算较为复杂,中国业内偏好使用"饱和度"替代"延误"指标来表征交叉口的交通状态。

5. 交叉口阻塞

中国公安部颁布的《道路交通阻塞度及评价方法》(GA115—1995)中规定,信号灯控制交叉口若 3 次绿灯显示车辆未通过路口的称为阻塞;无信号灯控制交叉口(包括环形交叉口、立交桥)若车辆在路口外的车行道上受阻排队长度超过

250米的为阻塞。一定时间内经常出现阻塞的交叉口(不是随机或意外原因引起的),称为周期性阻塞交叉口。

2.1.2 路网的交通测度

上述V/C值、密度、行程车速和延误指标,常常针对的是某一路段或交叉口。对于城市路网来说,问题要复杂得多。首先,城市路网由大大小小众多道路构成,某一时刻,不同道路的拥堵程度并不相同。其次,即使是同一条道路,不同路段或截面上的拥堵程度也未必相同。此外,道路上的交通状况处于动态变化中,统一路段的拥堵程度也在随着时间而变化。因此,需要从空间和时间的角度综合考虑,以便及时、准确地把握并反映城市路网的整体拥堵水平。

1. 加权求和的思路

常见的思路是对城市中不同路段的拥堵水平进行加权求和,以得到全市的交通拥堵水平。区别在于选择何种指标测度拥堵水平,以及权重如何计算。早期的研究通常以各路段的饱和度作为加权对象,例如Schrank(1997)以各评价路段的车辆行驶千米数为权重,将V/C值的加权结果作为路网拥堵指数;Boarnet(1998)在此基础上区分了高速公路和城市主要道路,分别将13 000和5 000日均车千米数作为权重数值。中国的《城市道路交通管理评价指标体系(2012年版)》提出:随机抽查城市建成区两条以上主干道,记录主干道的交叉口总数与高峰期严重拥堵交叉口的数量,计算交叉口阻塞率指标,并换算为相应的交叉口阻塞率指数。北京市《城市道路交通运行评价指标体系》给出了各等级城市道路5类拥堵程度的行程速度的范围值,再利用不同等级道路车千米数(VKT)的推荐值加权计算路网拥堵程度,大大简化了计算的工作量(北京市质量技术监督局,2011)。

近年的研究偏好使用路段的拥堵指数(无量纲,通常由行程时间或行程速度计算得到)作为加权对象。例如Lomax(2007)先计算各路段的行程时间指数(实际行程时间与自由流行程时间的比值),然后将对应路段的车辆出行里程作为权重;IN-RIX(2017)通过计算设计速度与实际速度的比值,并以路段长度为权重对各个路段的比值加权求平均,计算结果为城市拥堵指数;郑淑鉴(2014)将路网拥堵指数定义为路网各路段拥堵等级的加权平均值,其中路段拥堵等级是实际行程速度与速度阈值的比值,权重是路段拥堵长度与该路段里程的比值。

2. 行程时间指数(TTI, Travel Time Index)

对于机动车出行者来说,行程时间比饱和度、车流密度等交通参数更为直观,但对于调查者来说更难观测。随着信息技术的进步,现在的调查者可以借助车载终端或手机等信息源,对大量行驶车辆的实际行程时间进行测度。因此,近年来,与行程时间相关的交通调查开始流行。

行程时间指数通常是指实际行程时间与自由流行程时间的比值。该指标的优点是计算结果无量纲,可用于比较不同路段和城市的交通拥堵程度。旅行时间指数的衍生指标包括行程时间负担(TTT,Travel Time Tax)和通勤者压力指数(CSI,Commuter Stress Index)。TTT 表示由于拥堵造成的超出自由流行程时间的旅行时间比例,便于更直观地描述拥堵的影响;CSI 仅统计高峰小时高峰方向的实际行程时间,能更准确地反应通勤者的拥堵感受(Texas A&M Transportation Institute, The Texas A&M University System,2012)。

$$行程时间指数(TTI) = \frac{实际行程时间}{自由流行程时间}$$

$$行程时间负担(TTT) = \frac{实际行程时间}{自由流行程时间} - 1$$

$$通勤者压力指数(CSI) = \frac{高峰小时高峰方向的实际行程时间}{自由流行程时间}$$

3. 计划时间指数(PTI,Planning Time Index)

现实中,每天的交通拥堵程度存在差异,出行者为了在可能出现的拥堵水平下提高按时到达目的地的概率,会根据经验留出额外的时间(显然,预留的时间越多,按时到达的概率越高)。因此,研究者提出了计划时间指数(PTI)来表达为了不迟到需要预留的行程时间与自由流行程时间的比值。其中,PTI_{95} 是指为了在一个月中交通状况最差的一天也不迟到所需的计划时间指数,统计学上相当于用所有行程时间的第 95 百分位数除以自由流行程时间;PTI_{80} 是指为了在一周中交通状况最差的一天也不迟到所需的计划时间指数,统计学上相当于用所有行程时间的第 80 百分位数除以自由流行程时间。可见,计划时间指数是一种衡量路网交通可靠性的指标。

$$计划时间指数(PTI_{95}) = \frac{第\ 95\ 百分位数行程时间}{自由流行程时间}$$

$$计划时间指数(PTI_{80}) = \frac{第\ 80\ 百分位数行程时间}{自由流行程时间}$$

根据美国联邦公路局公布的数据,2016 年 4 至 6 月,美国 52 个样本城市中,PTI_{95} 的平均值为 2.37,最高为洛杉矶的 3.47;2016 年 10 至 12 月,美国 52 个样本城市中,PTI_{95} 的平均值为 2.31,最高为波特兰的 3.71(FHWA,2017)。

2.2 交通拥堵评估与城市排名

2.2.1 评估指标

1. 交通拥堵指数

近年来,国际上各交通拥堵评估机构公布的核心指标均为"交通拥堵指数"(具体评价指标的名称因评估机构而异)。这类指标通常被用来量化城市路网的整体拥堵程度,并作为各城市或地区拥堵程度排名的依据。表 2-1 对比了部分评估机构选取指标的具体定义。可见,这些定义非常类似,即使不一致也可以非常简单地加以换算。

表 2-1 各交通评估机构定义的"交通拥堵指数"

评估机构	指标名称	含义
TomTom(2017)	交通拥堵水平	与自由流状态相比,实际行程时间增加的比例
Texas A&M(2015)	旅行时间指数	实际行程时间与自由流行程时间的比值
INRIX(2017)	INRIX 拥堵指数	拥堵状态行程时间与非拥堵状态行程时间的比值
滴滴(2016)	拥堵延时指数	自由流车速与早晚高峰时段平均车速的比值
高德(2017)	拥堵延时指数	拥堵状态与自由流状态下行程时间的比值
百度(2017)	拥堵指数	实际行程时间与畅通状态行程时间的比值

各交通拥堵评估机构均将自由流状态定义为畅通的交通流状态(表 2-2)。其中,Texas A&M 交通研究中心和滴滴媒体研究院均采用夜间交通流状况作为自由流状态的标准,而 INRIX 研究中心认为在全天 24 小时中,除了拥堵时段之外的时间均为自由流状态,其余评估机构并未给出具体解释。严格地说,各个城市的自由流状态受到当地的道路限速和驾车人车速偏好的影响,对比时需要注意这些差异。

表 2-2 各交通评估机构定义的"自由流状态"

评估机构	"自由流状态"的定义
Texas A&M	畅通或较低流量的交通流状态,采用夜间平均速度作为自由流速度
INRIX	非高峰时期的交通状态
高德	畅通的交通流状况,采用 0:00~6:00 时段的平均车速作为自由流速度
TomTom、滴滴、百度	畅通的交通流状态

常常被忽视的是,各交通拥堵评估机构对于"高峰时段"的理解不尽相同。大多数评估机构是将工作日的固定时段定义为"高峰时段"(表 2-3),区别在于高峰时段的时长。Texas A&M 将早、晚高峰均设置为 4 小时,高德和百度则将早、晚

高峰均视为 2 小时。TomTom 则是根据每个城市的实际路况，分别选择其早、晚交通拥堵状况最严重的 1 h 作为"高峰时段"（例如，北京市 2016 年早高峰为 8:00～9:00，晚高峰为 17:00～18:00）；这也意味着不同城市的高峰时段未必相同。

表 2-3　各交通评估机构定义的工作日"高峰时段"

评估机构	"高峰时段"的定义	
TomTom	早晨交通拥堵最严重的某 1 h	傍晚交通拥堵最严重的某 1 h
Texas A&M	6:00～10:00	15:00～19:00
INRIX	6:00～9:00	16:00～19:00
滴滴	7:00～10:00	17:00～20:00
高德、百度	7:00～9:00	17:00～19:00

2. 特殊指标

除了"交通拥堵指数"，一些交通评估机构也提出了自己的特殊指标（表 2-4），用以衡量交通拥堵的时空特征和路网的交通可靠性（交通拥堵的波动性）。

表 2-4　交通拥堵评估的特殊指标

评估机构	指标名称	定义
TomTom	延误热点	在特定城市中交通拥堵水平最高的区域，即延误时间最长的区域
Texas A&M	计划时间指数	出行者按照一个月中最差的交通路况需要准备的行程时间与自由流行程时间的比值
INRIX	高峰期拥堵时长	在固定的高峰时期（例如 7:00～9:00）内，交通拥堵状态持续的时长
滴滴	网络缓冲时间	出行者为按时到达目的地，相对于平均行程时间而考虑的单位里程需要额外预留的时间

2.2.2　评估结果

1. 美国城市的交通拥堵程度

表 2-5 列出了以美国城市为评价对象的交通拥堵程度排名及具体评价结果。

表 2-5　2015—2016 年美国城市交通拥堵程度排名

排名	TomTom（交通拥堵水平）		Texas A&M（旅行时间指数）		INRIX（INRIX 拥堵指数）	
1	洛杉矶	45%	洛杉矶	1.43	洛杉矶	18.6
2	旧金山	39%	旧金山	1.41	纽约	17.4
3	纽约	35%	西雅图	1.38	旧金山	14.4
4	西雅图	34%	华盛顿	1.34	亚特兰大	12.2
5	圣何塞	32%	纽约	1.34	迈阿密	11.8

续表

排名	TomTom (交通拥堵水平)		Texas A&M (旅行时间指数)		INRIX (INRIX 拥堵指数)	
6	迈阿密	30%	休斯敦	1.33	华盛顿	10.5
7	波特兰	29%	芝加哥	1.31	波士顿	10.2
8	火奴鲁鲁	29%	波士顿	1.29	芝加哥	10.1
9	华盛顿	29%	达拉斯	1.27	达拉斯	9.9
10	波士顿	28%	亚特兰大	1.24	西雅图	9.6

注：1) 交通拥堵水平=(实际旅行时间/自由流行程时间-1)×100%；
 2) 旅行时间指数=实际旅行时间/自由流行程时间；
 3) INRIX 拥堵指数由各路段拥堵旅行时间与非拥堵旅行时间的比值加权计算而得。

著名的"驾驶之城"洛杉矶在三个评估机构的排名中均位列第一，排名前十位的城市中有六个城市重复。其中，Texas A&M 交通研究中心和 INRIX 研究中心的城市重合度较高，原因在于两者使用的原始数据均来自 INRIX 交通大数据。而从数值上看，TomTom 和 Texas A&M 评价结果的数值范围较为相近，实际旅行时间与自由流行程时间的比值在 1.24～1.45 之间。

2. 中国城市的交通拥堵程度

表 2-6 列出了中国城市的交通拥堵排名。可以看出，国内、外机构得出的交通拥堵指数差距较大，主要原因在于国内外机构在数据采样和加权方法上存在差异。

表 2-6 中国城市交通拥堵程度排名

排名	TomTom (交通拥堵水平)		高德 (拥堵延时指数)		滴滴 (拥堵延时指数)		百度 (拥堵指数)	
1	重庆	52%	济南	2.173	石家庄	1.87	哈尔滨	2.247
2	成都	47%	哈尔滨	2.116	重庆	1.85	重庆	1.960
3	北京	46%	北京	2.061	西安	1.83	北京	1.902
4	长沙	45%	重庆	2.022	济南	1.74	石家庄	1.891
5	广州	44%	贵阳	1.911	北京	1.71	济南	1.873
6	深圳	44%	深圳	1.892	哈尔滨	1.71	长春	1.856
7	杭州	43%	昆明	1.891	郑州	1.68	上海	1.822
8	石家庄	42%	杭州	1.887	青岛	1.65	唐山	1.780
9	上海	41%	大连	1.860	广州	1.64	西安	1.758
10	天津	41%	广州	1.859	武汉	1.62	杭州	1.736

注：1) TomTom 的交通拥堵水平=(实际行程时间/自由流行程时间-1)×100%；
 2) 高德的拥堵延时指数=拥堵状态下的行程时间/自由流状态下的行程时间；
 3) 滴滴的拥堵延时指数=自由流车速/早晚高峰平均车速；
 4) 百度的数据只针对 2017 年第二季度，其他三者为 2016 年全年数据。

与美国城市的排名结果相比,可能是由于各评估机构数据来源的不同,中国城市排名顺序差异较为明显。但国内评估机构得出的交通拥堵指数的数值范围较接近,或许是因为其采用了相似的评估计算方法。

3. 中美城市交通拥堵程度对比

上述表格中,只有TomTom的数据可以直接用于对比中美城市的交通拥堵指数(表2-7)。可以发现,中国城市的拥堵程度普遍要高于美国城市。除了洛杉矶,美国其他城市的交通拥堵指数均无法进入中国城市的前十。

表2-7 2016年中美城市交通拥堵指数对比

排名	TomTom(交通拥堵水平)		TomTom(交通拥堵水平)	
1	洛杉矶	45%	重庆	52%
2	旧金山	39%	成都	47%
3	纽约	35%	北京	46%
4	西雅图	34%	长沙	45%
5	圣何塞	32%	广州	44%
6	迈阿密	30%	深圳	44%
7	波特兰	29%	杭州	43%
8	火奴鲁鲁	29%	石家庄	42%
9	华盛顿	29%	上海	41%
10	波士顿	28%	天津	41%

除了"交通拥堵指数"这类评价整个城市路网的服务水平的指标之外,通过对比网络缓冲时间和计划时间指数这两个初衷相似的指标,也可以发现中美两国城市交通的差异。表2-8中,将滴滴的网络缓冲时间(反映额外预留时间)与拥堵延时指数(反映"正常"拥堵水平)相加,得到与美国计划时间指数含义类似的指标(姑且也称之计划时间指数)。结果表明,中国城市中的驾车人,为了防止严重拥堵导致迟到,需要预留的出行时间还是要大于美国司机预留的。

表2-8 中美城市出行可靠性指标对比

排名	滴滴 (网络缓冲时间)		滴滴 (拥堵延时指数)		滴滴 (计划时间指数)		Texas A&M (计划时间指数)	
1	石家庄	2.19	石家庄	1.87	石家庄	4.06	洛杉矶	3.75
2	重庆	1.93	重庆	1.85	重庆	3.78	华盛顿	3.48
3	西安	1.77	西安	1.83	西安	3.60	西雅图	3.41
4	济南	1.74	济南	1.74	济南	3.48	旧金山	3.30
5	北京	1.73	北京	1.71	北京	3.44	芝加哥	3.16

续表

排名	滴滴 (网络缓冲时间)		滴滴 (拥堵延时指数)		滴滴 (计划时间指数)		Texas A&M (计划时间指数)	
6	哈尔滨	1.70	哈尔滨	1.71	哈尔滨	3.41	纽约	3.15
7	郑州	1.65	郑州	1.68	郑州	3.33	休斯敦	3.13
8	青岛	1.62	青岛	1.65	青岛	3.27	波士顿	2.81
9	广州	1.59	广州	1.64	广州	3.23	达拉斯	2.65
10	武汉	1.53	武汉	1.62	武汉	3.15	亚特兰大	2.48

注：网络缓冲时间指出行者为按时到达目的地，相对于平均行程时间而考虑的单位里程需要额外预留的时间，其单位一般为 min/km（或 h/km）；计划时间指数指出行者按照一个月中最差的交通路况需要准备的行程时间与自由流行程时间的比值（以避免迟到）。

如果用上表中各个城市的计划时间指数除以拥堵延时指数，可以反映出城市交通的波动性——最拥堵的程度相对于平时拥堵程度的比值（表 2-9）。可以发现，中国城市交通拥堵的波动性普遍小于美国城市。换言之，中国城市平时就很拥堵，即使交通再恶化，程度也较为有限；而美国城市平时的交通状况相对较好，但也有碰上极端路况（拥堵程度仍然比不上中国城市的极端路况）的可能性。因此，美国的驾车人，如果对及时到达的要求很高，相对于日常行程时间来说，还是得预留充足的时间以免碰上坏运气。

表 2-9 中美城市"计划时间指数"与"拥堵延时指数"的比值

序号	滴滴		Texas A&M	
1	石家庄	2.17	洛杉矶	2.66
2	重庆	2.04	西雅图	2.56
3	北京	2.01	华盛顿	2.43
4	济南	2.00	休斯敦	2.43
5	哈尔滨	1.99	芝加哥	2.41
6	郑州	1.98	旧金山	2.39
7	青岛	1.98	纽约	2.35
8	广州	1.97	波士顿	2.10
9	西安	1.97	达拉斯	2.09
10	武汉	1.94	亚特兰大	2.00

实际上，由于机动化程度、城市空间布局、道路网结构等诸多方面的差异，中美城市交通拥堵的时空特征存在较大区别。美国驾车人通常是被堵在市郊的高速公路上，而中国城市的交通堵点大多位于城郊接合部的快速路和市内的主干路上。相比较而言，由于堵点更多，加之主干路的路况（及其影响因素）较高速公路更为复杂，中国城市交通拥堵程度的监测和计算也更为困难。上述排名和交通拥堵方面

的参数,仅供参考。

4. 世界各大城市的交通拥堵程度

TomTom对世界上48个国家和地区中189个人口超过80万的大城市的交通拥堵程度进行了分析和排名。从一天24 h的总体拥堵水平来看,中国大陆没有城市进入世界前三,但有3座城市排进了前十(加上中国台湾的台南则有4座),在前二十名中占据8席(加上中国台湾的高雄则有10座);22个参与排名的中国大陆城市,除了无锡市(第118名),全部进入前七十名。可见,中国大城市的交通拥堵程度,普遍是较为严重的。

同时,从数据中可以发现,大部分城市晚高峰的拥堵水平都高于早高峰时段;有的城市早晚高峰与平峰时段的拥堵水平差距很大(例如雅加达、莫斯科),有的则较为接近(例如重庆、成都)。

表 2-10 2016年世界大城市交通拥堵程度排名

排名	城市	国家/地区	总体拥堵水平(%)	早高峰拥堵水平(%)	晚高峰拥堵水平(%)
1	墨西哥城	墨西哥	66	96	101
2	曼谷	泰国	61	91	118
3	雅加达	印尼	58	63	95
4	重庆	中国	52	90	94
5	布加勒斯特	罗马尼亚	50	90	98
6	伊斯坦布尔	土耳其	49	63	91
7	成都	中国	47	74	79
8	里约热内卢	巴西	47	63	81
9	台南	中国台湾	46	51	71
10	北京	中国	46	72	84
11	长沙	中国	45	70	82
12	洛杉矶	美国	45	62	84
13	莫斯科	俄罗斯	44	71	94
14	广州	中国	44	58	85
15	深圳	中国	44	62	84
16	杭州	中国	43	61	64
17	圣地亚哥	智利	43	73	88
18	石家庄	中国	42	70	84
19	布宜诺斯艾利斯	阿根廷	42	64	68
20	高雄	中国台湾	41	47	70

数据来源:https://www.tomtom.com/en_gb/trafficindex

如果按照早高峰的拥堵水平进行排名,可以发现一些总体拥堵水平靠后的城市进入了前十,例如上海、开普敦和罗马(表2-11)。这也体现出这些城市早高峰的机动车出行较为集中。如果按照晚高峰的拥堵水平进行排名,位列前十的城市中又出现了一些新面孔,例如圣彼得堡和珠海(表2-12)。如果说早高峰的拥挤程度在某种意义上体现了通勤和商务需求,过于拥挤晚的高峰则与休闲、娱乐出行需求旺盛的关系更为密切。

表2-11 2016年世界大城市早高峰交通拥堵程度排名

早高峰拥堵水平排名 (总体拥堵水平排名)	城市	国家/地区	早高峰 拥堵水平(%)	总体 拥堵水平(%)
1(1)	墨西哥城	墨西哥	96	66
2(2)	曼谷	泰国	91	61
3(5)	布加勒斯特	罗马尼亚	90	50
4(4)	重庆	中国	90	52
5(22)	上海	中国	76	41
6(48)	开普敦	南非	75	35
7(27)	罗马	意大利	74	40
8(7)	成都	中国	74	47
9(17)	圣地亚哥	智利	73	43
10(10)	北京	中国	72	46

数据来源:https://www.tomtom.com/en_gb/trafficindex

表2-12 2016年世界大城市晚高峰交通拥堵程度排名

晚高峰拥堵水平排名 (总体拥堵水平排名)	城市	国家/地区	晚高峰 拥堵水平(%)	总体 拥堵水平(%)
1(2)	曼谷	泰国	118	61
2(1)	墨西哥城	墨西哥	101	66
3(5)	布加勒斯特	罗马尼亚	98	50
4(3)	雅加达	印尼	95	58
5(13)	莫斯科	俄罗斯	94	44
6(4)	重庆	中国	94	52
7(6)	伊斯坦布尔	土耳其	91	49
8(21)	圣彼得堡	俄罗斯	90	41
9(33)	珠海	中国	88	39
10(17)	圣地亚哥	智利	88	43

数据来源:https://www.tomtom.com/en_gb/trafficindex

同时,TomTom 对其中 18 个人口超过 800 万的特大城市(这里显然错误地将重庆和成都排除在外了)进行了交通拥堵程度排名(表 2-13)。中国 5 座一线城市上榜,虽然交通拥堵程度比不上墨西哥城、曼谷、雅加达等世界知名"堵城",但比起纽约(世界排名 49)、芝加哥(世界排名 108)等北美大城市还是严重得多。北京的拥堵水平也超过了小汽车导向的反面典型——洛杉矶,而上海的早高峰拥堵水平在这 18 个特大城市中能排进前三。另外,伦敦和巴黎的交通拥堵水平虽低于中国一线城市,但在世界城市中的排名也较靠前。

表 2-13 2016 年世界特大城市交通拥堵程度排名

排名（世界排名）	城市	国家/地区	总体拥堵水平(%)	早高峰拥堵水平(%)	晚高峰拥堵水平(%)
1(1)	墨西哥城	墨西哥	66	96	101
2(2)	曼谷	泰国	61	91	118
3(3)	雅加达	印尼	58	63	95
4(6)	伊斯坦布尔	土耳其	49	63	91
5(8)	里约热内卢	巴西	47	63	81
6(10)	北京	中国	46	72	84
7(12)	洛杉矶	美国	45	62	84
8(13)	莫斯科	俄罗斯	44	71	94
9(14)	广州	中国	44	58	85
10(15)	深圳	中国	44	62	84
11(19)	布宜诺斯艾利斯	阿根廷	42	64	68
12(22)	上海	中国	41	76	77
13(23)	天津	中国	41	59	64
14(25)	伦敦	英国	40	64	68
15(35)	巴黎	法国	38	68	66
16(49)	纽约	美国	35	50	62
17(71)	圣保罗	巴西	30	42	53
18(108)	芝加哥	美国	26	36	57

数据来源:https://www.tomtom.com/en_gb/trafficindex

2.2.3 评估的不足

1. 数据问题

为了获得道路交通实时路况以及路段拥堵程度评估所需的车速、行程时间等信息,需要大量的车辆轨迹数据。除了对历史数据库的大数据挖掘,还需要大量实时数据进行补充。这些实时数据的来源主要有两类:一是移动数据源,例如浮动车(例如配有 GPS 的出租车、公交车、网约车、物流车辆)、正在使用导航软件的车载终端或手持终端(例如手机)、通过基站获取的手机位置数据等;二是固定数据源,例如城市交通指挥中心以及政府部门或协议公司安装在各个路段或交叉口的感应线圈、测速雷达和视频监控设备。

使用不同的移动数据源,评估结果会受到采样频率、数据质量、车辆比例、样本代表性、匹配算法等多方面因素的影响。例如,如果使用某一导航软件的用户数量较低,该导航软件反馈数据的可靠性就得不到保障;如果大量出租车浮动车沿着某一段畅通道路的路边停车待客(这在火车站附近并不罕见),而没有其他浮动车协助修改数据,就会传回该路段非常拥堵的错误信息。另外,出租车、网约车和物流车辆的驾车人均是职业司机,其驾车行为、路径选择、行驶轨迹和行驶速度与普通的私家车司机存在一定的差异。例如,对于一些较拥堵的路段,出租车司机会刻意避开;而在一些没有监控探头的路口,出租车甚至会无视红灯。而固定数据源的使用限制往往更多:设备数量有限,无法覆盖所有路段;设备识别能力与精度有限;数据反馈时间间隔或延迟可能较长;采集数据的使用权限受到控制。

2. 评估方法问题

由于大城市路网庞大、道路众多,部分路段的车流量较小,也没有安装交通监控设备,因此,很难对所有路段的交通量和车速进行连续观测。同时,一些路段因交通瓶颈(例如交通事故)出现拥堵后,堵点上下游的交通状态判若云泥(上游拥堵、下游畅通,拥堵越严重,上下游差异越大),更增加了交通拥堵测度和加权组合的难度。例如图 2-3 中,这条道路在不同拥堵状态(情景 1 存在交通瓶颈,情景 2 只是车多缓行)下,虽然交通拥堵指数相等(行程时间相同),但路况差别其实非常大,交通出行者的主观感受也完全不同。

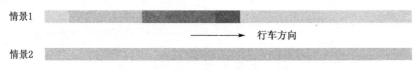

图 2-3 相同的行程时间,可能掩盖了存在交通瓶颈与仅仅是车多缓行的区别
图片来源:本书作者绘制

此外,中国城市有大量的单位大院和小区内部道路、街坊路并没有被纳入观测体系,因此,驾车出行两端的交通状况没有得到考虑。实际上,在一些停车困难的路段或区域,驶离停车场、寻找停车位或停车操作本身也会耗去司机相当长的时间。

综上所述,城市的交通拥堵指数,是基于部分采样路段(主要是城市干路)交通拥堵指数的加权组合。严格地讲,这只是城市道路基础设施的抽样拥堵水平或路段通行状况(通行速度或通行时间)的缩影,并非定义中"驾车人实际行程时间与自由流行程时间的比值",也没有考虑出行者的心理感受。

2.3 交通拥堵的时空特征

2.3.1 交通拥堵的时间特征

1. 交通拥堵的"日"规律

城市交通拥堵,具有一定的规律,但并非日复一日的镜像。由于通勤出行比重较大,周末的交通量和交通压力通常要低于工作日;周一的早高峰和周五的晚高峰,通常较其他工作日的早晚高峰更为艰难;在中国"长假"中,大城市内的交通状况通常会由于大量车辆外出而转好,而在"长假"的始末,由于驾车旅游或探亲出行非常集中,城郊高速公路上下行的某一方向又会拥堵异常(图2-4)。

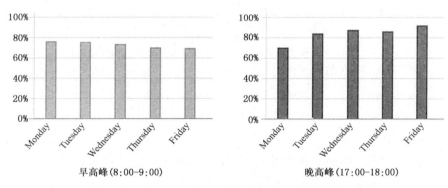

早高峰(8:00—9:00)　　　　　晚高峰(17:00—18:00)

图2-4　2016年北京市各工作日高峰时段交通拥堵水平的差异
图片来源:https://www.tomtom.com/en_gb/trafficindex/city/beijing

根据百度地图的数据(图2-5),2017年第二季度,全国60个大城市拥堵指数最高出现在劳动节小长假前一天2017年4月28日,最低出现在端午节第三天

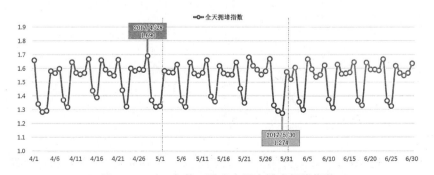

图2-5　2017年第二季度中国大城市拥堵指数
图片来源:百度地图,2017年第二季度中国城市研究报告,2017.8.1

2017年5月30日。基本规律为工作日全天拥堵指数明显高于周末；工作日拥堵指数规律为周一和周五全天拥堵指数高于周二、周三和周四；清明节、劳动节和端午节三个小长假全国主要城市全天拥堵指数较周末接近，甚至有所下降。

2. 交通拥堵的"小时"规律

工作日的交通拥堵，并非发生在所有时段。由于通勤出行的时间较为集中，工作日的交通出行通常存在早、晚高峰时段。而在节假日的中午时段，由于外出就餐、休闲和出游的车辆较多，因而拥堵水平常常超过工作日的午间（图2-6）。

图2-6　2016年全国城市工作日和节假日分时段平均车速对比

图片来源：滴滴媒体研究院，第一财经商业数据中心，2016智能出行大数据报告，2017.1.23.

数据说明：仅统计滴滴出行平台日均出行量排名前200名的城市。

由于晚高峰时段的出行需求量更高，且机动车出行在空间上更为集中，工作日的晚高峰通常较早高峰更为拥堵。2017年百度地图对比分析了中国60个主要城市工作日的早晚高峰小时拥堵情况，结果表明，除了哈尔滨和长春，其他城市晚高峰的拥堵水平均超过早高峰。同时，秋冬季节的早晚高峰拥堵指数要高于春夏季节，这与早晚高峰时段是否拥有日照有关；2月份拥堵指数最低，是由于春节期间大城市人口及出行相对较少（图2-7）。

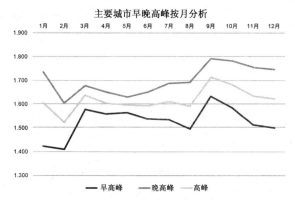

图2-7　2017年中国60个主要城市早晚高峰拥堵指数的按月变化情况

图片来源：百度地图，2017年第四季度中国城市研究报告，2018.1.23

不同的城市，早、晚交通高峰的开始和结束时间不尽相同，不同时段的拥堵水平也有所差别。例如，拉萨似乎并不存在交通早高峰；而哈尔滨，虽然早晚高峰较为明显，但白天其他时段的道路交通也较为拥挤。但总体而言，早、晚高峰均比较明显，但高峰时长常常超过目前计算时普遍使用的 2 h(图 2-8)。

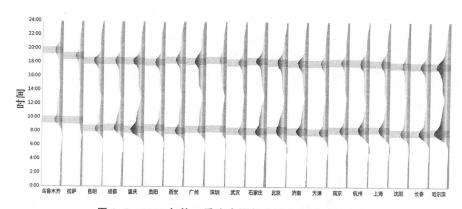

图 2-8　2017 年第二季度全国部分城市高峰时间对比
图片来源：百度地图，2017 年第二季度中国城市研究报告，2017.8.1

在同一城市中，不同功能区的出行时间规律也有所区别。以北京市为例，居住区的交通出行强度分布，峰谷变化明显，峰值出现在早高峰 7:00～9:00，谷值出现在凌晨 4:00 左右。商业区的出行强度分布，无明显峰值，主要出行需求集中在 10:00～19:00 的白天时段，夜晚出行强度降低(图 2-9)。

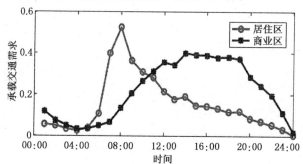

图 2-9　北京市 2016 年第一季度交通出行需求的聚类示意图
图片出处：高德地图，2016 年度中国主要城市交通分析报告，2017.1.1

3. 交通拥堵的非规律性

交通拥堵有时具有时空上的规律("天天如此"或"大概率")，有时则纯属偶然，我们称前者为"常发性交通拥堵"，后者为"偶发性交通拥堵"。实际上，有时也会出现第三类状态——"偶发性交通畅通"。意指平时几乎每天都会定时进入拥堵状态的路段，某一天却较为畅通。通常，这是由于大部分驾车人在前一天收到了恶劣天气的预警,因此不约而同地改变了第二天的出行计划,甚至放弃了出行。另一些时候,又似乎没有明显的原因,但路况却好得让人惊奇。

百度地图采用交通时钟方式(将小时级天气、分析日 5 min 粒度交通拥堵指数和工作日 5 min 粒度交通拥堵指数曲线可视化为 24 h 时钟样式)分析了北京市 2017 年第二季度典型降雨日小时级天气与交通拥堵指数 24 h 变化情况(图 2-10)。结果发现:5 月 22 日,在周一叠加小雨的情况下,本日成为北京第二季度最堵早高峰,而晚高峰指数明显降低;受暴雨预警影响,6 月 22 日的道路交通出行量大幅降低,在全天降雨的情况下,交通拥堵指数在早晚高峰均出现明显降低。

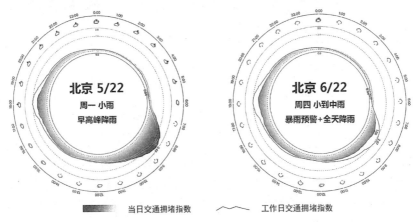

图 2-10 北京市典型降雨日小时级天气与交通拥堵指数 24 h 变化情况
图片来源:百度地图,2017 年第二季度中国城市研究报告,2017.8.1

2.3.2 交通拥堵的空间特征

1. 并非所有路段都拥堵

即使是城市交通拥堵的巅峰时刻,也并非所有路段都处于拥堵状态。甚至在某些极为拥堵的路段,也可能只是某一方向拥堵,而反方向畅通无阻(即"潮汐性")。如果出行途中行经的全部是拥堵路段,当然会充分地感受到交通的无奈;但若是运气不错,行程完美避开了所有堵点,反倒会低估交通的可怕。因此,即使同时经历同一城区交通高峰的驾车人,对拥堵的感受也可能千差万别。

例如,北京早高峰时段有 43.2%的潮汐式道路分布在由南往北方向;该方向的早高

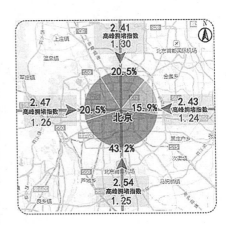

图 2-11 北京市潮汐式道路区域占比及上下行拥堵延伸指数
图片来源:高德地图,2016 年第一季度中国主要城市交通分析报告,2016.5.22。

峰道路拥堵延时指数高达2.54,而反方向(北向南)拥堵指数仅1.25(图2-11)。这一现象说明南城的住宅功能较集中,而市中心就业更为集中(如中关村、望京、国贸、金融街等)。"职住分离"造成了潮汐式道路的出现。

2. 拥堵区域的空间分布

由于存在交通需求的热点区域,交通基础设施也存在瓶颈,城市中的拥堵路段存在空间分布上的规律性。

从交通需求(交通发生与吸引)的角度分析,以北京市为例,据高德地图与清华—戴姆勒可持续交通研究中心联合发布的研究报告显示,北京市的主城区东部片区和交通枢纽周边是机动车出行的热点区域。通过OD数据的空间分布可明显辨识出城市主要的功能分区,包括商业区(中关村、五道口、国贸CBD等)、交通枢纽(机场、北京西站、北京南站等)、住宅区(房山、大兴、通州、昌平等)。从分布热力图中(图2-12、图2-13)不难看出,目前交通出行量较大的区域以交通枢纽及东部区域为主,围绕在城市快速环路周围,呈现出放射性的状态。不同性质的区域呈现出特征差异较为明显的OD特征。

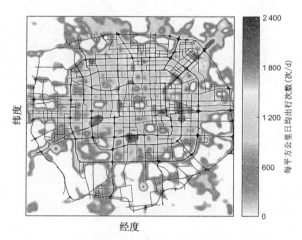

图2-12 北京市2016年第1季度车辆出行轨迹OD数据的分布密度热力图
高德地图,2016年度中国主要城市交通分析报告,2017.1.1.

从交通拥堵的空间分布来分析,以北京六环内区域为例,百度地图选取了2017年第二季度工作日的7:00~9:00、11:00~13:00和17:00~19:00这三个时间段进行对比(图2-14)。结果发现:北京六环内区域7:00~9:00时段拥堵区域占比11.59%,区域分布较分散,主要集中在长安街沿线区域、学院路和西二旗区域;17:00~19:00时段拥堵区域面积占比达12.73%,拥堵区域较集中,在长安街沿线区域和东部国贸、三元桥等区域;11:00~13:00时段拥堵区域明显降低,拥堵区域占比为1.71%。

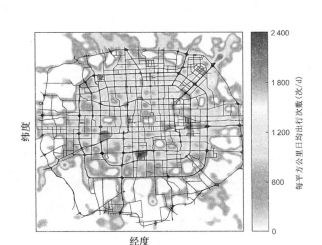

图 2-13　北京市 2016 年第一季度车辆出行终点密度分布热力图

图片来源:高德地图,2016 年度中国主要城市交通分析报告,2017.1.1.

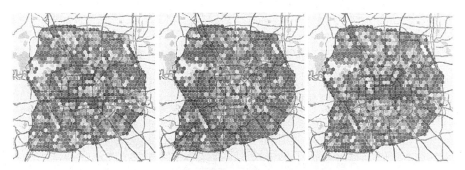

图 2-14　2017 年第二季度北京市六环内区域工作日拥堵热力分析

图片来源:百度地图,2017 年第二季度中国城市研究报告,2017.8.1

3. 瓶颈路段的空间分布

城市中的交通瓶颈路段,有一定的规律可循。由于进出中心城区交通的潮汐性,一些路段在早晚高峰均会成为瓶颈,区别只是上下行方向互换而已。同时,由于晚高峰出行目的较早高峰有所区别,最拥堵的瓶颈路段也会有所差异。例如,在一些购物中心或美食街附近,早餐较为畅通的路段,也会在下班时段后变得极为拥挤。

以北京市为例,2017 年第二季度上班通勤 TOP10 拥堵路段的拥堵指数均超过 4.3(图 2-5、图 2-16),其中朝阳北路青年路至石佛营路路段最为拥堵,拥堵指数高达 7.717;大部分拥堵路段的拥堵时段从 6:50 左右持续到 10:30 左右,其中二环莲花池东路至复兴门内大街路段拥堵持续到中午 11:40。

北京下班通勤 TOP10 拥堵路段的拥堵指数均超过 4.2(图 2-17),其中朝阳北路红领巾桥至十里堡路路段最堵,拥堵指数高达 7.026;二环和三环的拥堵时段从

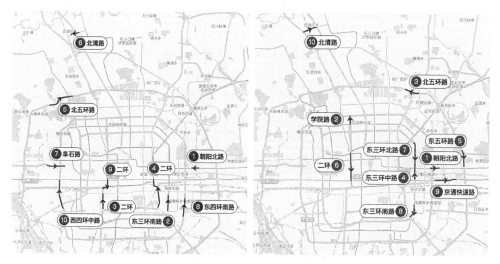

图 2-15　2017 年第二季度北京市通勤 TOP10 拥堵路段
图片来源：百度地图，2017 年第二季度中国城市研究报告，2017.8.1

14:00 左右持续到 19:00 左右，国贸及上地地区通勤族主要通勤道路的朝阳北路、京通快速路及北清路的拥堵时段大约从 17:00 开始，北清路拥堵甚至持续到 22:25。

需要注意的是，虽然这些严重拥堵路段的长度有限，但由于较高的拥堵程度，对小汽车出行者的行程时间也会造成非常大的影响。例如，朝阳北路（青年路只石佛营路）的长度不足 1 km，但在拥堵状态下，通过该路段需要 7.5 min，较畅通状态多出 6.4 min；换言之，如果自由流车速等于 40 km/h 的限速，那么在上述拥堵状态下，平均车速就已降至 5.7 km/h。如果行程中经过多个类似路段，对行程时间的累计影响将十分可观。同时，从出行者心理的角度来看，严重拥堵是拥堵感受的主要来源，也是社会舆论的主要关注点，需要加以重视。

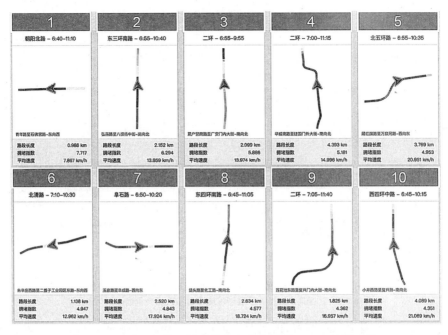

图 2-16　2017 年第二季度北京市上班通勤 TOP10 拥堵路段

图片来源:百度地图,2017 年第二季度中国城市研究报告,2017.8.1

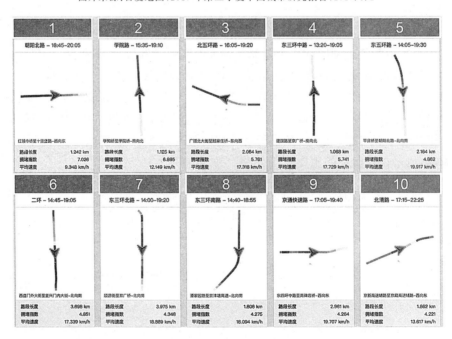

图 2-17　2017 年第二季度北京市下班通勤 TOP10 拥堵路段

图片来源:百度地图,2017 年第二季度中国城市研究报告,2017.8.1

第3章 交通出行者的行为与心理

本章分析了中国大城市小汽车出行者、公共交通出行者和非机动化交通出行者的典型行为及其心理活动特征;分析了不良交通行为对出行者心理和交通效率的负面影响;提出了交通拥堵客观测度与主观感受的差异;以公交巴士车内拥挤对出行者的影响为例,指出了交通拥堵客观测度模式的不足,提出了纳入主观感受的交通拥堵评估模式。

3.1 小汽车出行者的行为与心理

3.1.1 "路怒症"的由来

交通领域有一个常见而独特的事实:出行方式决定了人们的态度。类似于多重人格障碍症,骑车的时候,汽车在眼里是恼人之物,蛮横无理、吵吵嚷嚷且污染环境;而当开车的时候,又发现骑车人突然间特别招人烦,他们在车流中蛇形腾挪、过街时根本不看路。实际上,这样的事在大多数人身上都发生过。此类"典型偏见"(modal bias)部分与人们被扭曲的感知有关,部分与对地盘的控制欲有关(例如共用一条道的骑车人和行人冲着彼此大喊大叫)。尤其是当人们坐进驾驶室的时候,他们的行为甚至会与平时生活里判若两人。

"开车反映了一个人的生活方式",这句话长期以来影响巨大。这句话最初被用在"经常肇事的司机"身上,也解释了为何在欧美一些国家,汽车保险不仅与驾龄挂钩,还与驾驶记录挂钩。然而,人们驾驶行为的区别,不仅是由于性格不同。有时,同一个人,在驾车时似乎品行都发生了改变——犯了"路怒症"。

1. 交流问题

首先,开车时,驾车人大部分时间里都是沉默的(至少在其他驾车人眼里是这样)。而通过车灯、喇叭、手势传递的交通语言,没有复杂的词汇,没有微妙的面部表情变化,只通过一系列正式(例如打转向灯表达即将转弯)或非正式(例如短暂双跳表示感谢)的基本信号,传递最简单的含义,这就造成了发生误会的可能。例如,一辆车一直开着左转灯,司机究竟是准备在前方路口左转,还是准备立刻刹车掉头,或是忘了将转向灯关掉?很不幸,我们无法向司机询问他/她的真实意图。这让我们非常沮丧,于是我们便粗鲁地鸣笛或闪灯——这又可能激怒前面那位一直开着左转灯的暴脾气司机。有时,别人也对你鸣笛,听到莫名其妙的喇叭声,你怒火中烧——干什么!结果发现对方只是想提醒你油箱盖子没关。驾驶过程中的交流沟通充满了类似的"不对称":司机驾车的大部分时间都在盯着其他车的车尾看,交流成了单向的活动,你看着一群司机,但他们却看不见你,也听不到你说话(汤姆·范德比尔特,2017)。

除了车灯和喇叭,驾车人也可以运用其他方式表达心中的情绪,只是信息往往也无法准确送达。例如,面对一辆刚刚超过去的车辆,驾车人如果认为对方是粗鲁甚至怀有敌意的行为,回应的方式至少有两种:一是加速超过对方,"教训他一下",但被教训的人不一定会意识到自己之前超车了,于是你的这一"教育"行为构成了挑衅——他们不一定会接受你的"指教"。另一种方式是利用非正式的交通信号,例如竖中指或咒骂。如果对方注意到了你的行为,你会感觉自己胜利了;但如果对方根本没看到甚至回应了一个中指或辱骂呢?人们在驾驶室里展开了一场场戏剧性的表演,扮演着其中蒙冤的受害者和复仇的英雄;仅仅咒骂对方还不够,我们还会变得愤怒,有时会试图在事后搜集一些关于那个不文明司机的信息(例如加速或趁等红灯时凑过去看看对方的长相);最后,再给戏剧编造一个合适的结尾。可见,在某种程度上,"路怒"似乎是为了维护我们的身份感和被放大的自我意识(汤姆·范德比尔特,2017)。

2. 匿名性

道路类似于网上的匿名聊天室。人们在聊天室里隐藏自己的身份,对网友的了解也大多局限于对方的网名、头像和经验值(在路上则是车牌、车型)。现实生活中的种种束缚在这样的空间里已不复存在(网络松绑效应)。在匿名性的掩护下,很多人终于可以做回自己。在网络和道路这样相对"公平"的平台上,个体的自负心理极大地膨胀。似乎,只要不出事或者不犯法,我们就可以随心所欲。很不幸,这也意味着一些驾车人的语言变得尖刻、粗鲁、简短,甚至对其他车辆或行人做出无理或是危险的举动,然后绝尘而去。

在一项研究中,研究人员将一辆车停在十字路口,并在信号灯变绿后故意停着不动,随后测试后方的司机多久以后开始鸣笛、鸣笛的次数和每次鸣笛的时长。结果发现,与车篷关闭的车相比,车篷敞开的(敞篷)车鸣笛速度更慢、次数更少、时长更短。当然,原因可能是敞开车篷的司机情绪本来就好,不过研究结果依然表明,匿名性会助长暴力行为。同理,比起美国乡村小镇里的司机,纽约的驾车人更容易鸣笛,且鸣笛更早。因为,纽约司机的周围是成千上万的陌生人,而在乡村小镇,你很可能碰上朋友的车。简言之,敞开车篷的司机、乡村小镇里的司机、甚至在自家住宅小区里行驶的司机,受到"匿名性"保护的程度较轻,行为也会更加克制(汤姆·范德比尔特,2017)。

3. 公平感

从另一个角度来讲,虽然在大城市里(在小区或单位之外的地方),一个驾车人再次碰到另一个司机的概率非常小,但当我们看见某人做了件好事或坏事,还是会记在大脑里。在路上发生的小摩擦会让我们变得更加愤怒,而路上的礼貌瞬间也能让我们感到格外温暖。这些瞬间就像交通版的"最后通牒博弈",体现了人类对于互利公平性的内在渴望。

公平感促使我们在开车时对侵犯自己的司机还以颜色。一些驾车人甚至不顾自己的安危(可能会撞车,对方也可能是犯罪分子)一定要以牙还牙,即使以后根本不会再见到对方。经济学家针对这种现象提出了"强互惠"理论,即"愿意牺牲资源以换取公平,或惩罚不公正行为,即使此种代价付出巨大,且不论在当下或将来都不会给行为人带来物质利益。"因此,"路怒症"的某些形式,对社会其实是有益的。对着违章超车的人鸣笛乃至紧随其后,虽然于你而言不全然是利己的,但对于出行者整体来说是有积极的作用。"强互惠者"发出信号,使潜在的"作恶者"更加收敛;而交通系统也和一切进化系统一样,遵守规则能促进族群的"集体优势",进而惠及个人。如果对犯规者放任自流,就会增大他们危害照章驾驶群体的风险(汤姆·范德比尔特,2017)。

在这一方面,不同国家,甚至同一国家中的不同地区,差异也非常大。总体而言,中国驾车人的公平感有余而正义感不足,遇到道路上的"作恶者"(尤其是对他人作恶的)大多报以"事不关己高高挂起""多一事不如少一事""得饶人处且饶人"的容忍和忽视态度,同时,官方也并不鼓励类似的"民间惩罚"行为。

4. 等级感

在路上,驾车人的相貌和着装被车辆的金属外壳所遮挡,而车辆本身,成了他人了解和判断车主特征的载体。人们通过对方车辆的品牌、车型、外观对车辆特征(车价、动力等)和车主特征(财富、职级、修养、驾驶技术等)进行着判断,并调整自己的行为。

美国的一项经典研究显示,"挡路车"的身份非常关键。与一辆廉价的旧车相比,如果挡路车很名贵,后面司机鸣笛的可能性就更小。在中国,类似的观察、判断和行为选择似乎更为普遍。可能是感觉在个人财富/权力或车辆性能方面处于弱势地位,开着中低档轿车的司机们通常会对"豪车"和"官车"更为友善,较少去主动"冒犯"后者(例如,变道阻挡相邻车道的豪车),被其超车时通常也能坦然接受。而同一个司机,面对比自己车辆更廉价的平民车型,则可能充满着优越感:在起步或行车时不希望落于下风,在车道竞争时(例如在快速路交织区)也会显得更为强硬,被廉价车超车或"冒犯"后更容易心生不快和报复心理。

这样的心理也出现在驾车人面对非机动车甚至行人时。一些驾车人对骑车人和行人较为强硬,表现为:在接近骑车人或行人时频繁鸣笛、闪灯,在接近人行横道时故意推迟刹车而试图用较快的车速威慑骑车人与行人,倒车时有意不让骑车人与行人先行。其中隐含的心理是:汽车车主比骑车人和行人更富有、更强势,因而理应获得交通优先权。

3.1.2 小汽车交通行为与心理

1. 对时间消耗的感受

拥堵中的交通流是一种"移动中的队列"。与传统的队列不同,拥堵中的驾车人在队伍中排着,但往往不知道队伍的起点和终点在何方。不过,交通与传统的排队也有很多相似之处。"排队心理学"专家曾就排队行为给出了一系列命题,这些命题在交通中几乎完全适用(汤姆·范德比尔特,2017)。

• 命题1:"与忙碌相比,无所事事的时候过得更慢。"因此,理发店会在等候区摆放一些杂志,而人们开车时也要听听收音机或车载音乐。相对于驾车人,车上乘客在堵车时可以消磨时间的选择更多(看书、玩手机、打电话),对拥堵的感受要减轻不少。

• 命题2:"焦虑情绪让等待时间显得更漫长。"想想那些赶飞机或是汽油不足的驾车人偏偏遇上堵车时的心情。

• 命题3:"不确定的等待比已知的、确定时长的等待显得更漫长。"一些城市在交通信号灯上设置了"倒计时器"(图3-1),标出信号灯还有多长时间变红/绿。一方面是便于驾车人合理地操纵车辆加、减速,另一方面也是为了舒缓交通出行者等红灯时的心情。

图3-1　信号灯是否需要显示倒计时,一直是颇具争议的话题
图片出处:http://news.lsnews.com.cn/system/2014/06/12/010520915.shtml

• 命题4:"原因不明的等待,比原因明确的等待更漫长。"如果驾车人知道了

前方堵车是因为交通事故或道路施工,等待就(至少比前方有车辆违停占道)相对容易令人接受了。

  • 命题5:"独自等待比集体等待更漫长。"有研究发现,独自驾驶的司机比结伴上路的人受延误的影响程度更深。原因可能在于前者无法通过与车上乘客的交流消磨时间。

  • 命题6:"不公平的等待比公平的等待更漫长。"很多时候,真正让人烦恼的不是车多缓行,而是看着别的车辆从后面排到了前面,而此时你却动弹不得。因此,许多场所——从银行到餐馆都将排队变成了一条长队,因为这样"公平"。弯弯曲曲的一条长队,能够保证先到先得;如果有好几条队伍,就有可能碰见和你同时甚至在你之后排队的人比你先接受服务的情况。

简言之,在拥堵环境下,不同的小汽车驾驶人、一辆车上的驾驶人和乘客、同一个驾车人在不同环境下的感受都可能存在很大差异。使用平均车速、行程时间或延误等参数衡量交通拥堵程度的做法,无疑掩盖了上述差异。实际上,在交通服务和交通管理中,有大量值得努力之处。例如,通过交通诱导屏、交通广播、手机导航等途径,将拥堵的原因(例如事故)、预计时长等信息及时告之驾驶人,通过科学的交通设计、有效的管理和执法,减少不良驾驶行为,降低驾驶人的不公平心理。这些做法不仅可以提升交通效率,也有助于提升社会公平感和幸福感。

2. 侥幸心理

在交通出行中,人们做出某些行为或者不做出某些行为,在某种程度上取决于可能面临的惩罚(成本)。例如,我们一般不会在安装有监控摄像机的快速路隧道内狂飙,因为这样做几乎肯定会收到罚单。

但是,我们总是守规矩吗?未必。一些驾车人看到路边有"空间",虽然标了黄线(禁停区域)或已经停了一排车辆,也会忍不住违章停车(既方便,又免费)。只要道路没有被自己完全封死,心理就不会有太大的负罪感"反正我就停一会儿""反正你们还可以过。"回来吃到了违停罚单,又会觉得委屈甚至不满"违停的人那么多,凭什么我只停了一会儿,就吃到罚单?"这次被罚,只会觉得运气不好,而很少反思自己这样的行为是否恰当,有没有给他人造成不便。

从心理学的角度来讲,人们常常过低地估计风险(存有侥幸心理),或过高地估计自己的能力,这被称为"乐观偏差"。人们总认为"好事情更垂青自己,而坏事情会更眷顾他人"。违停者会乐观地认为自己今天运气不错:看到已经违停的车没有被贴罚单,会认为警察休息或没空搭理这个路段;看到违停的车已经被贴罚单,会认为警察已经来过,今天不会再来了。加塞者一般都会乐观地认为自己的驾驶技术相当了得,而且运气一直不错,即使知道自己的行为会给被加塞车辆(以及随后的车辆)造成危害,仍然乐此不疲。

当然,如果针对违章或不良驾驶行为的惩罚(来自管理者或民间)具有充分的震慑力,(潜在)违章驾驶人的行为就会有所收敛。只是,强有力的执法需要较高的管理成本,未必适用于所有城市的所有区域。例如,美国的一些富有的县市,有能力雇佣大量警力,对违章驾驶的管理强度较高,开车有左右摇晃(未保持在车道内部行驶)的行为也会被警车拦下盘问;而那些贫穷的社区,则缺乏足够的警力应付危险驾驶行为。为了在有限的执法投入下打击交通违章行为,有些城市发动了民间的力量。例如,台北、上海、深圳等城市均推出了交通违法行为举报奖励机制,激发了市民参与维护交通秩序的积极性。

3. 从众心理

心理学家罗伯特·恰尔迪尼认为,人的行为遵循着两种不同的准则:一个是"禁令准则",即人们应该怎么做("应该"准则);另一个是"描述准则",即人们现实中怎么做("现实"准则)。交通中充满了禁令准则,告诉出行者应该做什么,不应该做什么。但描述准则常常也有话语权,而且十分有力。例如车速限制。美国很多高速公路都有最高车速的限定(主线通常为55~75 mi/h),但是渐渐形成了一条不成文的准则,即超速10 mi 以内都是合理的。这一不成文的准则为众多车主所接受,甚至得到了很多地方管理部门的默许(汤姆·范德比尔特,2017)。而对于不接受这一现实准则的地方,美国警察通常会处罚多台超速车辆中的领头车辆(而放过跟随其后的超速者),并警告和处罚司机的野蛮驾驶行为或不安全驾驶行为(例如在车流量较小的道路上左摇右晃)。

对于明确违法的交通行为,也存在着从众心理——破窗效应,交通环境中的不良现象如果被放任存在,会诱使人们仿效,甚至变本加厉。例如违章停车,当一些路段开始出现违停现象时,如果不及时制止或加以处罚,就会有更多车辆加入违章的队伍(图3-2)。即使刚开始这么做的驾车人还存在较强的侥幸心理和负罪感,后续加入违停队伍的车主则会自我安慰和解脱:反正交通已经被前面那辆车影响了,多我一个也没什么差别,便宜不占白不占。于是,这条路渐渐布满了违停车辆。

图3-2 违章停车存在"破窗效应",当开始出现违停现象时,
如果不及时制止或加以处罚,就会有更多车辆加入违章的队伍
图片出处:本书作者拍摄

4. 责人恕己

人们总会对自己与他人的行为找到原因,对行为做出解释;认为每个行为的背后总会有理由,没有人会无缘无故地做出某种行为。这就是心理学上"归因"的含义。人们在判断行为动机时总会掺杂自己主观的判断:人们常认为别人是按照自身的性格行事,而忽略外部因素对别人行为的影响;在分析自己的时候又常常去寻找外部原因,而忽略自身的内部因素。这种把他人和自己的行为归结为不同影响因素的倾向被称为"基本归因偏差"——责人恕己。

例如,当你在开车时遇到别人插队的情况,总会愤愤不平地抱怨"这人素质真差""开××车的车品都不行"(内部因素),而不会想到"他可能有急事"(外部因素)。但是,当你自己插队或在并不宽的道路上强行掉头并挡住身后一队车时,却会找一些外部原因或借口——"我要赶时间""这车慢得像蜗牛,我插他队也是为了提高交通效率""到前面掉头太绕路了"这就导致出现类似"别人恶意插队,我插队有理"这样的怪异结论。

另外,我们经常会选择性注意一些事情——总能看见别的司机犯错(而且对别人干的"坏事"记得很清楚),却看不到自己犯错。"我今天又被人加塞了3次",却忘了自己这天也加塞了别人5次。这被称为"行动者—观察者效应",我们总认为行人不遵守交通规则,而其他驾驶人总是破坏交通规则,而我们只是环境驱使下的受害者——因为在当时的情景下我只能选择插队。毕竟,承认自己的错误和无能是让人不愉快的事情,因此,人们习惯于忽视自己的行为错误,甚至淡化或者歪曲自己的错误。

5. 贪婪与竞争心理

少数驾车人在城市道路上见到机会就抢(例如看到前方有空隙就强行超车、并线或加塞);没有机会也要创造机会(例如紧贴前车闪灯、鸣笛迫使其让出车道);与不顺从者一路缠斗。这不仅影响了其他车辆的行驶,提高了事故风险,而且,破坏了交通公平感,增加了其他驾车人的不舒适度。

其中,部分原因在于这些驾车人喜好占便宜,希望通过争抢节省行驶和等红灯的时间;部分原因在于其自幼形成的、不健康的"竞争心理"。有时,不良驾驶行为并不是目的(为了节省少量时间,需要付出更多的心力,并承担更大的风险,因而未必合算),而是手段。追溯这些驾车人的成长经历,往往沉浸于"弱肉强食"的竞争气氛。每一次吃亏,或者没有占到便宜,他们都会重新体验到那种幼时或工作、生活中熟悉而畏惧的弱势感;而每一次让别人吃亏,他们或许会有内疚,但更多的是由于反转了心中的弱势感而产生的得意(俞林鑫,2015)。于是,我们发现,一些拥有了较高社会地位和物质生活水平的驾车人,也会将工作、生活中的负面情绪甚至童年的阴影带到交通出行中,做出这些与当前身份并不相称的举动。他们一方面

(驾车)非常辛苦,另一方面也乐在其中。

当然,如此极端的驾车人毕竟是少数,更多的司机在大多数情况下都能(或试图)遵纪守法,安全驾驶。但是,在交通拥堵状态下,驾车人若长时间无法获得自己理想的车速,易产生导致焦虑和愤怒情绪。此时,人们的行为会出现差异。一部分驾车人会选择采取较为保守的驾驶行为,例如保持在车道内行驶,即使相邻车道有空档也不去考虑并线变道,以减少自身的精力消耗或其他心理成本;而另一部分驾车人,由于情绪波动或需要赶时间,出现攻击性驾驶行为的可能性大幅度提高,表现为不按信号灯行驶(借左/右转车道直行、借直行道左转)、争道抢行、强行并线、超速行驶、不避让行人、连续闪灯鸣笛等。

6. "慢,才安全"

在中国城市,"慢,才安全"的交通理念,从驾驶人在驾校的学习阶段就得到灌输,在日常的宣传和事故解析中也不时被反复提及。这对于刚进入机动化社会不久的中国城市来说,具有一定的合理性。无论是驾车人,还是骑车人或行人,可能都无法突然适应汽车带来的高速度和快节奏。

然而,从交通效率的角度来看,"慢,才安全"的交通理念也让交通系统付出了很大的代价。例如,在交叉口的绿灯亮起后,很多驾车人在没有非机动车和行人干扰的情况下,也会选择缓缓起步、慢慢加速;在直行绿灯通过交叉口时,即使前方畅通,也需要明显减速——所谓的"一慢二看三通过"(这种做法在欧美发达国家是很难被理解的,因为这不仅影响交通效率,也容易造成后方车辆追尾或紧急变向);不少驾车人至今仍不知道在快车道缓慢行驶,以及由辅道或单位出入口进入主线后不立刻提速等行为存在什么问题;此外,由于驾车技术不佳、路况路线不熟和接打使用手机导致的低速蜗行也并不罕见。实际上这些行为影响了路段和交叉口的交通效率,造成了更多的交通延误,并增加了交通事故风险。

3.1.3 不良驾驶行为的影响

1. 不良驾驶行为的交通影响

从城市交通的视角来看,不良驾驶行为和不良停车行为,并不总是"零和博弈"(指参与博弈的双方,在严格竞争下,一方的收益必然意味着另一方的损失,博弈各方的收益和损失相加的总和永远为"零")。在车流量较小的交叉口,如果一辆车加塞了另一辆车,姑且可以认为这种情况属于零和博弈:一车得利,一车损失,总利弊为零。从交通系统的角度来看,基本不受影响。但是,在城市交通的高峰时段,当一位驾车人由于自己的不良行为制造了局部的交通瓶颈时,影响的往往不止一辆车。

例如,一辆车在狭窄道路违章占道停车,获利的是自己,受损的是所有过往车辆。后续到达的车辆不得不减速、变道,甚至需要与对向车辆轮流通过,道路通行能力因此出现下降。需要注意的是,如果有第二辆车紧跟着第一辆车占道停车,其他过往车辆受到的损失并不会增加多少(继续作恶的边际影响递减)。因此,第二辆车的驾车人会认为自己的行为并没有给他人继续增加不良影响"反正这条路已经被第一辆车阻碍了"。这显然是一种诡辩或自我安慰:第二辆车的违停无疑增加了其他车辆通行的困难,另外,如果第一辆违停的车离开了呢?

同理,加塞和恶意并线行为,影响的也不仅仅是被加塞或并线的"直接受害者"。当一队紧紧跟随的汽车之中有一辆车由于被加塞或恶意并线而减速或停车,会触发一轮向后的"冲击波";其后的第二辆车会在稍远的地方减速或停车,接着是第三辆、第四辆……从理论上讲,如果交通密度足够大,这一影响会一直持续下去。于是,我们经常发现自己驾车通过了一段拥堵道路,似乎前路越来越顺畅,刚准备加速,结果很快又陷入了另一段拥堵之中。这种"走走停停的交通"实际上是交通拥堵的动态表现形式。而引发上游大范围交通拥堵连锁反应的,有可能只是下游一个看似很小范围的波动——一辆车加塞了另一辆车(汤姆·范德比尔特,2017)。

从交通秩序的角度来看,违章行为又具有传导性。有时,当一位司机违章时,其他很多司机也不得不违章。例如,一辆车违章停在了双向两车道的道路上,那么,其身后的所有车辆,都必须借助对向车道通过,哪怕道路中央是不允许穿越的实线;若一些"黑车"占据了港湾式公交车站的路内空间,公交车就不得不违规停在距路边很远的机动车道上,而导致乘客只得穿越好几道车流(自行车、黑车)上下车,此时,公交车后方的车辆也开始接二连三地并线加塞。有时,当其他司机观察到不良驾车行为获得了好处且并没有受到惩罚时,也会去效仿(或以后有机会时再效仿)。于是,在一些路段或交叉口,不良驾车行为也渐渐变成了"惯例"。

2. 不良驾驶行为对交通感受的影响

人不是上帝,也非圣贤,只能靠有限的智力和经验生活,在观察和学习的基础上归纳出一些大致符合概率论的常情常理。例如,在一个大概率遇到加塞者的地方,大部分驾车人会很警惕。当(从后视镜中)发现相邻车道有车辆接近时,会更加警觉:先假定来车是加塞者,除非有理由判断出对方不是。而在一个大概率遇到高素质司机的地方,驾车人普遍会很放松,遇到其他车辆会先假定该司机也是高素质的。这是人之常情,却是不同城市的驾车人(以及其他出行者)交通感受和交通压力差异巨大的原因之一。

从跟车操作和心理的角度来看,如果道路上的车辆都能够按顺序跟随行进,即使交通量很大,大部分驾车人也可以适当扩大跟车距离,避免急加、减速以节省精力消耗、油耗和刹车磨损;而面对需要时刻保持警惕,不断地加、减速以防止他人加塞插队(或防止撞着加塞车辆)并防止前方车辆(由于加塞车辆干扰)急刹车的情形,即使交通量与前者相同,大部分驾驶人所付出的精力、体力消耗也要大大增加,心情或拥堵感受亦会受到影响(图3-3~图3-5)。如果因注意力不集中或操作失当导致了交通事故的发生,交通影响会严重得多。

从行程时间和交通拥堵感受来看,严格遵守交通规则的驾车人,会真真切切地体会到交通拥堵;而不守规则(包括部分拥有交通特权)的驾车人,由于"节省"了大量排队等待的时间,则会低估交通拥堵的程度。这些差异,在以各类平均值为计算指标的交通拥堵监测和评估中通常无法得到体现。不幸的是,在中国城市,不守规则的驾车人所占的比例要远高于发达国家城市的总体水平,中国小汽车出行者驾车行为的差异性及其交通影响不应当被忽略。

图3-3 稍不留神就会被加塞的驾车环境,
增加了大多数驾车人的精力和体力负担
图片出处:http://www.clzg.cn/article-86221-1.html

图3-4 路权被不良驾驶行为侵犯而无法得到补偿,
造成了遵纪守法驾车人的不公平感
图片出处:海峡都市报,2015.4.20.

图 3-5　虽然拥堵但秩序井然的驾车环境，
司机们的精力和体力负担将大大减轻

图片出处：http://metroprimaryresources.info/this-date-in-los-angeles-transportation-history

3.2　公共交通出行者的行为与心理

3.2.1　候车心理与行为

1. 公交巴士候车行为与心理

尽管世界各大城市的大部分交通法规都极为相似，很多城市的道路规划和交通标志也比较相近，但是每个地方的准则却并不相同。例如，法律可能不会规定应该怎样排队，很多人认为也没有这个必要，但在不同国家排队（例如在公交站台的排队）时会发现存在显著的区别。在英国、日本等国家，队伍出了名的整齐；而在中国，有序的排队在现实中较难见到。

其中，有站台设计的原因。为了节省公交站台的空间占用，多条公交线路常常共用一个空间有限的站台，加之多条线路的车辆同时到站的概率较高，候车人很难针对各条公交线路的建立排队。当然，这不是充分的理由，毕竟，还有另一种方法：所有候车人按照先后顺序排成一列，当某一条线路的车辆到达时按照队列中的先后顺序上车。

但最重要的差别在于中国城市的交通文化，在于人们对插队行为的态度。排队，是人们为了维护公平、避免混乱而自发形成的一种社会规则。由于其自发性的特点，排队形成的规则相对脆弱。中国人常常觉得维护排队秩序是管理执法者（例如警察、保安）或"大家"的事，自己挺身而出与插队者对抗的收益与付出不成正比，因此，不太愿意花时间和精力去维护排队秩序。当有仗义执言者出面制止时，插队者总会找一些看似很随意的借口"不好意思我有急事""我早就来了，刚才有事离开了一会儿"，甚至反驳"哪里有排队？你说在这就在这？""你是警察？"（言下之意，你也是普通人,没有管闲事的权利);而其他排队者中也常常出现和事佬:"插队也不是多大的事""大家都不容易,各让一步吧"。同时,媒体也常常向有利于违规者的方向引导公众"不要跟没有素质的人较劲",甚至灌输心灵鸡汤"生气的时候,多想想那些比你还困难的人"。

总体而言,这些日常行为或现象的社会影响是,在没有正式管理者/执法者和栏杆/隔离带等物理隔离的场合,虽然有试图按照先来后到的顺序排队的人,但总会出现各式各样的插队者,甚至根本无法形成排队。于是,中国城市的公交站台,很难见到自发的排队,盛行的是"丛林法则"和"社会达尔文主义"。只有在线路单一、设置有金属护栏等强物理隔离的公交站(例如上海火车站旁的公交首末站),或拥有大量志愿者维护秩序的公交站台(例如2016年G20峰会期间杭州市江南大道沿线的公交站台),情况才会有所好转(图3-6、3-7)。

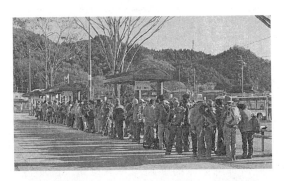

图3-6 在中国城市的公交站台,很难看到这样的自发排队行为
图片出处:http://takuminasuno.com/ja/20141206_hossawa-no-taki-waterfall_ja

图3-7 当公交站台设置有金属护栏等强物理隔离时,情况才会有所好转,但这种做法不适用于多条公交线路共用一个站台的情况
图片出处:http://bbs.e23.cn/forum.php?mod=viewthread&tid=180616094

有时,即使等候公交的人在车辆到来前还能保持松散的队形,但当看到车辆接近时,有的乘客就会进入机动车道,预判公交停车位置并迎向车辆走动/跑动;当公交巴士没有在预想位置停车时,又会紧贴车身跟随车辆跑动(图3-8)。目的只有

一个:抢先上车。即使车上有大量空座,也会本能地采取上述做法(以获得位置更好的座位);如果车上已人多拥挤,竞争甚至会更激烈(以免由于车内过于拥挤而上不了车)。

图 3-8　当公交车辆接近时,"先来后到"规则常让位于弱肉强食的"丛林规则"

图片出处:http://www.vccoo.com/v/9ab716

2. 轨道交通候车行为与心理

与公交巴士站台不同,轨道交通站台线路单一,并且在每个车门明确地标示了排队的起始位置。在列车到达前插队,意图太过明显;加之人流量较大的轨道交通站台通常会有管理人员(安全员),因此,在列车到达前,中国大城市的绝大部分出行者能够做到按顺序排队(图 3-9)。

图 3-9　在列车到达前,大部分人能够按顺序排队

图片出处:本书作者拍摄

但是,在列车到达并打开车门后,情况会发生很大的变化。一些排在队伍前方的人,会在车内乘客尚未下车时就涌入车厢(甚至会导致车内乘客无法下车);少数排在队伍末尾的人,也会趁乱逆着下车的人流,在排队的队列中间挤向车门;而一些队伍会出现骚动:后排的人会向前挤压,将一条队列挤成蛇形甚至多条队列;尤其是在车门开启一段时间后,由于害怕来不及上车,很多人会脱离所在的队伍冲向

车内（图 3-10）。简言之，无法登车的风险越大（排在队伍后方的人，列车车门即将关闭时），候车乘客的密度越高，人们违反排队规则的动机就越强烈。

图 3-10 列车车门打开后，排队秩序就会发生很大变化
图片出处：http://pic.travel.sohu.com/detail-652379-14.shtml#14

插队、抢行行为泛滥的后果是，降低了轨道交通的公平感（因此会造成部分有素质的乘客的流失，并进一步提升低素质乘客的比重）和服务水平（易造成列车车门无法及时关闭，增加停靠站时间，进而影响轨道交通发车间隔），增加了乘客发生口角或肢体冲突的概率，也形成了一定的安全隐患。因此，北京、上海等地铁客流量较大的城市，纷纷推出了高峰期部分地铁站限流的措施，将站内候车乘客的密度控制在一定的范围内。同时，在部分站台加设金属隔离栏以规范排队秩序。这样当然有助于缓解列车到站时车门处和站台的混乱和拥挤，但是，也将无序性扩散到了进出站环节甚至站外（图 3-11）。

图 3-11 管理人员加金属隔离栏方能更有效地规范地铁站的排队秩序
图片出处："地铁是北京人的宿命"，凤凰评论，2014.11.20. 图片作者为南方周末报张涛

3. 公共交通候车行为的交通影响

即使所有乘客对候车插队或不排队的"丛林法则"均能够"坦然"接受（或乐在其中），相对于在站台有序排队的候车方式，仍然会影响公共交通以及其他交通方

式的效率。例如，公交巴士司机因候车乘客涌入机动车道而不得不将车辆停在距离站台边缘较远的地方，对后方其他车辆（机动车和非机动车）的正常通行造成了（更大的）阻碍；甚至有公交巴士司机故意借机挡住后方车辆的通行，以降低自己驶离公交站时的并线难度。地铁乘客逆着下车的人流挤向车厢，甚至一拥而入的行为，加长了列车车门开启的时间，从而增加了列车停靠站的时间（通常，地铁列车行驶和停靠站加减速的时间是固定的）。在高峰时段影响了列车到站的时间间隔甚至发车间隔，因而降低了高峰适度地铁线路的运输能力。

3.2.2 乘车心理与行为

1. 公交巴士乘车行为与心理

在高峰时段拥挤的公交巴士上，除了老年人、首末站附近上车的乘客和中途觅得空座的"幸运儿"，能够落座的乘客总是少数。尤其是在推出老年人乘车半价甚至免费政策后，其他乘客落座的可能性大大下降。

相对而言，由于公交巴士后部地台较高、晃动较大，加之靠近发动机，后部就座的舒适性和便利程度均较差。但是，后排座椅数量较多，站立位置少，而且可以远离偏好在车辆前部（便于上下车，但有时座椅朝向垂直于行车方向，不易坐稳）和中部（座椅朝前）就座的老年人，一些中青年乘客反而会选择车辆后部的座位（以避免站立乘客的影响并降低让座的概率）。

对于大多数站立乘客而言，车辆中部的两侧是较好的选择。首先，靠近窗户和座位，在拥挤的车厢内仍可以保证一定的个人空间（尤其是头部空间）；其次，如果附近座位上的乘客下车，有更大的概率就座；两侧的扶手更低，便于缓解手臂长时间上举的疲劳；最后，在拥挤状态下，身后还有一排站立乘客，可以作为车厢内穿行人流与自己之间的缓冲。

其他的站立位置则或多或少地存在缺陷，前方的站立位置虽然便于上车和从前门下车，但由于站立空间极为有限，容易受到刚上车乘客较大的挤压，在后续上车乘客的不断冲击下，会被迫进入车厢中部；车厢中部过道两侧的站立位置（不靠近窗），接近立柱、扶手或拉手，便于站稳，但常常会受到其他经过乘客的挤蹭；后门处的站立位置，便于下车，但会经常受到其他下车乘客的挤蹭；车厢后部的站立位置，虽然有更大的概率候得空座，但很难站稳（车尾晃动较大，且可供站立的地台面积有限）；最差的站位是车厢中部的过道，不仅离扶手较远（个子不高的乘客根本够不到扶手），个人空间最小，也极易受其他经过乘客的挤蹭。

中国城市公交巴士车厢的典型布局如图 3-12 所示。

由于站立位置决定了舒适程度与候得空座的可能性（当然，运气也很重要），不同的乘客会根据自己的身体条件和乘坐距离进行选择。上车较晚的乘客则通常没

图 3-12 中国城市公交巴士车厢的典型布局
图片出处：https://zj.zjol.com.cn/news/239399.html

有这样的选择，而被挤压在车辆前部或中间过道的乘客，他们唯一值得庆幸的是（比起没有挤上车的人）总算还是上了车。而所有的站立位置，都远远比不上一个座位。即使身处拥挤不堪车厢，有座的乘客也可以听音乐、玩手机、看书甚至打瞌睡，并不会因为车内拥挤或车辆急刹车、快速转弯等操作而产生不适（图 3-13）。

图 3-13 拥挤公交"偏安一隅"的有座乘客，常常对拥堵无感
图片出处：http://www.zgswcn.com/2014/1214/558714.html

2. 轨道交通乘车行为与心理

与公交巴士类似，轨道交通列车车厢的座位与站立位置，也有优劣之分。以地铁为例，常见的布局是在同侧两个门之间的过道两边，各安放一排座位（常用凹凸或线条标示出 6 个座位），在过道中线上安放多个立柱，在过道两侧的车顶放置下垂的扶手或拉手（图 3-14）。

通常，由于受他人影响较小，各排座位两端的位置会更受欢迎。当车上站立乘客较少时，过道中部的立柱和打开侧车门对面的关闭侧车门旁，是较受欢迎的站立位置。前者便于站立者扶握甚至依靠，同时有较大的机会候得空座；后者便于依

图 3-14　中国城市地铁车厢的典型布局,注意车门内
　　　　区域是没有扶手或拉手的
图片出处:https://baike.so.com/doc/2354463-2489811.html

靠,且个人空间相对较大(因而受到一些青年人的偏爱)。

当车上较为拥挤时,情况会发生变化。最受欢迎的站立位置变成了靠近座椅的空间(位于立柱与座椅之间)。与公交巴士靠近车窗的位置类似,这一区域的头部空间较充裕,扶手较低,就座概率也较大。另一受欢迎的位置是打开侧车门两边,不仅可以倚靠座椅两端的隔离板,也方便上下车。最差的站立位置无疑是刚进车门的区域,不仅会受到上下车乘客的挤蹭,也会受到刚上车或试图下车乘客的挤压,同时,很多地铁列车在这一区域没有设置扶手或拉手,导致乘客难以站稳。

与公交巴士不同的是,高峰时段地铁上的老年乘客比例很低。一方面,老年人在高峰时段的长距离出行需求较低;另一方面,地铁站的覆盖率较低,进出站也较为费力;同时,部分城市对于乘坐地铁的老年人并没有提供堪比公交巴士的票价优惠。

3. 公共交通车内拥挤的影响

从交通工程的角度来看,公共交通工具内部的拥挤,对交通效率不仅没有负面影响,甚至有"积极作用":运送相同数量的乘客只需要更少的公交车辆,因此,一定程度地缓解了道路交通压力(当然,这是静态的片面想法,在下一章对此问题有专门论述)并且节省了公共交通供给的成本。因此,无论在交通拥堵的相关研究还是在公共交通服务水平的评价方面,对车内拥挤常常避重就轻甚至避而不谈。实际上,车内拥挤对于公交乘客的影响不容忽视。

在高峰时段拥挤状态下,公共交通车内站立乘客的舒适度远低于有座乘客。站立乘客的密度是导致拥挤感产生的最重要因素。人所需要的一定空间领域称为"人体缓冲区",如果经常有他人入侵自己的这一区域,持续的心理压力会带来焦虑、紧张、不安、沮丧、烦躁等消极的情绪体验,甚至失去自制,产生言语或肢体攻击行为甚至暴力事件;同时还会带来种种身体上的不适,如头疼、心悸、胃肠不好、肌肉酸痛、失眠等,甚至诱发癌症、心脏病等严重的疾病。不幸的是,我们通常认为,中国乘车人能够接受的密度要远大于发达国家乘客。

当然,经常能"坐"上车的人(例如家住在公共交通首末站附近的人,经常被他人让座的老年人)能利用这段时间休息、娱乐、思考、办公甚至做家务(织毛衣、摘菜)。对于这样的公交出行者来说,乘车环境不仅可以接受,甚至会有很多积极的方面。

这是经常乘坐轨道交通或公交巴士上班的人的痛苦境遇:没有座,长时间等不到车,在拥挤的人群中闻到各种异味,相邻乘客的手机里放出烦人的音乐,人们在你前后左右蹭来挤去。久而久之,这些压力可能会影响一个人的生理和心理健康,也可能引发家庭矛盾和较差的工作表现。英国国家统计局的一项调查,采集了约6万人的通勤时间和多项幸福指标等信息。结果显示,相对于步行、骑车、驾车的出行者,乘坐公交车上下班的通勤者对生活的满意度最低(广州日报,2014)。

3.3 非机动化交通出行者的行为与心理

3.3.1 骑行/步行行为与心理

1. 同向交通

有时,由于人行道宽度不足或被机动车、非机动车、其他设备设施占用,行人会借助非机动车道通行;有时,非机动车道被移至原人行道位置,行人使用原人行道的部分或借用绿化带的空间通行,因此,行人和自行车经常在同一个空间内通行。即使在独立的非机动车道上,交通也比以往复杂:脚踏自行车比脚踏三轮车快,变速山地车比普通脚踏车和共享单车骑行速度快,电动自行车又比变速山地车更快。电动车也有速度快慢之分(36V电池的车速可以达到30 km/h,48V的车速可以达到40~50 km/h),一些城市还有残疾人用的机动三轮车和快递员使用的电动三轮车(图3-15)……简言之,虽然同为慢行交通,各类非机动车的行驶速度存在着较大差异,而步行仍是最慢的。

若上述交通方式在同一空间里同向出行,最常用的准则是:速度制胜。即,速度较慢的出行者给速度较快者让行。这也符合道路空间使用的效率原则。只是,当速度较快的电动自行车从后方或侧面快速接近脚踏自行车和行人时,悄无声息地突然出现以及突如其来的鸣笛都有可能惊吓到前方的骑车人和行人。

与大部分发达国家城市相比,中国城市的自行车出行分担率和非机动车道的建设遥遥领先。然而,中国城市在慢行交通的路权分配方面较为模糊。此外,对于中国城市越来越多的电动自行车,在管理方面仍存在争议。虽然电动自行车目前仍被归为非机动车一类,需要使用非机动车道(如果有)通行,但是,在最高车速、加

图 3-15 由于电动自行车技术的发展，非机动车群体内部的速度差异较以往更大

图片出处：https://kknews.cc/tech/p4g5lvz.html

速性能和其他交通参数上，电动自行车却越来越接近归类为机动车的摩托车。因此，电动自行车与脚踏自行车和行人的交通能力差异将愈发明显。

2. 逆向交通

在中国城市，自行车似乎不用遵守右侧通行的法则，尤其是在没有机非分隔设施的道路上（图3-16）。骑车人的逆行的目的通常是为了减少通行距离，有时也是为了选择在机动车较少时尽早地（更安全地）横穿马路。当然，带来的问题是逆行的非机动车与正常行驶的非机动车存在交通冲突，加之电动自行车的行驶速度较快，若对向而行的骑车人判断稍有失误，容易发生迎面相撞。此外，由于逆行的非机动车常常出乎汽车司机的意料，一些在路口转向或进出单位的机动车也容易与逆行的自行车发生碰擦。

图 3-16 在中国城市，自行车似乎不用遵守右侧通行的法则

图片出处：http://news.cnwest.com/content/2013-09/22/content_10077691.htm

实际上，在其他国家，有将非机动车道设置在道路一侧的设计。即使按照这样的设计，非机动车道仍然有上、下行的区分，非机动车道有中央分割线，骑车人需要遵守右侧或左侧通行的法则（图3-17）。

图 3-17 将非机动车道设置在道路一侧的设计，
骑车人也需遵守右侧或左侧通行的法则
图片出处：https://usa.streetsblog.org/2015/12/22/

3.3.2 过街行为与心理

在中国大城市，由于行人过街设施的缺乏和行人信号绿灯时长的吝啬，行人的数量和机动车的流量与车速（而非信号灯）时常是过街策略选择的决定性因素。

1. 车流量较小时

在机动车流量较小时，过往车辆的前后距离较大，行人不难获得安全横穿的机会。此时，交通文化和交通基础设施的影响要超过法律法规。实际上，在这种状态下，行人乱穿马路并不是中国城市独有的问题。例如，在纽约、哥本哈根和伦敦，乱穿马路和闯红灯都是法律明文禁止的，这样的行为都会被罚款。但是，街上的情景却极为不同。美国是"jaywalking"（乱穿马路）一词兴起的地方，最初指的是乡巴佬（jays）初次来到大城市，对于应该如何过马路一无所知。而在现在的纽约，等待绿色信号灯亮起才过街的人却可能被看作乡巴佬。相比之下，哥本哈根的居民通常对闯红灯有一种与生俱来的厌恶感。即使在寒冬腊月某个星期天的清晨，路上看不到一辆车，他们也不会闯红灯。人们会停下脚步，吸一口气，看看从天而降的雪花，然后，等到绿色信号灯亮起，他们继续上路，甚至还有些不情愿（汤姆·范德比尔特，2017）。

有人从文化的角度进行解释，纽约的行人"看车而不看信号灯"（图 3-18），原因在于这个城市是汇集了各种文化的大熔炉和个人主义的温床，同时，乱穿马路可以一定程度地缓解十字路口的交通拥堵。而在哥本哈根，人们长久以来更倾向于保持一致性和寻求共识，而乱穿马路，这种打破了维持机体续存的和谐状态的不良行为，不应该存在。而另一种声音认为，哥本哈根无人乱穿马路的原因之一在于高质量的人行道和数量众多的十字路口，人们只需等一小会儿，绿色信号灯就会亮

图 3-18　纽约的行人在过街时,也常常"看车而不看信号灯"
图片出处:https://www.thinglink.com/scene/720346827190173697

起。是纽约的步行交通系统,而非纽约人,让这个城市成了乱穿马路之都。伦敦的研究也发现,在伦敦的一些街道上,等到绿灯亮起才过马路的行人占75%,但在临近的另一条街道上,这个比例大幅度下降。并不是因为另一个街区的交通文化发生了变化,而是因为其中一个十字路口的过街设施设计比另一个更人性化。在伦敦最糟糕的十字路口,行人等绿灯要花 62 s(交通工程学认为:行人过街,等绿灯的时间越长,越可能闯红灯;行人乱穿马路的临界点大约为 30 s)。因此,从某种意义上来讲,是城市本身在逼迫行人乱穿马路(汤姆·范德比尔特,2017)。

2. 车流量较大时

在机动车交通量较大时,行人很难获得充足的车流间隙横穿道路。落单的行人,由于无法与机动车甚至自行车直接对抗,在行进路线与机动车或非机动车有冲突时大都会表现得较为低调——主动让行。一些胆大的行人和骑车人会展示钻空档技巧,逐条车道进行突破(图 3-19);若没有继续前行的机会,就站在道路中央甚至车道上暂时等待。这些出行者常常出于侥幸心理,认为"坏事情只会降临在别人身上";同时,"我经常闯红灯、翻越护栏,不是一直都没事"的心理也强化了乱穿马路并不危险的判断。

图 3-19　一些行人和骑车人能够熟练地运用
"依托掩护、逐步推进"的过街技巧
图片出处:http://www.zixunmanyou.com/Article/ArticleDetail/articleId/19132.html

也有一部分行人采取了特殊的策略——无视车辆。很多人认为,行人在横穿道路(无论是否通过信控人行横道线)时一定要左顾右盼,最好能和汽车司机进行眼神接触。然而,也有研究表明,如果行人过马路时不看过往车辆,那么,汽车司机更有可能让行人先过(图 3-20)。这种"利用交流中的信息不对称"的做法,实际上是博弈论中最有效也比较冒险的策略之一。当然,虽然行人获胜的可能性提高了,但一旦汽车司机出现疏忽或暴怒难忍,后果可能非常惨重。

图 3-20 在车速不高的城市道路,不看过往的汽车,也是行人过街的一种特殊策略
图片出处:走路勿做"低头族",上海法治报,2016.4.8.

即使在车速较快、交通量较大的主干路,当行人增加到一定数量时,形势也会发生逆转。一些行人会离开人行道进入非机动车道甚至机动车道的边缘,从而逐渐挤压过往车辆的通行空间并减缓其通过车速(由于前方车道的可通行宽度变窄,很多司机会自觉减速)。当正在接近的车辆出现明显减速时,则胜负已分,行人们会一窝蜂地涌向街道对面。如果车道数量较多,行人会重复上述步骤,逐渐蚕食各条机动车道(即使驾车人不相信会有行人敢直接挑战汽车,也会忌惮相邻车道车辆行车轨迹的变化对自己造成影响),直至彻底阻断交通流(图 3-21)。

对于处在交通拥堵状态的路段和交叉口,行人和骑车人则常常可以占据主动(图 3-22)。过往车辆的闪灯、鸣笛,甚至交警的指挥,对行人和骑车人也未必有效。此时,行人真正畏惧的,可能只有油门当刹车踩的新手司机以及穷凶极恶的亡命之徒。

3. 过街行为的交通影响

一项针对江苏省 13 个城市的抽样调查发现,行人闯红灯的比率高达 44.2%。几年前,一组研究人员分析了东京和北京多个类似的十字路口。这些十字路口的构造基本相同,但是,东京的十字路口每小时的通行量可以达到北京的两倍。其中,既有机动车方面的原因(东京车辆的启动和刹车更为迅速),也有交通构成的影

图 3-21 "中国式过马路":当纠集了一定的人数后,行人就可以无视信号灯而与机动车展开正面对抗

图片出处:http://scitech.people.com.cn/n/2012/1026/c1007-19396158.html

图 3-22 对于处在交通拥堵状态的路段和交叉口,行人和骑车人常常可以占据主动

图片出处:http://www.pandaguides.com/hot_topics/travel_safe.html

响(北京道路上非机动车的比例要高得多),但更重要的差别,是道路上人们的行为。在东京,司机和行人严格遵守交通信号灯(当然,信号灯的设置也很科学且人性化)的指示,礼貌出行,就像日本文化一样。而在北京,研究人员观察到,汽车司机以及骑车人和行人违反交通信号灯的情况比东京多得多。行人不但会在红灯亮起后继续过马路,甚至在绿灯还没亮起之前就开始过街了。"行人似乎不要命了,而汽车好像也在全力满足他们的愿望。"(汤姆·范德比尔特,2017)

3.4 交通拥堵主观感受与客观测度的关系

1. 自我与合作

在交通领域,"自我中心主义"在世界各国普遍存在:我们对别人的优点视而不

见,却把自己的优点无限放大。当道路出现拥堵时,我们通常认为这是由他人造成的;事实上,你自己也是促成拥堵的一分子。我们都认为自己比大部分司机开车更好,实际上大部分驾车人的开车水平都处于中等。我们在步行时,认为汽车会对行人造成威胁;而我们在开车时,又认为行人的举动很危险。开车赋予我们令人兴奋的速度和无限的个体流动性,这一点看它是积极向上的,让我们感受到生命的存在;然而,对我们大多数人来说,它又是生活中致命的存在。我们都希望成为道路上独特的个体,但交通的顺畅流动需要的又是一致性。我们希望所有的信号灯都是绿灯,但是,当我们到达交叉口时,我们只希望自己前进的方向是绿灯。我们希望自己家附近街道上的车少一点,但又希望在不远处有一条非常方便的十车道高速公路。我们都希望别人不要开车,那么我们自己开车出行时就会快一些。

中国城市与发达国家城市交通行为的主要区别在于出行者之间的"合作"。例如,在高速公路/快速路的合流区以及停车场的各个交叉点,中国驾车人普遍接受"丛林法则"去竞争和对抗,而非依照较公平的"先到先得"或"轮流规则"进行合作。在公共交通和慢行交通领域也非常相似,中国城市出行者间的竞争性和对抗性普遍强于发达国家的同类城市。有时,乱穿马路、超速行驶或者频繁变换车道,只是源于人们自我陶醉式的炫耀。

当然,中国城市也有很多素质较高的驾车人。不幸的是,这些驾车人常常沦为交通利益的受损者。

2. 交通拥堵客观测度的不足

(1) 客观测度与主观感受的差异

交通工程师常常假设,机动车出行者对交通拥堵的感受主要是对时间和车速的感觉,即车辆在道路或交叉口上排队或者缓慢移动。从心理学和医学视角来看,上述认识是不全面的。出行者对于拥堵的感受,不仅与其乘坐的交通工具移动速度相关,也受到出行者所处微观环境的影响。拥堵在很大程度上是一种主观感觉,并没有固定的客观标准。人的知觉、思维、记忆、动机、态度、情绪等内在心理活动都会在这一微观环境中体现出来。

交通工程学视角下,很多源于美国的交通拥堵研究关注的是"机动车",认为交通拥堵是"车"和"路"的矛盾,所提出的治堵措施也基本上都旨在如何提高"机动车"的畅通性,首选的做法是力图提高某条道路直至整个路网的工程容量:拓宽道路、增加机动车道数、改进信号控制系统、控制交通组成,等等。中国众多大城市在上述"以车为本"的交通规划和交通管理理念指导下,或多或少地存在对公交乘客乘车感受的忽略和对慢行交通(非机动车和步行)出行方式的排斥(例如,机动车道或停车空间挤压、占用非机动车道与人行道,甚至局部禁止慢行交通通行)。公共交通出行者在车上的不适、在车外的争抢,城市慢行者的不便与风险,以及小汽车驾车人的心理压力常常被服务于机动车的交通评价、设计和管理体系排除在外，这就忽视了交通系统对于城市最本质的意义——为生活和工作在城市中的"人"提供便利。同时，这也迫使更多的出行者放弃慢行交通甚至公共交通方式，而选择小汽车出行，从而形成了过度交通拥堵的恶性循环。

(2) 主客观拥堵排名的差异

2016年，高德地图与央视开展了"网民心中的堵城"大调查。在"谁是你心中的中国堵城之首"中，郑州市的得票率出人意料地位列第二，而在高德地图每季度、年度的(客观)拥堵排名中，郑州从未进入拥堵城市前十(2016年排名第13)。高德地图对这一差距产生的原因进行了分析，发现主要有两个：一是郑州早晚高峰时段的拥堵差异较大，周末拥堵下降幅度较小；二是拥堵区域多位于人口集中且交互频繁的位置，造成多数郑州市民对城市拥堵的深刻印象。

数据表明，郑州各等级道路早晚高峰时段拥堵程度呈现较大的差异。尤其是车流量占60%的主干路，早高峰时段拥堵程度为1.74，属于车多缓行；而晚高峰时段拥堵指数接近2.0，属于严重拥堵，并给市民留下了更深刻的印象(图3-23、3-24)。

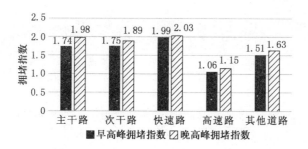

图3-23 郑州市各等级道路早晚高峰时段的拥堵指数

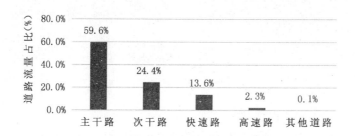

图3-24 郑州市各等级道路流量占比

图片来源：高德地图．2016年度中国主要城市交通分析报告，2017.1.1.

同时，在周末和节假日的高峰时段，郑州交通拥堵程度的下降并不显著，未能给市民带来"休整期"来弱化工作日交通繁忙的印象(图3-25)。

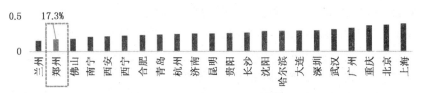

图 3-25 各大城市周末和节假日交通拥堵指数下降幅度对比
图片来源：高德地图，2016年度中国主要城市交通分析报告，2017.1.1.

更重要的是，虽然郑州大部分区域的拥堵程度并不高，但拥堵程度较高的区域比较集中，且承载了城区67%的出行量。从拥堵热力图（图3-26）可以发现，郑州的拥堵分布不均匀，紫金广场、人民医院、二七广场、金水路立交桥、陇海快速路与中州大道立交等区块拥堵严重，而其他区域多是缓行或畅通。拥堵的区域都是人口多的区域（图3-27），这些区域又被铁路线分割，分割后使得道路拥堵节点增多。同时这些区域也是用户间交互频繁的地方。另外陇海快速路与中州大道立交虽然已经通车但多处环节并未打通，不能形成整体的快速路网结构，很多用户每天都要经过这些严重拥堵区块。这些都是市民对郑州拥堵程度的主观印象与客观数据分析结论差异较大的原因（高德地图，2017）。

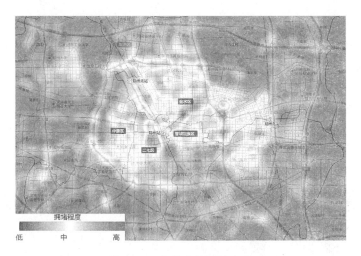

图 3-26 郑州市拥堵热力图

（3）城市交通痛苦指数

2010年，IBM公司调查了全球6大洲20城市的8 192名驾驶员，将通勤时间、由于交通引起的愤怒、交通拥堵时间等指标纳入评价体系（图3-28）。以100分为最痛苦得分：北京和墨西哥城均得99分，通勤交通痛苦指数并列全球第一；伦敦和巴黎均为36分，纽约得19分；瑞典斯德哥尔摩的交通痛苦指数最低，仅15分。

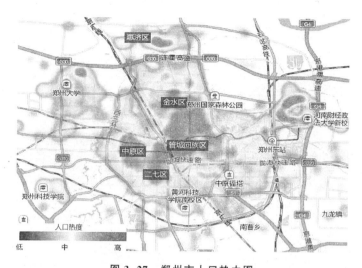

图 3-27　郑州市人口热力图

图片来源:高德地图,2016 年度中国主要城市交通分析报告,2017.1.1.

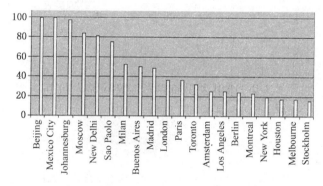

图 3-28　IBM 公司 2010 年驾车通勤痛苦指数

图片出处:IBM, Global Commuter Pain Survey, 2010.6.

2011 年,IBM 的另一项调查,询问了全球 6 大洲 20 城市的 8 042 名驾驶员,将寻找停车位的时间、无法找到停车位的概率、对停车位的不满意程度、违章停车处罚程度等指标纳入评价范围(图 3-29)。以 140 分为最痛苦,新德里得分 140,停车痛苦指数位列全球第一;北京和深圳得分分别为 124 和 122 分,位列第三和第四(并列);纽约得 85 分;芝加哥的停车痛苦指数最低,仅为 51 分。

2011 年,IBM 公司继续对全球 20 个大城市 8 042 名乘坐公交的通勤出行者进行了调查,得出了"公共交通通勤痛苦指数"排名(图 3-30)。调查基于出行时间、乘客对公共交通的不满程度、乘车对工作的影响等 10 个问题。排名前八位的城市依次为:墨西哥城、深圳、北京(并列第二)、内罗毕、约翰内斯堡、班加罗尔、新德里、莫斯科,其交通痛苦指数均超过了 60。

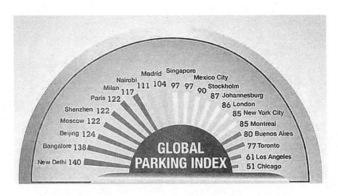

图 3-29　IBM 公司 2011 年城市停车痛苦指数

图片出处：IBM，Global Parking Survey：Drivers Share Worldwide Parking Woes，2011.9.

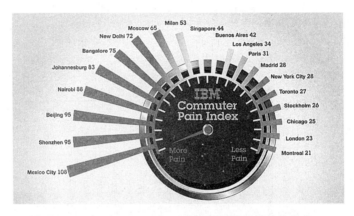

图 3-30　IBM 公司 2011 公共交通通勤痛苦指数排名

图片出处：IBM，Global Commuter Pain Survey：Traffic Congestion Down，Pain Way Up，2011.9.

(4) 纳入主观感受的拥堵程度测算

以南京市中山东路(龙蟠路—长白街)为例，2013 年某月工作日晚高峰的平均车流量量(双向)为小汽车 3 043 辆、公交车 168 辆(平均满载率 70%)。按照《城市道路工程设计规范》，公交车的车辆换算系数为 2.0，可以算出该路段的交通量为 3 390 pcu。道路通行能力为 3 600 pcu，饱和度为 0.94。

假设公交车的平均座位数为 31 个/辆，核载人数为 75 人/车；公交满载时(站立乘客 44 人)，站立乘客的"拥堵感受系数"(为无量纲参数)为 2.0×饱和度，公交站立乘客人数小于等于 10 人时，站立乘客的"拥堵感受系数"为 1.2×饱和度，公交站立乘客人数为 10~44 人时，站立乘客的"拥堵感受系数"为 1.2~2.0 的线性插值×饱和度；小汽车司机的"拥堵感受系数"为 1.1×饱和度，小汽车乘客的"拥堵感受系数"为 1.0×饱和度。同时假定:公交巴士满载率的变化不影响公交出行者总数,即公交公司会因每辆车运送乘客数的降低而增派车辆;小汽车交通量不随公交车交通量的变化而改变。

据此,可以计算出不同公交满载率水平下的交通饱和度和机动车(小汽车和公交巴士)出行者的拥堵感受系数(用以表达出行者在途中的总体福祉)。如图 3-31 所示,随着公交巴士满载率的下降,道路交通饱和度逐渐提高。可见,从交通管理部门的视角来看,公交巴士车内的拥挤有助于缓解道路交通拥堵。出行者拥堵感受系数在公交巴士满载率处于 45%~55% 时较低,此时对应的站立乘客数为 3~10 人/车。其含义是,在交通高峰期,当公交巴士有少量站立乘客时,对于出行者整体来说是较优的选择;虽然继续增加公交巴士车辆可以使得每位公交乘客都有座位,但更多公交车导致道路交通拥堵程度的增加会抵消上述收益。

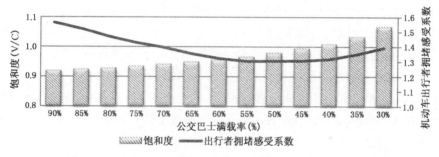

图 3-31　公交巴士满载率对饱和度和出行者拥堵感受的影响
图片出处:本书作者绘制。数据来源:本书作者统计计算。

上述计算方法,在求解出行者拥堵感受系数时是直接将小汽车出行者的拥堵感受系数加上公交出行者的拥堵感受系数,其中默认的含义是,小汽车出行者与公交巴士出行者的出行时间价值相等。如果公交巴士出行者的出行时间价值低于小汽车出行者(因为同样的起讫点,公交巴士的出行时长通常会高于小汽车),情况会有所变化。这里假定公交巴士出行者的出行时间价值仅为小汽车出行者的 1/10(图 3-32),计算结果表明,出行者拥堵感受值(将公交出行者的拥堵感受系数乘以 0.1 后再加上小汽车出行者的拥堵感受系数)在公交巴士满载率处于 60%~70% 时较低,此时对应的站立乘客数为 14~22 人/车。

趋势很明显:如果城市中公交出行者与小汽车出行者的时间价值差距越大,公交巴士满载率就应越高。换言之,城市居民的交通需求层次差异较大时,更拥挤的公交巴士反倒是较优的选项,这就解释了为何中国很多城市规定的公交满载率取值较高(南京的要求是,高峰期不超过 80%,平峰期不超过 70%);而当城市居民的交通需求层次较接近时(例如欧洲发达国家的城市),公交巴士的站立乘客数就应

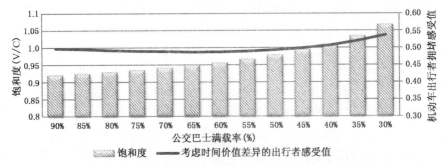

图 3-32　公交出行者时间价值为小汽车出行者的 1/10 时,
公交巴士满载率对饱和度和出行者拥堵感受的影响
图片出处:本书作者绘制。数据来源:本书作者统计计算。

该降低。于是,我们看到了中国城市较为普遍的公交巴士车内拥挤(当前部分城市的公交巴士车内拥挤程度出现了较大幅度的下降,是因为轨道交通线路的开辟分担了大量客流,而公交巴士公司还未来得及"反应"并减少发车频率),而这样的场景在欧洲发达国家则较为少见。

需要注意的是,公交巴士满载率是一个平均值。例如,60%的公交巴士满载率可能意味着同一路段上行方向的公交巴士满载率仅为 40%(车上乘客 30 人,每人都有座位),而相反方向的满载率高达 80%(车上乘客 60 人);也可能是车辆行驶的一半行程中,满载率为 40%,而另一半行程的满载率高达 80%。

此外,如图 3-33 所示,公交车运营成本(假定每天 1 200 元/车,每车每天往返 6 次)会随着公交巴士满载率的降低而提高。因此,如果车内拥挤程度不影响客流量和政府的交通补贴,公交公司总是有尽量提高巴士满载率的动机(尤其不能容忍的是较低的巴士满载率)。

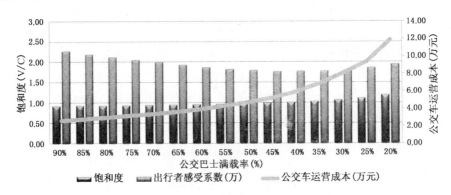

图 3-33　公交巴士满载率对公交运营成本的影响
图片出处:本书作者绘制。数据来源:本书作者统计计算。

上述算例是对现实环境的较大简化,计算时忽略了公交服务水平提升后对部分小汽车出行者的吸引力,也没有考虑当交通饱和度超过 1.0 后管理部门的反应。因此,这是一种相对静态的分析。即使如此,计算结果也具有相当大的解释力。简言之,从交通管理部门和交通运营部门(公交公司)的角度考虑,公交巴士车内拥挤程度应该保持在较高的程度,这样既可以缓解道路交通压力(顺便提高公交巴士的运行速度),也可以减少公交运营成本及政府的公交补贴。但从城市中出行者的整体福祉来看,应当做的是继续减少公交车辆内的拥挤程度,尤其是在公交出行者的出行需求层次得到显著提升之后。

第4章 城市交通复杂大系统

本章从复杂系统理论的角度列出了影响城市交通系统的快变量和慢变量,分析了各级变量之间的相互影响;以"减少公交巴士上的座位数"和"扩宽主干路以增加机动车道"为例,说明了城市交通系统内部的复杂反馈性;借助物理现象做类比,分析了中国大城市交通瓶颈的形成机理和城市各级路网中交通流的运行机理。

4.1 城市交通系统

1. 复杂系统理论的启示

复杂系统(Complex System)通常是指那些由相对简单的个体通过较强的相互作用而形成的具有涌现特征的整体。所谓的涌现特征则是指系统整体层次展现出来的、无法还原为个体简单因素的特征或规律。因此,简单地说,复杂系统就是具有"整体大于部分之和",或者"1+1>2"特性的系统。城市交通系统,无疑是一种复杂系统。

复杂系统理论强调用整体论(主张一个系统中各部分为一有机之整,不能简单地割裂或分开理解)和还原论(认为复杂的系统、事物、现象可以将其化解为各部分之组合来加以理解和描述)相结合的方法去分析复杂系统。

协同学的创始人 H. 哈肯(Hermann Haken)认为,系统增长的形态受控于其中一个或几个序参量(order parameter)。序参量是役使系统的各个部分协调行动的关键性因素。系统内部的各种子系统、变量或因素的性质和对系统的影响是有差异的、不平衡的。当控制参量(外参量)的改变把系统推过线性失稳点时,这种差异和不平衡就暴露出来,于是区分出快变量和慢变量,慢变量主宰着演化进程,支配快变量的行为,成为新结构的序参量,并最终导致"系统新的宏观图样"。

借用协同学理论,可以对城市交通系统中的慢变量与快变量进行区分。探讨快变和慢变的意义,对于变化相对较慢的事物,需要更加谨慎的决策;一旦慢变量已经确定,或者说发展路径已经形成,可以继续改进的空间就小了很多。

2. 百年级的慢变量

(1) 交通文化

交通文化，是一个国家、地区或城市中的出行者，在交通环境中相互对待的行为特征及其共同理解。例如，人们开车的方式、过马路的方式、交叉口谁先谁后、公交车谁先上车。与西方发达国家城市经历了数百年的马车时代(1600~1880 年)、有轨电车时代(1880~1920 年)和私家车时代(1920 至今)不同，近几十年，中国城市的交通格局发生了巨大的突变——由人力时代直接跨入了机动化时代。虽然交通法律法规也做出了调整以应对道路交通的快速变化。然而，法律法规本身可以解释和影响的东西是有限的。文化准则，或者说一个地方的人们习以为常、已普遍接受的行为，与法律法规同样重要，甚至影响更大。

日常的交通行为，充分体现了一些中国人的文化特征：自私、浮躁、争抢。停车也好，行车也好，只图自己方便，从不考虑其他车能否顺利通过，结果一辆车就能造成众车的堵塞，此为自私；一遇前方停顿，不论原因如何，一边狂按喇叭，一边左右强行变道前插，似乎永远有急事不能耽误半秒，此为浮躁；争抢则更为常见，如同生活中缺乏自发的有序排队一样，在路上有空就钻，左转道直行、逆向车道超车等现象司空见惯。

中国城市不计其数的违规甚至违法行为，有其现实因素(集合了人们平日里对权威、对生活状态一点一滴的反抗)，也有历史根源。例如，长期以来，强调个人关系、注重培养个人美德的儒家思想，反而导致了公共道德的缺失以及公民文化意识的淡薄。1935 年，林语堂在《吾国与吾民》(又名《中国人》)中写道，"个人权利"的缺失导致人们对社会共同利益的个人主义式的、根深蒂固的漠视。"人民之伟大……足以细拟弹劾官吏的完备制度，交通规则，公民服务条例……但又足以破坏一切章程制度条例，可以视若无睹，可以欺瞒玩忽，并可以摆出超越的架子。"

在城市化、机动化和国际化均得以快速推进的中国大城市，交通文化的复杂性还在于：交通常常将遵守不同文化准则的人(例如欧美留学多年的海归与刚从乡村搬到大城市生活的中老年人)聚在一起，双方都确信自己的做法是正确的(根据中国现行的交通法规也许两者都不对)。

简言之，交通文化属于社会文化的一部分，沉淀于数百年甚至千年以来族群的经历和演化，很难在短期内实现质的改变。

(2) 城市的形态与布局

城市的形态，不仅受到自然地理环境的影响，也因人类生产力的提升而改变。例如，随着 20 世纪初汽车制造技术的突破，美国城市的形态也随之发生了变化。由于卡车部分替代了铁路和水路的货运作用，工业不再必须要积聚在城市交通枢纽，加之电力传输网络的完善，在郊区建房建厂也变得更便宜，城市的产业地位开始下降。而富人和中产阶级开始更彻底地搬到郊外。只要拥有私家车,住在哪里可以完全由自己决定,而不像电车时代必须依附已有的电车轨道,且何时出行必须遵照电车公司的时刻表。美国人变得前所未有的独立的同时,市中心也开始出现严重的道路拥堵和停车问题。

中国城市,大多拥有数百年甚至更长时间的历史。城市(尤其是主城区)的基本形态留下了诸多时代痕迹。例如,南京市主城区大部分仍位于600年前明代城墙围合的范围之内,而城市空间布局和大量市政道路、公共建筑、用地功能分区均起始于1929年12月国民政府公布的《首都计划》。中华人民共和国成立后,更是留下了大量计划经济体制下的历史产物——单位大院。这些城墙、城门、道路、大型建筑、甚至单位院墙,都将在未来相当长的一段时间内继续存在,并继续影响着城市交通的空间形态(图4-1)。

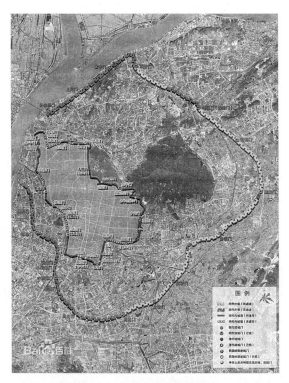

**图 4-1　南京明城墙的营造一改以往都城墙取方形或矩形的旧制,
而是根据南京山脉、水系的走向筑城,大部分至今仍有留存**
图片出处:百度百科,南京明城墙

又如上海市,在1840年鸦片战争后,成为五个对外通商口岸之一,允许外国设立租界(如今的黄浦、静安、虹口和杨浦四区在当时属于英美为主的公共租界,卢湾、徐汇两区是法租界),并享有完全独立的行政权和司法权。开埠后的近代上海,不仅成为远东最繁荣的港口和经济、金融中心,也将英美城市建设和管理的痕迹(高密度均质路网)保留至今。上海外滩CBD的特点是:路网细而密,路网密度达17 km/km²,为中国城市CBD之冠;以8~18 m路幅(2~4条车道)的街道为主,组成正交棋盘式或星形网络交通,路网较均质;平均街区面积多在2 ha以下,而且大小比较相似。这与一江之隔的浦东CBD形成了鲜明的对比(图4-2)。

图4-2 上海外滩CBD的路网和街区形态与一江之隔的浦东CBD形成了鲜明的对比

图片出处:https://encounteringurbanization.wordpress.com

3. 十年级的慢变量

(1) 城市基础设施

随着人类生产力与机动化能力的快速提升,城市版图的扩大不再需要成百上千年的积累。尤其是在人口规模庞大的国家,城市(建成区)面积和人口的成倍扩张可以在数十年甚至数年内做到(例如20世纪80年代的深圳)。

同时,城市道路和轨道交通等城市交通基础设施的修建,短则数年,长则数十年。例如北京的7条环路,虽然每条环路的里程越来越长,但修建时长却越来越短。不仅体现了道路建设技术的改进,也反映了城市机动化进程的加快。而南京地铁,自1999年国家批准正式立项,至2017年的18年间,已陆续建成7条线路、139座车站,线路总长258 km(暂居中国大陆第5、世界第12位)。

(2) 就业、上学与居住

对于大部分城市居民来说,就业单位、学校和居住地点的更换,通常需要数月甚至数年的周期。由此形成的交通需求,也常常具有数月至数年级的规律性。

不知从什么时候开始,中国城市出现了一种常见的景象——老人或孩子父母使用非机动车或小汽车送小学生甚至中学生上学。放学的时候,又有无数中老年男女围在校门口,等候并接走他们的孩子。这不仅带来了大量的交通出行,接送孩子的小汽车、非机动车甚至行人的占道停车或等候行为,也对过往交通产生了较大的阻碍。反观北美,(家离学校不远的)几岁和十几岁的中小学生大多自己步行或骑车上学,住地较远的通常自己乘坐校车往返,只有一些年龄特别小的孩子会由家长开车接送(学校通常都设有接送车停车场)或到校车停靠点接送(图4-3)。可见,由于社会安全感的缺乏,也给道路交通带来了额外的压力。

图4-3 "接送大军"常常形成固定的交通堵点
图片出处:https://m.autohome.com.cn/news/201102/175988.html

4. 日、月级的快变量

(1) 交通管理与控制

对于城市交通管理者来说,诸如城市道路交叉口渠化改造、道路交通设计改进、信号灯配时优化、建设项目交通组织与改善方案的调整等,长则数月,短则数日即可完成(图4-4)。

图4-4 管理部门通常会对一批交叉口集中进行渠化改造,最长数个月即可完工
图片出处:http://www.wem.org.cn/news/view.asp?id=1444&cataid=16

(2）交通出行安排

对于城市交通出行者来说，当交通环境出现较大的变化时，新的平衡也会很快得到建立。例如，当城市中的某条道路因改造或修建地铁而无法使用时，在经过一段时间的博弈与磨合后，原来使用该道路的交通量会稳定地分流至周边路网（也有部分出行者干脆减少了出行）。

2013年5月11日，是上海浦东金桥立交拆除施工后的首个工作日。早高峰堵得几乎寸步难行，很多市民上班因堵车造成迟到。然而，到了当天的晚高峰，司机们似乎都吃一堑长一智，道路竟然非常通畅——车流量大大减少。原因很简单：由于早上极为拥堵，晚高峰的确吓退了不少驾车人，能绕道的大多都绕行了。同时，这一区域的致远中学，本来有很多开车来接学生放学的家长，而这一天放学时开车来的家长少了很多，学生们大多改乘公交车回家。可见，短短半天，就足以改变很多市民的交通出行安排。

5. 分钟、小时级的快变量

交通事件（非周期性发生且使道路通行能力出现下降的事件），如交通事故、故障停车、货物散落、违章停车、车辆逆行等。交通事件发生后，在场的交通出行者们会采取一定的措施（例如报警、推车、劝阻、绕行等）缓解交通事件对交通流的不良影响。因此，交通事件本身的存在通常是分钟级或小时级的。但是，即使是分钟级的交通时间，由于交通流的传递作用，也有可能逐渐形成区域性的交通拥堵。尤其是对于缺乏绕行道路的城市快速路和主干路，一旦发生较大面积的交通堵塞，就很难在短时间内消散。

6. 各级变量的相互影响

城市是一个复杂的多维度巨系统，其基本属性是基于地理信息的四维（三维空间＋时间）。在城市交通系统中，快变量常常受慢变量支配，而无力改变后者。例如，我们在新片区规划时，可以较自由地对土地利用和道路网络建设进行综合考虑，但对于历经数十年甚至数百年发展而来的已有城区，除了借助战争或重大的自然灾害（例如芝加哥大火），是无法推倒重来的。相反，城市布局影响道路建设的案例却比比皆是。例如，中国大城市普遍存在的单位大院和住宅小区，不仅很少受到道路改造的影响，反而逐渐强化了城市主干路的重要作用，并引发了诸多城市兴建环形快速路和将城市内外部连接线升级为快速路的热潮。

同理，城市交通基础设施建成后，也很难因为交通事件的发生或天气影响的"个例"进行改扩建。于是，人们眼看着一些交通瓶颈（例如快速路的一些交织区）日复一日地上演严重拥堵的"悲剧"，而当初不合理的设计却一直屹立不倒。而一些设计精良的道路交叉口，也没能改变大量行人和非机动车闯红灯的现象。

简言之，在城市交通慢变量稳定之后，快变量的改善虽然重要（且更容易做到),但对于慢变量和整个城市交通系统的影响,效果是非常有限的。

4.2 城市交通系统内部的复杂反馈性

城市交通系统各组分之间存在着较复杂的相互影响,系统内的复杂反馈性对于系统的运行绩效亦有着相当的影响。当受到外部输入或刺激时,城市交通系统内部可能会形成一连串的反应并逐步达到新的平衡状态,也可能在系统自组织作用下将影响化解于无形。因此,试图简单地改变系统内某一部分,而缺乏通盘考虑的做法,很难取得整体的效果。这里通过两个例子来说明城市交通系统内部的复杂反馈性。

1. 减少公交巴士上的座位数

当城市交通运行进入稳定状态时,如果在不改变公交巴士车型的情况下,试图减少车内的座位数(例如车厢中部的5~7个座位)以换取更大的站立空间,就会导致一系列连锁反应(图4-5)。

这一做法的目的主要有两个:一是通过单车运载能力的提升,在保持车辆发车频率不变的同时,增加公交客运量,从而提升公交企业利润;二是在单车运载能力提升的同时,降低公交巴士发车频率,从而在公交客运量基本不变的情况下减少公交巴士的交通量,从而一定程度地缓解高峰时段的交通拥堵。当然,现实中通过公交巴士座位数与发车频率的综合调整,可以适当地兼顾这两个目标。

问题在于,这只是从"供给侧"出发的理想结果。出行者的反应最终会决定上述做法的成败。不难想象,在交通高峰时段,(通过座位改站位)提升单车运载能力会不可避免地导致很多公交线路乘车舒适性的下降。如果发车频率同时降低,又会导致公交候车舒适性的降低。即使发车频率保持不变,也会出现一定数量的公交乘客不堪忍受继而转用小汽车(私家车或出租车)出行。于是,道路机动车交通量由于这部分小汽车的加入出现提高,这无疑会加重道路交通压力。换个角度,如果单车运载能力的提升,吸引了一部分(宁可挤在车内也要上车的)慢行交通出行者,从而降低了慢行交通量(尤其是自行车交通量),对道路交通拥挤的缓解又会起到积极作用。

于是,这个问题变得似乎很复杂:既然同时存在正反向的影响,道路交通压力究竟会提高还是降低?实际上,只要抓住了关键参数,问题不难回答。这里的关键参数就是"公交乘客改用小汽车"的数量和"慢行交通出行者改乘公交巴士"的数量。对于前者,趋势较为明显,由于私人小汽车的逐渐普及以及打车软件的流行,原公交出行者的替代选择逐渐增多;更重要的是,随着城市生活水平的提高,出行者的需求层次也得以提升。因此,越来越多的公交乘客会由于难以忍受的服务水

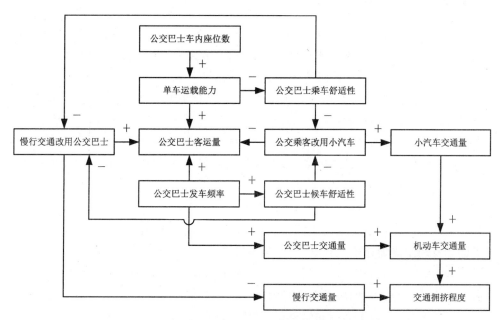

图 4-5 公交巴士车内座位数引发的城市交通系统内部反馈
("十"表示正相关;"一"表示负相关)
图片出处:本书作者绘制

平改用小汽车出行。对于后者,考虑到能够忍受公共交通服务水平的出行者已经放弃了慢行交通,在公共交通服务水平继续下降的情况下,能够继续吸引到的慢行交通出行者将会非常有限。于是,另一个"重拳"被祭出——降低公交票价甚至免费。低廉的公交票价(对于 70 岁以上的"老年卡"用户来说,城市公交通常是免费的)着实吸引了不少原来使用自行车出行或步行的市民(但对从公交改用小汽车的人群几乎没有影响)。其中,既有抗压能力较强者(青少年学生和中青年强壮者),也有身体较弱但对于公交巴士的座位具有优先使用权的人群(老人)。

简言之,通过低廉的公交票价,"公交乘客改用小汽车"的数量和"慢行交通出行者改乘公交巴士"的数量均得到了增加。对道路交通量(机动车交通量加上慢行交通量)和交通安全的影响虽需要更深入地分析,但将(道路占用面积较小的)行人和自行车替换成(道路占用面积较大的)小汽车,通常是无益于交通环境的(但有利于城市运营者)。

2. 扩宽主干路以增加机动车道

在道路红线宽度不变的情况下,拓宽主干路的机动车道路以增加机动车道数量的做法,近年来在中国城市非常常见。其初衷无疑是提高主干路的通行能力(交通功能)。这一目的通常可以实现,至少是部分达到。然而,这一做法也会带来诸多延伸性的影响(图 4-6)。

首先,增添机动车道带来的通行能力的增加不是线性的。车道越多,交通工程师眼中的车辆间的"摩擦"也越多。例如,当车道由(单向)2车道拓宽为(单向)3车道后,一辆在最右侧车道行驶的车辆(刚从前一个交叉口右转进入),如果想在前方路口左转,就不得不顶着高峰期密集的车流穿过2条车道(而不是原来的1次并线),甚至直到前方交叉口穿越3条车道(2条直行道和1条左转车道)才能如愿。另外,随着车道路幅的拓宽,道路交叉口也必须相应地扩大,车辆穿行交叉口所用的时间就越长,扫尾时间(为确保交叉口内每辆车和行人都能安全通过而设置的暂停时间)也需要延长。最终结果是,车道的边际通行能力递减,即新增车道带来的通行能力要低于原有车道的平均通行能力。

其次,在有限的道路红线宽度内,为了拓宽机动车道,就必须挤压非机动车道、人行道或者绿化隔离设施的空间。这就增加了慢行交通出行者的困难。同时,为了保证机动车流的连续性和安全性,加强机动车和非机动车隔离设施、减少人行横道等措施也较常见,从而将大量过街人流和非机动车流引向了交叉口。这又不可避免地降低了交叉口的机动车通行效率。

另一方面,慢行交通空间的恶化,促使一部分骑车人甚至行人也改用机动车出行。如果这部分出行者使用公交巴士,对道路交通的影响则比较小(只是会造成公交车内更为拥挤的局面);但如果有人改用小汽车出行,增添的车流量就会进一步削弱道路拓宽的效果。

最后,随着主干路的拓宽和慢行交通空间的压缩,街道的非交通功能(例如商业功能、休闲功能)也被削弱。表现为沿街商铺档次下降、数量减少、服务范围缩小,道路上散布的行人变少。这就造成一些短距离出行需求不得不转化为较长距离的出行。例如,本来走路可以到的店铺,现在不得不驾车前往更远处才能觅得。这也会导致更多的机动车交通。

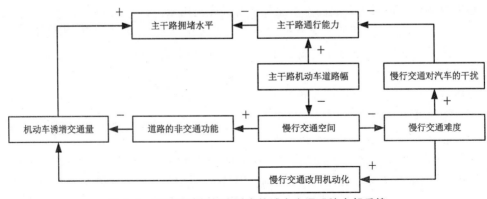

图 4-6　主干路路幅拓宽引发的城市交通系统内部反馈
("＋"表示正相关;"－"表示负相关)
图片出处:本书作者绘制

由此可见城市交通系统的复杂性：不同交通方式之间不仅仅体现为此消彼长，有时也会引发更深远的连锁反应；而系统运行的最终结果，未必符合初衷。

4.3 城市路网的交通机理

4.3.1 交通瓶颈的产生

1. "慢即是快"？

人们常常用水来类比交通流，因为水能较好地体现诸如容量和通过能力之类的概念。实际上，在交通瓶颈，交通流的表现不太像流水（例如，当河道变窄时水流会加速，而车流不会随着公路变窄而加速），而更像大米：车流如同米粒，是彼此独立的物体，且行为方式各异。

美国华盛顿交通部门曾做过一个实验。取一升大米，通过一个漏斗将大米一次性倒进空烧杯中；然后，取同等分量的大米，但以一个平稳、可控的速度均匀缓慢地倒入，并分别记录这两个过程所需的时间。结果显示，使用第一种方式倾倒大米全部通过漏斗需要 40 s，而第二种方式只花了 27 s，几乎节约了 1/3 的时间；看起来更慢的方式实际上更快。在第一种方法中，之所以大米会出现堆积，是因为大米的流入量超出了漏斗嘴的通过能力。系统密度变得越来越大，米粒彼此碰撞的时间更久。于是，越来越多的大米相互摩擦，加之漏斗内壁的摩擦力，大米就卡在了漏斗嘴上方。"就像公路上的汽车"，芝加哥大学物理学家悉尼·内格尔认为，"当车流变窄时，和很多大米想挤进漏斗里是一个道理。"而第二种方法，每次少倒一些米，能使米粒之间的空间更大，摩擦更小，通过漏斗开口处的速度就更快。同理，每次通过的车辆有限，交通就能保持顺畅。

20 世纪 60 年代，出入纽约曼哈顿的主干道之一——荷兰隧道进行了另一项实验。隧道管理机构发现，当到达的车辆不受限制，自由进入隧道时，这条隧道（单向）双车道能够通行 1 176 辆车，最高时速为 19 mile。但在一次实验中，管理机构将进入隧道的车辆数目控制在每两分钟不超过 44 辆。如果在两分钟结束之前，进入隧道的车辆已达限额，一名警官就会要求下一组汽车在隧道口等待 10 s 后再进入隧道。结果是，隧道此时每小时可以通行 1 320 辆车。其中的奥秘在于，驾车人的行进过程是不稳定的。即便是双车道上的一辆车因为微不足道的原因而改变速度（更不用说强行并线了），也能触发一轮向后的"冲击波"，并对后续车辆产生连锁反应。而将每组（两分钟一组）车辆控制在 44 辆时，车流中的这些"冲击波"就能被限制在各组内部（而不会影响下一组）而不会造成更大影响。换言之，交通系统具有一定的排除干扰的能力，前提是，交通密度没有超过某个"临界点"（汤姆·范德比尔特，2017）。

2. 城市交通拥堵始末

"慢即是快"的理念并不难理解。然而,现实中,如果既没有良好的社会合作精神,也没有合适的外力干预,驾车人之间"自由竞争"的结果常常导致另一番景象——交通瓶颈。

如果将城市的中心区或主城区比作一个巨大的、带有众多漏斗嘴的漏斗,那么,工作日的早高峰就如同向漏斗里倒大米——大量由市郊甚至外市快速驶来的车辆意欲进入城市中心区。当汹涌而来的车流以较高的速度接近主城区时,城郊接合部的高速路/快速路交织区、合流区或出口匝道往往变成了第一道交通瓶颈。

当车辆争先恐后地通过第一道交通瓶颈后,又会在各条城市道路碰到各式各样的交通瓶颈:路内临时停车或排队等候进入单位(例如大型医院)的车辆、在路侧临时停放送孩子上学的车辆、通行能力不足的交叉口、在道路中央打着转向灯准备左转/掉头的车辆、在路边缓慢倒车准备街趴的生手司机……其中,有些交通瓶颈会很快消散(例如在道路中央熟练地掉头),有的则会持续一段时间(例如送孩子上学的临时停车),另一些则会持续存在(例如大型医院门口的车辆排队)。持续较长时间的交通瓶颈会导致后方车辆排队延伸至上游交叉口或交织区,并影响这些交叉口或交织区内的交通秩序;同时,交通瓶颈后的"蠕行"车流中,车辆之间的摩擦和竞争加剧,争抢行为又形成了一个个较小的交通瓶颈;更不幸的是,长时间混乱的车流,难免出现车辆碰擦等交通事故,而事故点会立刻发展为新的交通瓶颈……

需要注意的是,城市交通不可能突然进入大范围拥堵状态,而是随着车流量的增加,由交通瓶颈处逐渐发展而成。当交通瓶颈的上游发生堵塞和较长排队时,交通瓶颈的下游却可能是较为畅通的另一番景象。通常,拥堵高峰会随着时间的推移和交警们的努力逐渐消散,但有时也会通往最差的结局——形成大范围、持续的路网级交通拥堵。当晚高峰来临时,这一幕幕又会换个方向继续上演,区别在于交通瓶颈中增添了不少商业设施出入口附近的道路。而对另一些城市来说,早晚高峰的拥堵甚至已不分进出城方向。

3. 南京市交通瓶颈示例

以南京市为例,工作日每天早高峰的交通路况有很多相似之处。例如,双桥门高架南北双向、玄武大道及玄武湖隧道由东向西(进城方向)、绕城高速(沪蓉高速南京段)油坊桥立交、两条过江隧道(长江隧道与扬子江隧道)等高/快速路的交织区和匝道,均会形成交通瓶颈并导致上游路段出现较长的车辆排队(图4-7)。

而在市内,也有相当数量的固定交通瓶颈。例如,广州路不到1.5 km的路段上分布有南京市儿童医院、南京市脑科医院、南京市胸科医院、江苏省人民医院等大型医院;而上海路与汉中路交界处周边的300 m范围内,更是集中了江苏省口腔医院、江苏省眼科医院、江苏省中医院和南京市妇幼保健院,这些大型医院的出入口附近经常出现车辆路内违章停车以及排队等候进场的现象,致使周边道路经常出现拥堵(图4-8、图4-9)。而在北京东路市政府附近,北京东路小学和南京外国语学校分设在道路两侧(图4-10);宁海路与汉口西路交叉口附近的200 m范围内,

图4-7　2017年11月13日7:30南京市主城区快速路与周边高速路的交通路况

图片出处:高德地图截图

图4-8　2017年11月13日7:50南京市广州路西段的交通路况

图片出处:高德地图截图

图 4-9　2017 年 11 月 13 日 7:50 南京市上海路与汉中路交界处的交通路况

图片出处:高德地图截图

图 4-10　2017 年 11 月 13 日 7:50 南京市北京东路东段的交通路况

图片出处:高德地图截图

图 4-11　2017 年 11 月 13 日 7:50 南京市
宁海路与汉口西路交界处的交通路况
图片出处:高德地图截图

集中了南京实验幼儿园、南师大幼儿园和力学小学,每天早晨不少送孩子的车辆会在学校门口的非机动车道(甚至机动车道上)临时停车,导致北京东路双向路堵,汉口西路(上放学时段单向通行)和宁海路单向路堵(图 4-11)。

同时,很多交通瓶颈的下游路段,却非常畅通。这意味着,当某些道路不堪重负时,另一些道路的交通能力却出现了闲置。

4.3.2　路网特征与交通机理

1. 城市道路等级级配

中国将城市道路分为四级:快速路、主干路、支干路和支路。《城市道路工程设计规范》(CJJ37—2012)规定:快速路应中央分隔、全部控制出入、控制出入口间距及形式,应实现交通连续通行,单向设置不应少于两条车道,并应设有配套的交通安全与管理设施。快速路两侧不应设置吸引大量车流、人流的公共建筑物的出入口;主干路应连接城市各主要分区,应以交通功能为主。主干路两侧不宜设置吸引大量车流、人流的公共建筑物的出入口;次干路应与主干路结合组成干路网,应以集散交通的功能为主,兼有服务功能;支路宜与次干路和居住区、工业区、交通设施等内部道路相连接,应以解决局部地区交通,以服务功能为主(住建部,2012)。

其他国家在城市道路的分类上与中国不完全一致,但基本可以对应。从设计规范和实践的角度,中外城市道路等级级配(不同等级道路的长度之比)的主要差别在于对支路的重视程度。如表 4-1 所示,中国似乎更强调城市快速路与主干路的比重而弱化支路的作用。这一做法不仅有"单位大院"留下的历史原因,也有土地(尤其是居住用地)"集约化"运用的考量。于是,不仅在老城区,即使在新近规划和建设的新城区,依然普遍存在道路密度较低,且以主、次干路为主,支路严重缺乏的问题。

表 4-1　中外大城市道路设计规范规定的各类城市道路里程占比(%)

道路等级	中国	美国	日本
快速路	6.4~9.0(7.2)	5~10(7.5)	3.3
主干路	12.8~19.2(16.0)		13.3
次干路	19.2~22.4(20.8)	10~15(12.5)	
集流街道	—	5~10(7.5)	83.4
地方街道	—	65~80(72.5)	
支路	48~64(56)		

注:括号中的数字系取上下限的平均值。

实践中,中国各大城市道路等级级配的差异也很大。例如,西安市 2000 年快速路、主干路、次干路、支路比例为 1∶3.4∶4.4∶21.9,支路比重超过 70%。而常州市 2007 年的道路等级级配呈倒金字塔型(与规范要求的金字塔型正好相反),主干路、次干路、支路比例为 1∶0.41∶0.29,支路仅占 17%。

很多人认为,中国很多城市,在规划和建设中偏爱宽马路、大马路,源自大刀阔斧式的工作模式和"形象工程"式的政治目的。城市规划师和交通工程师们也纷纷提出"去围墙化"、增加支路密度、打通断头支路等倡议。这固然有交通方面的道理,但我们需要知道:城市交通是为城市的本源需求服务的,城市路网的规划、建设和改造,也必须服从于既有的城市格局和当前的城市运作。在城市格局和城市运作模式不变的情况下,城市道路等级级配并不会出现较大变化。

2. 高速路/快速路匝道与交织区

可以用"沙漏模型"来表示"职住分离"特征显著的城市及其高速路/快速路的作用。早高峰时段,在中心城区强大的吸引力(类似于重力)下,广阔的城市腹地(类似于沙漏一端的玻璃球)形成了巨大的机动车流,并通过为数不多的进出城道路(类似于沙漏的连接管)涌向中心城区(类似于沙漏另一端的玻璃球)。晚高峰时段,回家的离心力又将这一过程倒置(图 4-12)。

需要思考的是,为何大城市的进出城道路往往会成为交通瓶颈。看似道理很简单:城市腹地汇集的庞大交

图 4-12　职住分离下的大城市进出城交通类似于一只沙漏,进出城道路就是连接管

图片出处:本书作者绘制

通流到达中心城区边缘,这些交通流被限制在有限的区域和通道内,就会不可避免地形成交通瓶颈。更深入的问题是,为何这里的交通通道非常有限?换言之,能否通过增加高速路/快速路匝道或分流道路的数量化解这些交通瓶颈?这在技术上似乎并不难实现。新建道路成本太高或许是原因之一,但绝不是问题的全部。

尤其对于中国大城市来说,由于支路的缺乏,密度不足的城市主、次干路不得不承担中心城区内部的大部分交通压力并与来自城市腹地的高速路/快速路进行对接。由于存在信号灯、机非干扰、占道停车、更低的车速限制等原因,车道数量相同的城市主、次干路,通行能力远小于快速路。例如,同为(单向)三车道,主干路的通行能力约 2 000~2 700 标准车/h,而快速路可以达到 4 000~4 600 标准车/h。中心城区由于主干路网密度较低,加之中心城区本身也会产生一定的内部交通和出城交通,因而根本无法在短时间内消化汹涌而来的腹地车流。因此,从宏观上看,城市腹地进出中心城区必然类似于沙漏,交通瓶颈在所难免。那么问题就变成了:交通瓶颈放在哪里相对更好?答案是中心城区边缘的高速路/快速路。高速路/快速路相对独立(与其他道路连接较少),瓶颈处发生拥堵后具有几乎无限的排队空间(上游的高速路/快速路路段),因此,即使发生较严重的交通拥堵,也不会立刻波及中心城区的道路网。

简言之,对中心城区边缘的高速路、快速路或连接线进行"刻意地"困难化设计,有助于缓解早高峰时段中心城区的交通压力。具体的做法是,减少快速路进出城路段的车道数量(只要在局部路段减少车道即可)、匝道数量或匝道的车道数量,甚至设置较困难的交织区(这并不是一个好主意)或保留固定交通瓶颈,从而将来自腹地的大量车辆"迟滞"在高速路或快速路上游路段(图 4-13)。

图 4-13 只需在局部路段减少车道,便可将大量车辆"迟滞"在快速路的上游路段;但混乱的交通秩序增加了发生交通事故的可能性
图片来源:南京路况直播间,新浪微博,2018.4.24.

尽管非常有效,这样的设计却是一把双刃剑。由于道路通常具有双向对称的特点,上、下行车道和上、下行匝道数量是相等的。在将进城方向的交通瓶颈放在中心城区边缘高速路/快速路匝道和交织区的同时,也埋下了出城交通瓶颈也在于此的伏笔(图4-14)。这就造成晚高峰(甚至非高峰时段)出城交通的困难。加之中心城区本身的内部交通流和下班后餐饮、购物、休闲出行的增多,很多城市晚高峰的拥堵程度要明显超过早高峰。当然,从城市运营者的角度,晚高峰时段的拥堵(尤其是出城交通的拥堵)似乎远没有早高峰重要。毕竟,早高峰进城交通的拥堵会影响工作(产出较多),而晚高峰出城交通主要影响的是回家(产出较少)。

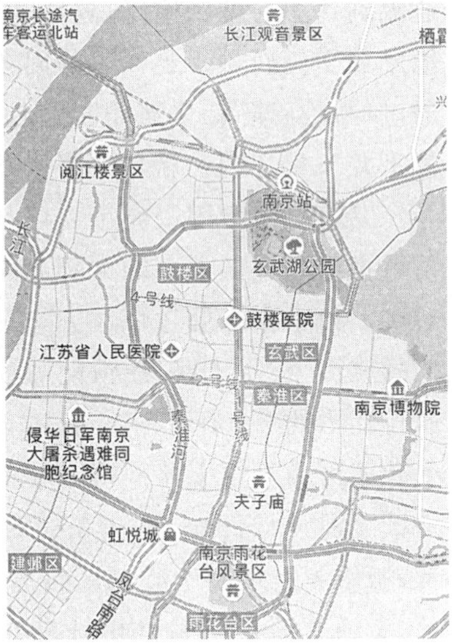

3. 道路衔接的交通效率

中国城市中,由于支路较少,而平行的主、次干路间距较大,带来了不少主干路临时停车、左转和掉头行为;同时,一些交通源点(单位、学校、住宅小区)通过出入口直接进出城市主干路和快速路辅道(而不是通过支路和次干路的集散),也对主线交通产生了严重影响。

图 4-14 工作日的 7:00,南京市快速路和主干路进出主城处的交通瓶颈就已经显现

图片出处:高德地图截图

(1) 主干路占道停车、左转与掉头

机动车在主干路路段上临时停车、左转(进入单位)和掉头行为,对高峰时段的主线交通影响很大(图4-15、图4-16)。以主干路占道停车为例,由于非机动车道和机非隔离设施的影响,中国城市的主干路通常不设置路内停车泊位,而欲临时停车的车辆,要么选择穿越非机动车流(这一过程也会干扰主线车流)停至单位门口,要么选择直接停在右侧机动车道上。通常,如果停车时间不是很长,后方的车辆都会报以默许和容忍的态度。但,即使停车时间可能并不长,对后方车流的影响可能也不小:停驶车辆占据了一条机动车道(至少是大部分),临时阻断了一条车道的车辆通行,导致路段通行能力出现相应比例的损失;同时,停车行为对后续车流产生"冲击波",引发后方车辆(不仅是停驶车辆所在车道,由于路段上车辆的并线交织行为,也可能到影响相邻车道)传递性的减速,而车流运行速度的变化,也会导致交通量的下降;所在车道后方的车辆如果试图借助相邻车道并线超越停驶车辆而非继续等待,就会和相邻车道的车辆产生冲突和竞争(尤其当并线车辆包含公交巴士时),这一竞争甚至会波及第三条车道,从而造成整个路段单向的交通瘫痪。

在路侧的临时停车尚且如此,在道路中央的左转和掉头行为,影响常常更大。尤其是当对向交通流连续且车速较快时,左转和掉头车辆迫于碰撞的风险,通常需

图 4-15 高峰时段的主干路占道停车行为严重影响了交通效率
图片出处:http://www.pcauto.com.cn/qcbj/331/3317140.html

图 4-16 高峰时段的主干路掉头行为也严重影响了交通效率
图片出处:http://www.xcar.com.cn/bbs/viewthread.php?tid=22437089

要较长的时间(例如,需要逐步向前挪动挤压对向车流的横向空间)方能完成操作。而在这一过程中,左转/掉头车辆占据的往往不只是一条机动车道。如果左转/掉头车辆与对向车辆发生较大冲突而造成互不相让的情形,对双向交通流都会产生严重影响。

由于极易形成交通瓶颈,很多城市主干路不得不设置了中央隔离栏或加装了监控摄像机(中央双黄线的效果实在差强人意),以杜绝车辆违规左转和掉头行为。但对于临时停车行为,管理力度通常并不大。同时,对于重点单位,在缺乏绕行路线的情况下,交管部门也会"网开一面",由单位门前的"黄色网格线"协助进出车辆在主干路左转进出。

(2) 主干路上的出入口

对于进出单位的车辆来说,出入口设置在主干路时可能更方便。同时,将出入口(大门)布置在主干路,似乎也有助于增加单位的权威性和气场。但从城市道路网的整体运行来看,将单位出入口布置在支路和次干路,比直接设在主干路,效率反而更高。

高峰时段,主干路的交通量通常要高于支路,因此,即使是"右进右出"进出单位的车辆,在主干路也会影响到更多机动车和非机动车的通行。其次,需要通过主干路出入口左转进入单位,或者左转离开单位的车辆,需要横跨多条机动车道和一条非机动车道,相对于双向两车道的支路,并线难度更大,影响的车辆更多。此外,除非已经发生非常严重的交通拥堵,主干路的车流速度通常要高于支路,因此,进出单位的车辆导致主线车流速度的变化更为明显。这不仅意味着单位进出车辆与主线车辆更高的碰撞概率,也增加了由于车速变动导致后续车辆追尾的风险。可见,通过支路上的出入口进出单位,并通过与主干路相交的(信控)交叉口右转或左转进入主干路,是效率更高的交通组织形式。

可见,主干路设置出入口,导致进出车辆与主线机动车和非机动车的路权竞争更加激烈。若按照主线优先的规则,在车流连续不断的高峰时段,进出出入口的车辆几乎永无机会。这就导致了两种结果:一是进出车辆强行进入主线并导致上述负面交通影响;二是在单位门外的主线上喷涂"黄色网格线"设置禁停区,甚至设置信号灯。后者虽然强行明确了单位出入口处的路权,但不可避免地带来了交通资源的损失:禁停区相当于永久性地占用了路段空间,因为,即使没有车辆进出单位,在主干路排队的车流也无法使用这一区域;信号灯则造成了额外的停车延误,尤其是当单位出入口没有车辆进出时,主线车辆全部增加了一轮停车、启动的过程;即使有车辆进出,相对于1～2条车道受影响,信号灯也导致了更多车道上车辆的暂停(图 4-17)。

图 4-17　主干路上的单位出入口影响了高峰时段的交通效率
图片出处:任俊峰,交警支招 妇儿医院拥堵如何破解,青岛新闻网,2017.6.14.

而通过支路与主干路交叉口的信号灯,效率损失相对较小。毕竟,支路除了服务于该单位,还可以为其他社会车辆提供服务。因此,较进出单位的交通量相比,支路交通量的波动性更小,能够更有效地利用连接主干路的绿灯信号时间。同时,支路本身具有一定的长度,可以容纳一定数量排队等候进入单位的车辆,因此,具有更强的"容错性"。而这样的排队放到主干路上,无疑是一场灾难。

综上所述,在没有辅道的城市主干路,不宜开设单位出入口。这也是多年来欧美发达国家大城市交通组织的常识。不幸的是,这一现象在中国大城市并不少见。尽管很多城市已经意识到单位出入口对主干路交通的阻碍作用,并禁止新建项目将出入口设置在主干路旁,但在现实中也演变出了通过极短的"支路"连接单位出入口与主干路的做法。由于出入口数量不足,加之停车场费率脱离市场价格,入口排队车辆依然可能挤满"支路"并延伸至主干路(图 4-18)。

图 4-18　南京德基广场的长江路出入口虽然设置在支路上,但距离主干路仅有 20 m
图片出处:百度地图全景地图

换个角度来看,中国大城市尽力拓宽主干路(尤其是哪怕无法拓宽全线也要拓宽局部路段)的做法,也可以理解成是对单位出入口设置现状的一种弥补:增加车道后的道路或许与上游或下游道路车道数不一致,但增添的车道对于缓解单位车辆进出和占道停车的交通影响,具有一定的积极作用。

第5章
城市交通拥堵的本质

本章基于城市交通需求的本源性和层次性,分析了城市运营者和资源禀赋相异的出行者眼中城市交通的作用与意义;借助实例,估算了城市运营者视角中各类城市交通方式的投入与产出,揭示了城市交通资源在不同交通方式之间分配的经济逻辑;提出了交通拥堵的本质是城市交通资源配置的结果与竞争的形态,对比了城市运营者、"实力群体"和普通交通出行者对交通拥堵的认知差异。

5.1 城市交通是什么?

1. 城市交通的本源性需求

社会交往与经济活动,需要人、资金、信息和货物在物理空间位置上的改变,由此产生了交通"需要"。需要注意的是,"需求",是指有支付能力的"需要"。交通需求,是人与货物在空间位移方面所提出的有支付能力的需要。"有支付能力",意味着出行者愿意且能够为这次交通出行支付费用、体力、精力、智慧等资源禀赋。仅有"需要"但无力或不愿支付,并不能成为可以实现的"需求"。

同时,出行通常不是目的,出行通常都是另有目的——城市交通需求是一种派生性需求,其本源性需求来自城市生产和生活。绝大部分的交通出行为了满足人们更本源的需求——工作、求学、购物、休闲、娱乐、走亲访友……并将社会生产、分配、交换与消费等空间上分离的各个环节联系起来。可见,城市交通,是城市出行者通过牺牲时间、金钱、精力、体力等资源要素来换取空间位置的改变。

表面上看,交通如同吃饭、购物一样,是人们生活的一部分,受人们的意愿驱动,也受人们可支配资源的约束。但不同于吃饭、购物的是,对大多数人(尤其是对于公务、商务和通勤出行者)来说,空间位移的终点常常具有很强的时空约束——出行者必须在某个时间段到达某个地点,否则就会受到惩罚(至少是个人形象或信用上的损失)。

于是,人们不得不在特定的时间和空间内出行(并由此形成时空集聚),可以做的选择常常只剩下如何出行以及何时出发。这两个选项又是相互影响的,例如从市郊前往市中心,如果打车可以晚一点出发,如果坐公交巴士,只能早点出门了;换个角度,如果时间充足,可能会选择公交出行,如果时间较紧张,公交巴士就不在选项之内了。同时,这两个选项都受到出行者可支配资源的约束。这些个人可支配资源包括时间、精力、财富、使用某种交通工具的技能(例如是否会开车)、身体状况等。人们会根据自身的情况和空间位移的要求进行权衡,做出出行选择(当然有时也会做出"非理性"的选择)。出行甚至会被拆分成多段进行,只为了最后一段满足要求和约束条件。例如,外出参加会议的人,常常选择前一天居住在会场附近,以便第二天以较少的出行时间(意味着更好的精神状态和更可控的行程时间)准时到达会场。

不可忽视的是,交通出行并非个人在独立的时空中完成。在大城市中,由于出行的时空集聚,形成了熙熙攘攘的人流与车流。很多人尽管之前素未谋面,之后也未必再见,但在特定的时空中通过交通相遇了,甚至不得不针对某一交通资源展开激烈的竞争。这样的竞争,有时可以预见,有时又出人意料。接着,交通相处和竞争的结果都会对人们之后的交通选择(甚至工作、居住、生活方式)产生影响。这就是城市交通中人与人的博弈,以及交通与城市生活其他部分的互动。

2. 交通需求的层次性

从交通出行者的视角来看,人们当然希望能以尽量少的付出(资金、时间、体力、精力等)实现及时的交通位移。然而,现实有时是非常残酷的。为了节省交通费就得走路或骑车,距离太远只能去挤高峰期的公交或地铁,想舒服就得花钱打车,花了钱又被堵在路上,怕被堵只能很早出门,太早出门到了单位又得等到上班时间才有正事可做,想住单位附近又不想住破旧的老房子,想买新建的大房子又没钱……因此,在交通出行上,很多人(在支付能力和时空的约束下)似乎没有多少选择的余地。而另一些资源禀赋占优(未必是当前年收入高,也有可能是继承了父母或祖辈的优质资源,例如市中心的房产或市郊的拆迁房)的人,则拥有了相对更多的选择。

美国心理学家亚伯拉罕·马斯洛(Abraham H. Maslow,1943)提出了需求层次理论:人类需求像阶梯一样从低到高按层次分为五种,分别是生理需求、安全需求、社交需求、尊重需求和自我实现需求(图5-1)。

图5-1 马斯洛的需求层次图
图片出处:http://blog.sina.com.cn/s/blog_1586f39120102vwl0.html

表现在城市交通方面,不同资源禀赋的出行者,在面对相似的情景时,可能会做出截然不同的选择。例如,一名身体健康的年轻"北漂",并不会介意(或者说可以忍受)花费更多的时间乘坐拥挤的地铁,只为节省下交通费用;一位科研任务繁忙的大学教授,有时宁愿付费打车,目的是留下更多时间和精力去深入思考;而另一位德高望重的公务员,或许会觉得"挤"公交缺乏尊严、有失体面,而宁愿每天步行2站路上班……诚然,在面对紧急状况时(例如前面这位"北漂"的妻子临产了),资源禀赋一般的人群也会选择出租车之类的高支出交通方式,但这毕竟只是特殊情况,而不是生活的常态。

回到定义上来看,交通出行,是人在空间位移方面有支付能力的需要。其中,"有支付能力"和"需要"缺一不可。是否"有支付能力",体现了出行者在财务上的取舍。例如,上述平时挤地铁的那位"北漂",并不是他真的没有打车的几十元,而是他宁愿将打车钱省下来做其他的事(例如看场电影、吃顿饭)。是否"需要",则体现了出行者作为"人"的需求层次性。例如,上述那位公务员,可能居住地和工作单位都毗邻公交站台,也不缺乘坐公交的经济能力,但高峰时段挤公交的行为不符合其作为"人"的需求层次,因而被排除在了交通"需要"之外。

简言之,资源禀赋占优者的交通选择较多,但并非所有交通方式都符合需求层次较高人群的需要;而资源禀赋缺乏者在移动性上受到的限制较多,在交通方面选择的余地相对较少,对他们来说,出行费用的高低往往是决定性的。

3. 交通供给的弹性

一些交通研究者和管理者认为,交通出现拥堵,意味着"交通供给"出现了短缺,应设法扩大供给或控制需求以实现交通的"供—需平衡"。对于某一时刻的某一路段来说,这种观点无疑是正确的,交通供给的能力上限就是交通工程学意义上的"通行能力",交通需求是来自上游路段的交通压力——交通需求量;当交通需求量接近该路段的通行能力时,就会发生交通拥堵。然而,对于一座城市来说,情况要复杂得多。

首先,交通供需关系不同于一般商品或服务。对于一般商品或服务来说,需求量超出供给量的那部分消费者,是无法获得服务的;换言之,市场出现了短缺。对于城市交通来说,即使在某一时段来自上游路段的交通需求量高于观察道路的通行能力,在随后的时段内,超出通行能力的那部分车辆也能够顺利通过并获得了交通服务。简言之,由于交通平峰期和低峰期的存在,无论交通高峰期如何拥堵、出行时间如何延长,意愿坚定的交通出行者总是能够到达目的地。从这个意义上来说,交通需求总是能够得到满足;换言之,放眼更长的观察时间,交通供给总是等于交通需求,并不存在宏观意义上的交通市场短缺。

其次,道路通行能力是针对交通工具来定义的,指的是一定时间内道路对"车"的服务能力而非对出行的"人"的服务能力。例如,某一路段 1 min 内最多可以通过 10 辆小汽车或 4 辆公交巴士,在交通工程学的理解中,通行能力均为 10 标准车/min。然而,如果以通过的人数来考量,后者相当于这一路段在 1 min 内服务了 200 多人,是前者的数倍甚至十多倍。可见,道路的真实交通供给能力,并非字面上的标准车数量。

最后,道路通行能力受到交通管理水平和出行者行为的影响。例如,若交叉口信号灯配时设置不当,可能会造成部分车辆延误的增加和另一部分道路空间的闲置。即使在交通设计与管理措施固定的条件下,由于出行者行为的变化,也会导致道路的交通供给能力出现增减。例如,如果时常出现车辆路内违停或行人违章横穿道路的行为,某一路段的真实交通供给能力会较设计值大打折扣。

综上所述,交通供给存在较大的弹性。我们不应只关注城市路网的账面数据——有多少里程的道路、道路级配如何、每条路有多少车道、道路通行能力有多大……更不应得出"(在短期内)交通供给是固定的"或"交通需求是可以调节的,而交通供给是有限制的"这样的结论。

4. 城市运营者眼中的城市交通

从城市运营者的视角来看,城市交通的终极意义,并非满足市民及货物位移本身(这些是过程,而非目的),而在于协助城市将社会资源转化为产出,以及对社会资源的重新分配。其中,人们的劳动力(包括思想、智力、技能和体力)、固定资产、资金、物资、甚至时间,均属于城市可用的社会资源。城市交通系统占用了一部分社会资源(土地、劳动力、资产、资金、时间),并协助城市将其他社会资源转化成了种种产出(产品、财富、福利、智慧、艺术等)。与此同时,交通系统也通过税、费、补贴、交通拥堵等形式,形成了对社会资源的重新分配。城市运营者常常希望城市交通系统能够以尽量低的资源占用来实现上述目标,即使城市内的很多交通出行者并不是那么舒适或体面。从某种意义上说,交通拥堵既是城市资源配置的结果,也是城市资源配置的手段。

为了表述的方便,我们可以将城市的社会资源类比成一辆行驶中的满载货物的货车,其中,城市交通系统是货车本身,车上的货物是城市的其他社会资源。货车将货物运送到工厂(城市本身),再生产(城市运作)成产品,成为产出(图 5-2)。在某一时期,货车本身加上货物的总重是固定的,正如同城市的社会总资源在短期内总是有限的。

图 5-2 城市交通系统协助城市将其他社会资源转化成各类产出
图片出处:本书作者绘制

首先,城市交通系统占用、消耗了一部分社会资源(例如货车本身的自重以及消耗的燃料),但这并不是净损失。因为,借助于城市交通,城市才得以将众多社会资源转化为产出。所以,不能仅仅以成本最小化作为城市交通发展的目标。就像制造货车需要耗费材料,驱动货车需要消耗燃料,但不能仅为了节省材料和燃料就把车辆造得太轻,因为那样无法有效支撑和拖曳车上运载的货物。

当然,我们也不能把这辆货车造得太笨重(占用太多资源),或者容忍其过高的油耗(交通效率太低)。毕竟,一段时间内,城市拥有的社会资源总是有限的。如果城市交通系统占用、消耗的社会资源过多,那么,作为原料的其他社会资源以及最终的产出就会减少。例如,如果将每一条道路都改造得很宽,虽然对城市交通有益,但势必要占据更多的沿街土地,城市商业或居住用地的面积就会减少。那么,就需要通过提高剩余用地的使用强度(例如容积率)进行补偿,此时,建筑重建、改建的代价将非常高昂;或者通过扩大城市建成区的版图进行弥补,只是,扩大建成区的代价也是不菲的;或者干脆放弃这部分商业或居住用地,代价是城市的收缩。无论哪种选择,都会提高城市运作的成本,或者减小城市"工厂"的规模。当然,我们希望这辆货车的油耗(城市交通的效率)能够降低,这也是本书写作的初衷。

从城市交通资源本身的使用效率来看,由于交通需求总是存在时间上的集中性(即存在高峰期和平峰期),如果交通供给充分满足高峰时的交通需求,在平峰时段则必然出现大量交通资源的闲置(例如空荡的道路、空驶或暂时停驶的出租车)。这也是城市资源的极大浪费。如果交通供给并不足以充分满足高峰时的交通需求,而是在高峰期维持"可以接受的"交通拥堵,则可以显著减少交通资源的总体投入及其在平峰期的闲置程度。

此外,城市交通系统本身,亦包含了大量财富和资源的流动。交通系统的供给和使用,通过税、费、补贴、借贷、抵押担保等形式,形成了城市居民之间、居民与政府之间的资源再分配。而城市交通拥堵,则在上述竞争和再分配的内容中又加上了时间、精力和体力。城市的诸多交通管理或运营机构,有的希望得到尽可能多的收入或补贴,有的则希望占用或管理更多的社会资源(土地、基础设施、交通工具、劳动力、话语权等)。

最后,中国城市的运营者实际上并不掌握,甚至无法影响城市交通的很多资源。例如,城市中成百上千的单位、大院、住宅小区围合了大量不逊于支路的内部道路,这些道路通常并不对社会车辆和行人开放,也不在城市运营者的可支配范围内。而面对一些大型单位形成的尺度巨大的街区,城市运营者也无力(无权或缺乏经济动力)"破墙"并将其改造成多个较小的街区。

至于那些浪费在拥堵道路上的时间,尚存在较大争议。北大国家发展研究院

2014年的数据显示,北京因交通拥堵每年约造成700亿元的损失,其中,超过80%为拥堵时间损失。类似的估算还有很多,但都存在严重缺陷。首先,很多人似乎更能接受因堵车造成的迟到,而不愿花钱去避免。其次,研究者的很多模型在计算拥堵带来的损失时,是拿拥堵状态跟自由流状态去比较,这种高峰时段所有通勤者都可以自由驰骋的假设过于理想化(从经济学的角度,应当拿实际拥堵状态跟"最佳拥堵水平"而非零拥堵状态进行比较)。此外,估算模型常常用一个假定的工资额来计算人们在交通中的经济损失,这相当于假设人们在交通中节省的所有时间都可以且愿意被用来赚钱,这并不是所有人的实际状态。最后,很少有人去估算城市交通系统为我们创造了多少价值,与这些价值相比,交通拥堵造成的损失可能是微不足道的。

5.2 城市交通的投入与产出

5.2.1 各类交通方式的投入与产出

从城市运营者的视角来看,城市交通本身也极具经济价值。由于不同交通方式带来的经济价值差别很大,也会影响相关政策的导向。这里以南京市2015年数据为例。

1. 私家车

2015年南京市私家车保有量167.2万辆,其中,全年净增23.5万辆。假定私家车年均行驶里程为1.2万km,平均油耗10 L/100 km,燃油费6元/L,车辆年保险费(含商业险与交强险)3 000元/年,新增车辆平均售价12万元,新增车辆年均行驶里程0.6万km,则:2015年,车辆销售总收入约282.0亿元;年车辆保险收入约50.2亿元;总燃油费用为111.9亿元,燃油费中包含的税费按45%计算约50.4亿元(国税);年车辆增值税总额约41.0亿元(国地税平分);年车辆购置税总额为24.1亿元(国税);年车辆消费税总额约为5.7亿元(国税);年车船税总额约6.9亿元(地税);年交通罚款总额约10亿元(地方收入);公共停车场(含路内停车泊位,不计入单位和住宅小区停车场)年停车收入约30亿元(地方收入)。驾驶培训人数约30万,按每人3 000元计算,驾培行业年收入约9亿元。

即使不计入道路桥梁的通行费、单位大院停车场和住宅小区停车场的停车收入(规模至少数亿元)、车辆生产企业与买车人共同承担的汽车消费税、进口车辆及零配件的关税,保险赔付之外的车辆维修保养(例如洗车)和改装费用、外来车辆的消费支出(例如燃油费)以及二手车市场收入(例如二手车商或中介的服务费)等,仅南京市本地私人小汽车的前述开支内容,就给南京带来社会经济收入约500亿元,占GDP(9 721亿元)比重约5.1%,成了不折不扣的城市支柱产业(图5-3)。

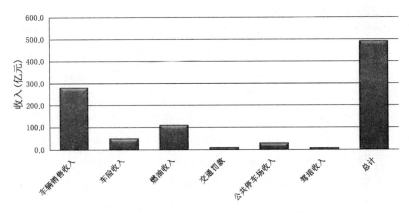

图 5-3　2015 年南京市私家车的不完全社会经济贡献
图片出处：本书作者绘制

此外，可以计算出南京市 2015 年私家汽车直接上缴的税费总额约为 168 亿元（图 5-4），占当年国税、地税部门总收入的 6.8%（2015 年，南京市地税局组织各项收入达到 1 279 亿元，其中税收收入 795 亿元；市国税部门收入 1 209 亿元）。

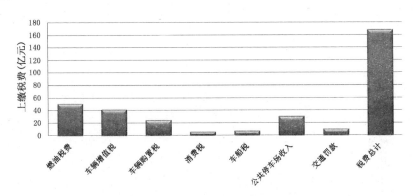

图 5-4　2015 年南京市私家车的税费贡献
图片出处：本书作者绘制

若私家车日均出行 2.5 次，平均实载人数 1.25 人，则 2015 年南京市私家车交通出行总量约为 17.7 亿人次。私家车交通出行者每次出行分摊的社会经济贡献约为 27.9 元/人次，上缴的交通税费约 9.5 元/人次。即使只计入燃油税费、公共停车场收入和交通罚款这三项仅与车辆使用有关的边际出行费用，私家车交通出行者每次出行分摊的边际交通税费也高达 5.1 元/人次。

2. 公交巴士

2015 年南京市公交车年客运量 10.24 亿人次（日均 280.5 万人次），按市财政预算，2015 年公交成本规制补贴 12.14 亿元，公交车辆购置补贴 2 亿。公交巴士出行者的平均交通补贴为1.4元/人次。而公交巴士年售票收入约15亿元。

3. 轨道交通

2015年南京市地铁年客运量7.17亿人次（日均196.4万人次）。南京地铁多年来在不计折旧和还本付息同行业同口径统计下，收支基本平衡。由于南京地铁在运营成本计算中并不包括贷款利息和政府投资所形成的固定资产应计提的折旧（详见《关于南京地铁运营有限责任公司运营成本监审报告》），因此，政府财政对轨道交通出行者给予了相当的交通补贴。按照25亿元进行保守估算，则当年地铁出行者收到的平均交通补贴约为3.5元/人次。

按轨道交通票价收入3元/人次计算，2015年售票总收入约21.5亿元。

4. 出租车

2015年南京市出租车保有量1.42万辆，2015年南京市出租车客运量3.11亿人次（每日85.2万人次）。出租车份子钱平均一个月约7000元/车，考虑到其中包含了一千多元的车辆折旧、几百元的保险费、几百元的维修费和数额不等的各项管理运营成本，因此，税费按一个月3000元进行估算，总计约5.1亿元。按车辆年均行驶13万km，油耗9 L/100 km，油费6元/L，燃油税费比例45%计算，出租车年上缴燃油税费约4.5亿元。据此，可以得到出租车出行者的年交通税费总额为9.6亿元，平均交通税费约为3.1元/人次。

5. 电动自行车

南京市电动自行车保有量约为262万台（大量电动自行车并不在中心城区使用，对中心城区交通的影响有限）。按年新增36万辆，每辆车售价平均2000元估算：车辆增值税总额约1.0亿元。按日均出行2.5次计算，年出行总量为25.6亿人次（每日700万人次）。电动自行车出行者的平均交通税费约为0.04元/人次。

6. 公共自行车

2015年南京市主城区公共自行车总量2.1万辆，日均借还量50 454次，年出行总量0.18亿人次。公共自行车的建设、购置和运营大部分来源于政府投入。考虑到每套公共自行车系统的投入约7000元（自行车可以使用5～6年），加上每年车辆维修、调度、养护的费用，而年收入（租借费用和公共自行车卡押金的利息）与之相比可以忽略不计，从而得到每套系统每年的净投入约1000元。公共自行车出行者的平均交通补贴约为1.2元/人次。

7. 不同交通方式经济性对比

对比上述城市交通方式（图5-5、图5-6），可以看出，公交车、地铁和公共自行车出行者得到了政府的交通补贴（负值为补贴）；而私家车和出租车出行者则支付了较高的交通税费（正值为税费）。随着私家车数量的持续快速增加，形成了规模相当庞大的利益链条。

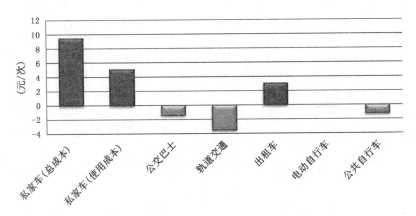

图 5-5　2015 年南京市各类交通方式平均每次出行的交通税费/补贴
图片出处：本书作者绘制

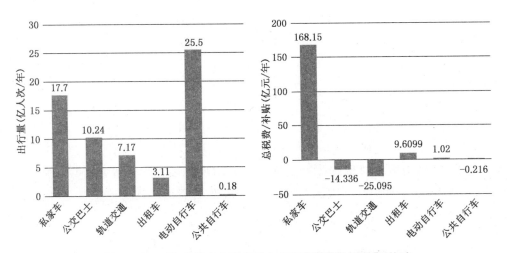

图 5-6　2015 年南京市各类交通方式总出行量和总税费/补贴
图片出处：本书作者绘制

需要注意的是，真实的城市交通系统远比这些图表复杂：公交车、地铁和公共自行车出行者也在其他领域支付了税费，这些税费均是政府财政的主要来源（当然，政府的公共交通补贴意味着有其他市民补贴了公共交通出行者）；快速路与轨道交通的建设扩大了城市建成区的版图，有力地推动了市郊房地产事业的发展，因此，并不能认为公共交通出行者"免费"地获得了政府补贴；从另一个角度来看，各级政府在城市道路交通基础设施的建设、维修、养护、管理和执法中投入了大量的财力、物力，因此也不能认为出租车、私家车和电动自行车出行者的税费支出没有回报；私家车驾驶人在驾车过程中，投入了智力（驾驶技术）、精力和体力，这部分隐含成本常常被人们忽视;同时,私家车出行者上缴的税费中有相当一部分——例如燃油税、车辆购置税等归入了国家财政,地方政府无权直接支配;最后,私家车通常也不用为交通拥堵、空气污染和道路安全水平的降低而带来的社会成本买单。可见,城市交通系统中的利益流动非常复杂。

尽管如此,通过简单地横向对比依然可以清楚地看出,相对于公交巴士、轨道交通和公共自行车出行者,私家车和出租车出行者在出行需求上有着明显不同:由于私家车和出租车出行的需求弹性较低(既可能是因为出行者的支付能力较强,也可能是由于出行者面对较重要或紧急的事需要赶时间),因此小汽车出行者被认为属于支付意愿可以远超过边际成本的人群(类似于飞机商务舱的乘客);而公交车、轨道交通和公共自行车出行的需求弹性较高(主要是由于出行者的支付能力较低),因而这些交通方式的出行者被认为属于支付意愿不能偏离边际成本过多的人群(类似于飞机经济舱的乘客),如图5-7所示。所以,城市运营者可以对这两大类人群采取不同的交通供给和收益方式,即:对待小汽车交通,投入多,回报高;对待公共交通和慢行交通,投入少,也不期待多少回报。

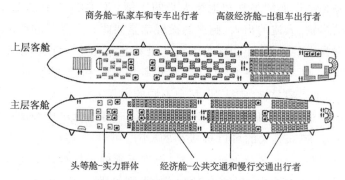

图 5-7 城市交通出行方式与飞机舱位等级的类比
图片出处:本书作者绘制

综上所述,从交通资源分配的角度,小汽车(私家车和出租车)出行者常常被"收取"了远超过其出行边际成本的费用,从而换回了相对较好的"服务"——更多的道路资源和更多的停车空间。公共汽车、轨道交通和慢行交通出行者(愿意且能够)支付的费用可能并不比边际成本高多少,因此获得的城市交通资源也是很有限的。向后者提供的服务甚至会被人为控制在较低的水平,以便将更多"摇摆不定的"出行者"驱逐"至使用小汽车出行(类似于经济舱的座椅空间和乘客素质常常"吓跑"高端乘客)。同时,城市小汽车出行者这一群体的社会贡献(创造力、消费力、纳税额等)可能远高于公共交通出行者和慢行交通出行者,于是进一步强化了上述差异化服务模式。这就是城市交通资源(尤其是道路交通资源)在不同交通方式之间分配的经济逻辑。

5.2.2 道路的投入与产出

尽管面对不同的交通方式,城市运营者可能会有所"偏向",那么,作为整体来看,城市交通系统(例如道路系统)能否获得足够的支持呢?答案是未必。

问题的关键,在于城市道路的"价值"。城市道路的基本功能有两类,一是交通功能,二是服务功能。前者主要服务于行驶其上的车流,其价值通过行经车辆内的出行者得以展现;后者则主要服务于道路两侧的建筑和物业,其价值通过临街物业的产出和增值进行体现。从中国的城市道路分级来看,快速路仅承担交通功能,主干路以交通功能为主,次干路兼顾交通与服务功能,而支路以服务功能为主。其中,快速路与支路功能相对单一,但对于主干路与次干路(尤其是后者)来说,交通功能和服务功能如何区分?中国大城市与发达国家的城市存在很大差别。

城市道路的存在,不仅是用来解决交通的,也是用来分割土地的。对于次干路和支路来说,交通甚至不是主要目的,满足被街道分割的土地上的各类功能需求才是更重要的。加拿大女王大学梁鹤年教授(2002)认为,在市场经济条件下,增加土地效益的关键是临街面的多寡和地块大小的比例。任何经济活动都需要临街面,无论是货物的运输、人流的出入、橱窗的设置都是如此。棋盘式的路网可以提供最多的临街面和最大的弹性,小街区与大街区更具开发弹性。西方城市经验以60~180米的临街面,和1∶1.5~1∶1.3的地块临街宽度和进深比例,最适合发挥基础设施的效率,也最容易被"裁剪"以配合不同的项目需要。也就是说,道路分割的土地(四面临街)最小的可以是60 m×90 m(在里面可以分出更细的用地),最大的可以是180 m×180 m。大的可以拆成小的,小的可以拼成大的(必要时还可以越过马路去合并,这是棋盘式路网的优点)。巴塞罗那的规划被认为是欧洲成功的规划范例,其街道几乎完全由130 m×130 m的街区组成。曼哈顿密集的路网和狭窄的街道所表现出的巨大弹性,已经成为规划的经典。事实上,上海外滩、广州沙面等早期市场经济阶段形成的城市地区也带有这种"窄道路—小街区—密路网"的特征。

然而,经过数十年计划经济时期的发展,中国大城市已经普遍形成了"宽道路—大街区—稀路网"的城市路网和街区结构。20世纪90年代以来,随着城市"土地财政"制度的实施与发展,这一城市格局不仅没有得到改善,反而被进一步强化。市郊的工业园区或经济开发区自不必多说,中心城区的地块开发与改造,也朝着"集约化""大型化"一路狂奔。医院、购物中心、住宅小区等新时代的"大院",楼层越建越高、体量越建越大,吸引了大量的人流和机动化交通。而密度本已十分有限的主、次干路,为提高机动车通行能力,也在尽力增加和拓宽机动车道,限制行人过街(的频率)。于是,这些街道的服务功能逐渐蜕化,道路两侧的临街面越来越冷清,沿街商铺的档次和服务范围持续萎缩。这又进一步坚定了城市运营者依赖购物中心等集中式、大型化物业(这些物业在土地转让、行政管理和税费征收上的好处本身就非常诱人)的决心。接着,我们看到很多沿街商铺由于太"低端"而被关闭甚至拆除,道路的交通功能(为了将车流更顺畅地连接到"重点"地块和"重点"物业)继续得到强化,街道继续失去活力,渐渐积重难返。

上述发展模式,也导致城市中新增道路、加密路网的可能性大大降低。因为,如果无法(因新辟道路)从临街土地的升值中得到足够的回报,新建道路的经济价值将非常有限。换言之,如果只是为了给路过的车流提供便利,又有多少街区愿意耗费巨资开辟新道路呢?于是,大城市更偏好于新修进出城或环绕城区的快速路,以及对已有街道进行"出新"(实质是封闭或拆除沿街较弱的物业,从而扩宽机动车道),而很少有兴趣在老城区继续(通过拆迁)开辟新的道路或将大院内部道路"破墙"改造为城市道路。

综上所述,并非我们不知道各类路网形态在交通效率上的优劣,而是,中国大城市的运作(和部分市民的利益),需要的确实是"宽道路—大街区—稀路网"。

5.3 交通拥堵的本质

5.3.1 交通拥堵是什么?

1. 交通拥堵的形成

中国大城市道路交通拥堵的形成机理如图5-8所示。需要注意的是,一些影响因素只是交通系统发展的时代背景或"现象",而并不能简单地将其定位为"问题"。例如城市扩张和中心城区人口疏解带来的"职住分离",从交通系统的角度来看显然是缺乏效率的,但从城市和社会发展来看也有其积极意义(且已是既成事实),我们不能因为交通系统压力增大就简单地认为"职住分离"是严重的社会问题,更不应试图通过消除"职住分离"来缓解交通拥堵。

从出行需求的角度来看,中国快速城市化的特色在于,涌入的大量外来人口和被疏解的中心城区人口主要居住在中心城区边缘和近郊区,形成了极高的外围建成区人口密度;而诸多优质资源依旧集中在中心城区,这就势必造成旺盛而集中的中长距离交通需求。具体到交通方式选择层面,大院、小区、人行道和后退区为小汽车出行者提供了大量廉价的停车空间,而高补贴、低票价、低服务水平的公共交通和受到侵占挤压的慢行交通,均助推或倒逼了小汽车交通出行的兴盛。简言之,中国城市在发展中,似乎有一只看不见的手在引导着人们尽可能多地使用小汽车出行。

从交通供给的角度来看,大院制、大街区、稀路网不仅是历史遗留问题,也是"土地财政"下城市快速开发和更新的主流选择;交通规划、设计、控制与管理亦不够精细、科学;加上出行者的交通素质参差不齐及交通冲突与事故的频繁发生,虽然中国大城市的市政道路建设早已转向"以汽车为导向",仍然出现了众多的交通瓶颈,路网的交通承载能力常常捉襟见肘。

不难想象,大量对时间消耗"不够敏感"的出行者如果集中在特定的时空驾乘车辆出行,交通拥堵是不可避免的。

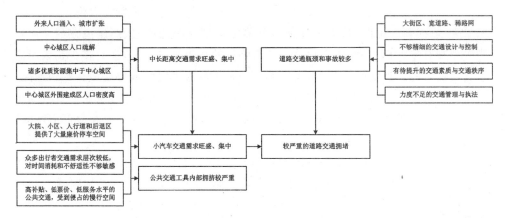

图 5-8　中国大城市道路交通拥堵的形成机理
图片出处:本书作者绘制

2. 交通拥堵的本质

对于广大出行者来说,交通拥堵表现为时间的虚度、出行成本的增加以及一系列心理和生理感受。于是,人们偏好从道德层面进行谴责,将交通拥堵视为百弊丛生的社会问题。但是,有哪个繁华的大城市不堵车呢(图 5-9)?经济学家喜欢说密度与生产力成正比,交通工程师则喜欢用冷清和热闹的餐馆打比方:即使需要排队等待,也会有更多人愿意去热闹的餐馆而非门可罗雀、随到随吃的餐馆。甚至,餐馆门口的长队会被视为成功的象征,那么,交通拥堵就意味着城市的失败吗?

图 5-9　早高峰时段,面对一路畅通的道路,是否会感到异样?
图片来源:南京路况直播间,新浪微博,2018.1.14。

实际上，正是繁荣催生了交通。文化和经济活跃的城市往往有十分严重的拥堵问题；相反，衰退或不景气的城市则没有太多的交通问题。与不拥堵的城市相比，更多元化的社会、经济活动更容易在大而拥堵的城市获得成功。从这一点来看，拥堵是繁荣带来的不良后果和高度可达性的附赘，而非经济衰退和城市衰败的缘由。因此，交通拥堵是社会、经济活力的象征，空荡的街道才是失败的标志（Taylor，2011）。

资源的稀缺性需要城市对交通资源及其他资源进行平衡。城市做不到，也不应当按照高峰时段的交通需求提供完全充足的交通资源。换言之，对于发展势头良好的大城市来说，高峰时段的交通拥堵不可避免。从城市资源利用的角度来看，交通拥堵是一种用（出行者）时间换（城市）空间的要素投入方式。我们不应认为存在着交通拥堵的城市，一定"不健康"。更值得关注的，是城市交通拥堵的程度、形式及出行者们的实际感受。

交通需求量接近或超过道路通行能力，便产生了交通拥堵。交通工程学对交通拥堵的理解似乎没有错，但仅看到这一"现象"层面是远远不够的。需要我们深入思考的是，为何在面对日复一日、似乎规律已成的严重拥堵时，出行者们依然争先恐后地投身其中？而城市运营管理者们似乎又显得无能为力？答案是，交通拥堵本质上是城市交通资源配置的结果与竞争的形态。

3. 城市运营者眼中的交通拥堵

从城市运营者的视角来看，如果交通拥堵没有对社会资源转化（产出）或分配产生严重影响，城市中千千万万出行者的时间消耗就如同城市运作的"隐含成本"（implicit cost）[①]，常常被忽视。由于在财务上没有明显的货币流动，对于以经济发展为首要任务的城市来说，城市中人的时间消耗并没有太大的重要性。换言之，城市运营者眼中的交通拥堵，是用出行者时间（隐含成本）换取城市资源的节省和产出（含税费）的增加。

同时，城市生产与生活具有自组织性。工作单位或学校规定的上班或上学时间通常是硬性的，城市交通出行者常常是根据出行距离和交通状况倒推出发时间和出行方式。如果交通变得更拥堵，只能选择更早地出门而非听任拥堵天天迟到。如果某一天睡过了，只能自认倒霉打车赶时间或者硬着头皮迟到。换言之，如果早晨出行的市民的工作效率不会因为提早出发和堵在路上而明显下降，交通拥堵就不会对城市白天的运作产生太大影响（影响的只是这部分市民的休息时间、出行时长或出行开支），也就不会引起城市运营者的足够重视。相对而言，晚高峰的交通

---

① 是指企业使用自己所拥有的生产要素，由于在形式上没有发生明显的货币支付，故称为隐含成本。

状况虽然常常更加恶劣,但对于城市运营者而言,其重要性反而要低于早高峰。因为,晚高峰时段,对城市产出或分配影响较大的餐饮、购物和休闲娱乐需求,通常不会设置硬性的达到时间。因此,交通拥堵往往只是推后了部分市民上述活动的开始时间(对于可以弹性下班的市民来说,只是延长了其行程时间),而不至于导致活动的临时取消。对于下班或放学回家的市民来说,由于路况的好坏早一点或迟一点到家,对城市产出的影响更是可以忽略不计。

简言之,城市运营者对于交通拥堵常常并不敏感,对交通拥堵的治理也并非真正关心。甚至,堵在路上的车辆会消耗更多的燃油和车辆部件,害怕公共交通耗时太长的人增加了打车的频率,这些均有一定的拉动内需作用;一定程度的拥堵也有利于维持中心城区的高房价。

那么,有的城市在某些时候,为什么又特别热衷于治理城市交通拥堵呢?主要涉及几个方面。

首先,城市不能容忍大面积、长时间、常态性的交通瘫痪,因为那样会影响城市的正常运作和实力群体的出行。

其次,城市比较在意交通条件对土地价格的影响。如果进出中心城区的某些道路过于拥堵或不便,且(潜在的)机动车交通需求较高,就会影响该方向市郊的土地开发和房产销售。此时,城市运营者就具有强烈的动机去改善这一走廊的交通状况(至少是暂时的)。于是,我们看到,一些城市在某些方向上似乎特别热心,积极地修建、改建连接郊区待开发区域与中心城区的快速路及平行干道,而在另一些方向上却显得后知后觉,任由大量车辆拥堵积压。

最后,借由交通拥堵治理,有助于一些经济政策或财政政策的实施,例如上海的车牌限量竞拍政策。

4. 交通出行者之间的竞争

人们通过交税购买城市公共服务,包括城市道路的使用权/通行权。在此基础上,人们通过进一步支付金钱、体力等资源要素,换取来自各类交通方式的服务:小汽车、公交车、自行车……与一般商品或服务交易市场不同的是,城市交通市场中的消费者(出行者)竞争的不仅是价格,也比拼着时间、驾驶能力、精力、体力甚至文明素质。

从城市交通出行者的视角来看,交通拥堵,是位移的时空需求有重叠的出行者,为了工作和生活的需要,(使用金钱和时间)竞争使用城市道路交通资源的结果。艾伦·披萨尔斯基认为,交通拥堵是"有经济条件的人想实现自身的社会和经济利益,却遇上了其他同样有条件实现自己利益的人"。相较于欧美发达国家大城市,中国的驾车人,开车进入中心城区需要支付的空间成本(停车费和道路收费)和燃油成本并不高昂,比拼的关键在于时间(能忍受更多时间损耗者会占据优势)与交通文明素质(交通文明素质较差者反而会占据优势);而公共交通和慢行交通出行者,比拼的是忍受力、体力、时间甚至交通文明素质(较差者会占据优势)。由于中国大城市出行者的时间价值和交通素质总体上低于发达国家大城市,因此,比拼"时间"和"交通文明素质"的交通资源竞争方式,显得更为常见,这也是发展中国家城市的交通拥堵程度和交通痛苦指数普遍高于发达国家城市的重要原因。

真正有经济实力或权力的群体(下文称其为"实力群体"),往往可以回避在交通高峰时段消耗时间争夺道路资源的竞争(图5-10)。首先,实力群体通常有能力购置工作单位附近的中高档住宅,由于通勤距离较短,即使驾车/乘车,耗时也极为有限;其次,实力群体的工作时间和地点较为灵活,可以尽量避开交通高峰时段或高峰路段出行;另外,实力群体有时宁愿选择付费但车流量较少的高速,以避开免费但较为拥堵的快速路;更重要的是,实力群体有能力雇佣专业司机(出租车司机、单位司机甚至私人司机),避免了亲自驾车的精力和体力消耗。因此,对日常交通拥堵体会最为深切的,并不是实力群体,而是城市中的中产和低收入群体。换言之,交通拥堵在很多时候无法得到城市运营者的重视,是因为实力群体的出行未受到较大影响,而中产和低收入群体的时间消耗,似乎并不是那么重要。

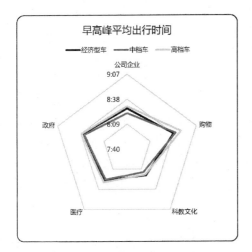 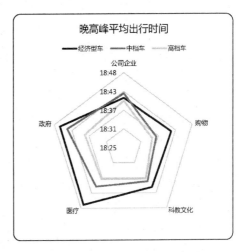

图 5-10 数据表明,高档车上午出行普遍偏晚,下午又普遍偏早,有助于避开高峰时段
图片来源:高德地图,2016年度中国主要城市交通分析报告[EB/OL],2017.1.

竞争的结果是,对于时间消耗和出行痛苦不那么敏感的人群,会投身于日复一日的交通高峰期;而一些特别介意时间消耗或精力损耗的人,会被迫提前(或推迟)出行、甚至更换工作或住房以避开拥堵高峰。从另一个角度来看,对时间消耗和出行痛苦不敏感的人,通过交通拥堵这种时间竞争方式,成功取得了高峰时段城市道路交通资源的使用权。于是,中国大城市的交通维持着一种低效率的平衡——任由驾车人相互竞争并形成拥堵,如果不堪忍受,有人就会自己退出。借助这样的内部淘汰机制,城市交通系统实现了自我调整。遗憾的是,在中国大城市现有的交通环境下,能忍受更多时间损耗者与交通文明素质较差者常常会占据优势,这对于城市来说,未必是有效率的结果。

需要注意的是,拥堵感受最为深切的人(日常在高峰时段出行的人)未必最痛恨拥堵,毕竟在时间和空间资源的争夺上,他们起码是获胜者。对交通拥堵最不满的,其实是由于日常交通拥堵被迫改变出行计划(时间、空间或出行方式)或由于特殊情况不得不临时(被迫)参与到拥堵交通中的人,是那些愿意花费更多费用(例如停车费)却不得不加入排队和他人拼时间的人,是那些被意料之外的交通拥堵耽误了重要事情的人。

5.3.2 人们为何痛恨交通拥堵?

对于千千万万的城市出行者来说,交通拥堵则事关每一个人的切身利益。那么,人们究竟是为何反感或痛恨交通拥堵?是因为浪费了时间?实际上,对于很多人来说,枯燥的工作远比交通本身消耗了更多的时间,那么,与其痛恨交通拥堵不如去抵制工作。有人会说,工作是有回报的,而交通是单纯的付出。这显然是另一种误解,不通过交通怎么去工作(或进行其他活动)呢?如果将交通也视为工作和其他活动的一部分(是两端的延伸),交通过程似乎也是有回报的。实际上,原因存在于多个方面。

1. 高频率的强烈刺激

对很多出行者来说,交通拥堵是一种耗时长且高频次(工作日每天都会经历)的生活经历,尤其是几乎每天都要面对的严重拥堵路段或地铁车站,让人印象深刻。不同于银行或热门餐厅排队(单次耗时长但经历的频次低),也不同于在小区乘坐电梯前的等待(频次高但单次耗时不长),在日复一日地强烈刺激下,人们对交通拥堵的负面感受常常要高于其他生活场景。能"与之媲美"的可能只有枯燥乏味且前途暗淡的工作和肮脏拥挤的出租屋了。

2. 影响工作效率与生活质量

交通过程对出行者的生理和心理均造成了一定的影响。尤其是品质不佳的交通环境,对人们的工作效率、生活质量和健康水平均非常不利,有些负面作用是甚至终身不可逆的。例如,对于早高峰挤地铁或公交巴士的人来说,不舒适性体现在车辆行驶中的震动、(车和周围乘客发出的)噪声、车内污浊的空气、被破坏的私密性、来自其他乘客的挤蹭等诸多方面,虽然有些与交通拥堵无关(例如周围乘客的大声喧哗),但交通拥堵无疑延长了痛苦的时间。对于驾车人来说,有些痛苦则直接来源于交通拥堵。这些痛苦不仅存在与交通过程中,由于人们的头脑和身体具有记忆,交通中的不适感有可能伴随着接下来的工作和生活,甚至久久不能散去。

3. 使用了错误的参照物

人,喜欢比较。就交通出行来说,若是与工作日高峰时段的交通情况进行横向比较,看到的常常是较小的波动性和"意外的拥堵"。若是拿工作日高峰时段的路况与几年前的情况甚至非高峰时段进行对比,感受到的差距就非常惊人了。这就是参照物选择对拥堵感受的影响。不幸的是,交通工程师的做法通常是后者——拿高峰时段的行程时间或行程速度去对比自由流行程时间或行程速度。这在科学研究或数据分析上自然没有问题,但如果作为媒体宣传的唯一口径,则会夸大交通拥堵的程度并加剧市民的浮躁。毕竟,自由流状态不可能、也不应该出现在高峰时段的热门路段,这不是交通管理者和交通出行者应当努力的目标。类似于孩子的考试成绩:如果和平时的水平相比,孩子考试发挥得不错,似乎应该给予鼓励;但如果非要拿年级第一的成绩作为参照,孩子恐怕就又得挨训了。

4. 由于意外拥堵耽误了事情

日常的交通出行时长固然重要,行程时间的波动性也不可忽视。有时,交通延误或超时可能带来极高的惩罚。例如,因路堵导致重要会议迟到、没赶上飞机、抢救不及时……当然,面对重要的出行,人们通常会根据经验预留较为充足的行程时间并(相较于平时)提前出发。然而,有时交通路况也会意外的糟糕。于是,那些过于乐观的或运气实在不好的出行者,会由于意外的交通拥堵耽误了重要的事情,并留下了惨痛的回忆。

5. 公平感的缺失

人们反感交通拥堵的另一个原因在于交通的过程常常缺乏公平感。开车被人恶意加塞、眼看着一辆远远排在队伍后面的车借对向车道向前超越、被一辆主干道突然违停的车堵了 2 min 动弹不得、乘坐地铁被人插队抢座、公交车上"老人"强行要他人让座……都会给大多数交通出行者(上述作恶者自然不应计入)留下不公平的感受。让人难以理解的是,城市运营者和交通管理者通常又对这些交通"乱象"睁一只眼闭一只眼。实际上,在交通管理者眼中,这些出行者之间的冲突大多属于"零和博弈",在有人受损的同时,必然有人获益;即使出现较激烈的冲突,也只需事后调解或让市民们自行解决。因此,从城市的视角来看,只要不严重影响交通系统的运转,耗费管理成本去介入(而且很可能无功而返)是得不偿失的。

实际上,城市交通有时并非"零和博弈"。例如在快速路匝道与主线的合流区,少量插队和加塞车辆,也可能导致车流通行效率的下降;较多的插队和加塞车辆,甚至会形成额外的多股车辆排队,直至瘫痪整个交织区。更长远地看,不道德、不文明的交通行为,会导致部分不堪忍受的出行者退出高峰时段拥堵空间的争夺,从而留下比例相对更高的交通"恶行者";一些摇摆不定的人也会跟风成为交通"恶行者",城市交通环境和交通效率会继续恶化。

6. 缺乏市场机制

时间，也是一种资源。虽然每个人每一天的时间资源是相同的，但人们对自己时间的估值存在区别。于是，有人愿意花钱请人排队，有人愿意收费替人排队，这里体现的就是一种对时间的交易。同理，在城市交通领域，有人愿意支付更高的费用以便节省(排队)时间，但由于市场机制的缺乏无法如愿。以车满为患的大型医院停车场为例，如果能够根据市场规律制定较为灵活的收费费率(当然，得及时公开)，那么，停车高峰时间的费率将出现较大涨幅。此时，不愿支付更高费用的驾车人会选择将车辆停放在他处(甚至干脆驶离)，而愿意继续支付较高费用的驾车人会因此节省大量的排队和寻找车位的时间，对于医院而言也可获益，因为停车总收入得以增加。

如果缺乏市场机制，较低的停车费率就会"吸引"过多的车辆在医院门外排队等候。此时，对时间价值估价较低的驾车人反而会取得竞争优势，换言之，这些驾车人"耗得起"。而对时间价值估价较高的驾车人反而会落败(因其不堪忍受在医院门口长时间排队等候进场)，不得不去寻找周边道路的停车位再步行回医院。从社会资源的利用的角度看，后面一种情况是低效率的，道理很简单：城市交通资源被投入了产出相对较小的境地。

可见，城市交通领域市场机制的缺乏，导致对出行时间价值估价较高的出行者无从多付费以赢得对交通资源的竞争，那么，竞争只能通过市场之外的机制(拼时间，拼等级，抑或"丛林法则")了。对于对出行时间价值来说，通过"耗时间"来竞争获取社会资源非其擅长，痛苦感自然倍增。

综上所述，交通拥堵的工程学特征(例如拥堵指数、拥堵程度的波动性)固然重要，但交通资源的竞争形式、交通出行者的感受，以及那些未处于日常拥堵之中的出行者的意愿，也应当得到足够的重视。

第二篇 解析篇
——知其然，知其所以然

第 6 章 中外城市交通发展对比

本章结合"都市圈""中心城区"和"建成区"等概念,对中外城市空间、人口和土地利用的诸多指标进行了数据对比,指出了中国大城市的特色在于极大的街区尺度和极高的近郊区建成区人口密度;从城市道路、停车设施、私人汽车交通、公共交通和出行方式分担率等视角,对中外城市的诸多交通指标进行了数据对比,深入分析了这些指标的中外差异。

6.1 中外城市发展对比

6.1.1 空间

1. 指标选择

城市的空间规模——面积——无疑是影响城市交通的重要因素。对于城市范围的界定,中外有所不同。在欧美,市(city)和镇(town)指的是已经城市化的人口聚集区,并不包含农村地区。而大城市常常是以"都市圈"(metropolitan area, metro area, greater area 或 conurbation)的形式示人。都市圈是由一个或者多个人口密集的城市"核"与一系列人口较为分散的周边城市组成,共享工业、基础设施和住宅等城市资源。这是一种特殊的地理空间组织形式,是经济、政治、文化和社会共同作用的结果。其中,行政区划的影响常常不那么重要。在中国,"市"并不是地理学意义上的城市化区域,而是一个行政区划单位,其辖区包含着大量非城市化区域。所以,中国"市"的面积并不能反映城市化的区域即地理学意义上城市的面积。从空间面积和人口集中程度的视角,中国的"大城市"可以和欧美的"都市圈"进行对比,中国大城市的"中心城区"可以和欧美都市圈的"核心城市"进行比照。

另一个重要的是概念"建成区"(urban built-up area),即城市范围内集中连片开发建设的,市政公共设施基本具备的非农业区域。建成区的大小从空间的角度直接反映了城市化的水平。城市范围内可能包含的丘陵、山地、湖泊等不适宜进行城市化开发的区域,以及中国城市区划内的农业区域,则不属于城市建成区的范畴。

建成区的大小受到自然条件和人类开发水平的影响。一个行政区划面积更大的市,其建成区面积未必高于另一个边界范围更小的对手。例如城市面积 1.68 万 km^2 的北京市,其建成区面积只有 1 401 km^2,而都市圈面积较小的巴黎大区(1.2 万 km^2),却拥有两倍(2 845 km^2)于北京的建成区面积。因此,后文在分析人口密度、道路密度等指标时,不仅参考城市或都市圈的面积,也使用建成区面积作为重要的计算依据(图 6-1)。

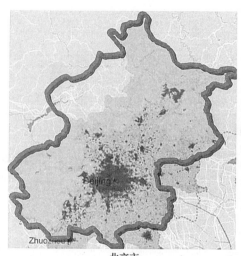

北京市　　　　　　　　巴黎都市圈

图 6-1　北京与巴黎建成区面积对比(深色部分为城市建成区)
图片出处:http://www.atlasofurbanexpansion.org/cities

2. 空间对比

对比前述章节中都市圈/城市的面积,可以看出,都市圈/城市与其建成区面积总体上成正比,美国都市圈及其建成区的空间体量均非常巨大;库里蒂巴、北京和南京等城市建成区面积与都市圈/城市面积的比值明显较小,其原因在于库市有大面积的山地不适合开发,而后两者则严格控制了城市开发的范围与强度;东京在相对较小的都市圈地域内开发出了庞大的建成区,体现了日本人口密度总体很大的国情(图 6-2)。

对比前述章节中核心城市/中心城区的建成区面积,可以发现,墨西哥城、东京与中国大城市的中心城区(北京为主城 6 区,上海为外环内的 7 个中心城区,南京为 6 个中心城区)面积相对较大(图 6-3)。当然,这些数据更重要的作用是为了便于后文人口和交通相关指标的对比分析。

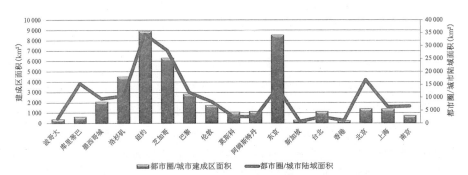

图 6-2 国外"都市圈"与中国"城市"陆域面积和建成区面积对比
图片出处:本书作者绘制

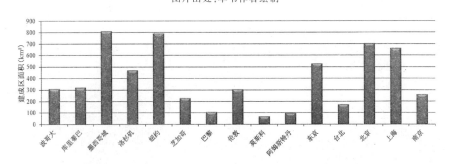

图 6-3 国外都市圈"核心城市"与中国城市"中心城区"的建成区面积对比
图片出处:本书作者绘制

6.1.2 人口

1. 都市圈/城市人口密度

对比都市圈/城市的人口(中国城市和莫斯科为"常住人口",其他国家和地区为"居民")及密度,可以发现,人口与人口密度并非正比关系。都市圈总人口较少的波哥大、新加坡、中国香港,建成区的人口密度却超过了北京和上海这样的人口大市。相反,总人口较多的洛杉矶、纽约、东京都市圈,建成区人口密度却非常有限(图 6-4)。

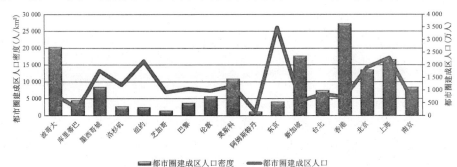

图 6-4 都市圈/城市建成区人口及密度
图片出处:本书作者绘制

2. 核心城市/中心城区人口密度

对比核心城市/中心城区的人口及密度,可见,城市中心区人口总量较大的北京、上海,建成区人口密度反倒不及人口总量较少的巴黎。原因在于,虽然北京有西城、东城,上海有黄埔、虹口、静安等人口密度较高的城区,但也有朝阳、丰台、浦东新区这样的人口密度较低的城区。因此,平均来看,中心城区的人口密度反倒不及东京、巴黎、波哥大和台北这样核心区人口密度比较平均的对手(图6-5)。

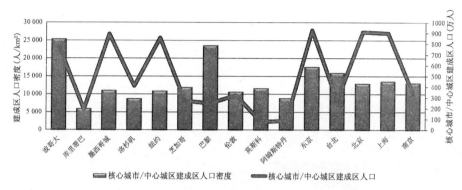

图 6-5　核心城市/中心城区建成区人口及密度
图片出处:本书作者绘制

3. 核心城市/中心城区内外人口密度对比

对比核心城市/中心城区内、外部的人口密度,可以看出都市圈/城市核心区与外部区域(建成区)的用地强度的区别(图6-6)。结果表明,纽约、芝加哥、东京等城市,除了人口密度极高的内核,外部建成区的人口密度均较低,这与其城郊的住宅类型(偏好独立屋等低密度住宅)关系密切;而北京、上海、莫斯科等城市,中心城区之外的建成区人口密度并没有出现明显下降(上海甚至有所反超),主要是因为这些城市市郊的居住区也修建得非常密集且居住密度很高。这既反映了中、俄城市运营者对于市郊土地开发的强力控制,也体现了这些城市中心城区对外围市郊的强大吸引力。

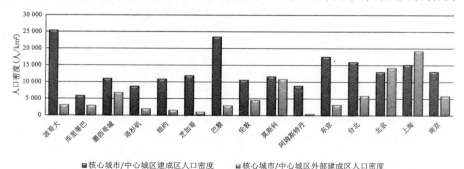

图 6-6　核心城市/中心城区内外部建成区人口密度对比
图片出处:本书作者绘制

4. 就业人口密度

对于都市圈和大城市的中心区，尤其是中央商务区（CBD）来说，除了居民，在工作日，还有一个关键性因素影响其人口密度——从其他区域来此工作的人口。例如，曼哈顿居住人口为 164 万人，陆域人口密度为 27 799 人/km^2，而在工作日，每天进入曼哈顿的人数高达 390 万，相当于每平方千米增加了 65 600 人。2001 年，东京 CBD 的就业岗位密度就高达 57 791 个/km^2。2016 年，北京国贸 CBD 每天有超过 39 万人在国贸 CBD 办公，这意味着在这片区域的就业人口密度已达到 4 万人/km^2。其他城市，诸如芝加哥、伦敦、南京，莫不如此，似乎只有一个例外——巴黎。巴黎的 CBD 并不在中心城区，而是位于中心城区西北 5 km 外的拉德芳斯。

不难想象，工作日大量的潮汐性通勤交通流，给原本人口密度就已很高的城市中心区带来了更大的交通压力。这一问题在中国的大城市更为严重，因为，中国大城市中心城区不仅有大量的工作岗位，还有大批优质的医疗、教育、商业和旅游资源吸引着外部的人流不断涌入（图 6-7、图 6-8）。

图 6-7　大城市的优质医疗资源吸引着众多外地赶来的求医者（一）
图片出处：http://health.hebnews.cn/2011—01/25/content_1548489.html

图 6-8　大城市的优质医疗资源吸引着众多外地赶来的求医者（二）
图片出处：http://hb.qq.com/a/20120518/000592.html

6.1.3 土地利用

1. 中心城区的街区尺度

在城市中,街区(block)是指由城市道路划分的建筑地块,是构成居民生活和城市环境的面状单元。街区是城市规划和设计中的一个重要因素,在欧美的人口统计学中,街区也被称为人口统计街区。在中国,街区被赋予了另一种商业含义:按照开发分期,大型房地产项目被划分成若干街区。下文中,仅讨论前一种定义所指的街区。

对于城市交通来说,街区的大小事关重大,尤其是对于人流、车流密集的中心城区。较小的街区尺度(街区的长和宽)和相对较多的道路,有助于减少交通(绕行)距离和交通冲突。在本书第二篇分析的城市中:

- 标准化、小街区的代表是纽约的曼哈顿(图 6-9)。除了中央公园和南侧 Downtown 部分,曼哈顿的大部分地块几乎完全横平竖直,街区标准尺寸 250 ft×600 ft(76 m×183 m),面积不足 2 ha。
- 不规则、小街区的代表是巴黎市区(图 6-10)。三角形、多边形的小街区比比皆是。
- 大街区则在中国的城市广为流行(图 6-11)。由于大型单位、大型小区甚至大型建筑周边院墙或其他隔离设施的存在,10 ha 甚至几十公顷的街区触目皆是,中心城区的交通可达性被大大削弱。

图 6-9 曼哈顿的棋盘格式路网与规则的小街区

图片出处:https://encounteringurbanization.wordpress.com

图 6-10 巴黎的放射性路网与不规则的小街区
图片出处：http://hormaestudio.com/portfolio_page/aemelle-caron

图 6-11 上海 20 世纪初的小街区（黄浦江西岸）与 21 世纪的大街区（黄浦江东岸）
图片出处：https://encounteringurbanization.wordpress.com

据 ATLAS of Urban Expansion 网的统计，北京和上海的城市街区平均面积是纽约、洛杉矶、巴黎等城市的 2～3 倍（图 6-12）。

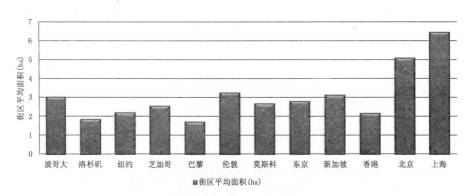

图 6-12 中外城市街区平均面积对比
图片出处：本书作者绘制

一项针对上海市大型商品房社区的研究表明（图 6-13），上海市商品房居住区的平均地块大小约为 150 亩（10 ha），多数社区的建设周期为 5～10 年。其中，2000 年新城建设时期的地块批复面积一般为 10 ha 以上，而在 2006 年左右的建设高峰期，20 ha 的地块则比较常见（400 m×500 m）；时至今日，占地数十公顷甚至上百公顷的大型小区已是星罗棋布（赵忞，2018）。

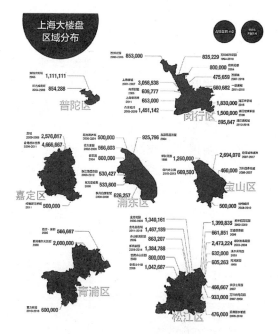

图 6-13　上海市大型商品房社区分布与占地面积
图片出处：赵忞，2018.

据清华同衡规划设计研究院技术创新中心调查（图 6-14），北京街区的尺度，由内到外有增大的趋势：街区长度随着环路往外，不断增长，二环内最短，平均为 366 m，而五环外达到 619 m。且各区域的街区，大小差异较大。例如，西二环阜成门到复兴门以东片区，整体街区尺度相对较小，街区面积平均为 4 ha（4 万 m^2），街区长度平均值为 205 m。而西直门北大街—西土城路—学院路沿线街区尺度较大，街区面积平均为 66 ha，街区长度平均值为 716 m。

图 6-14　北京市街区面积分布（颜色越浅，街区面积越大）
图片出处：褚峤等，不用打开小区围墙，也可以实现小街区的好处．澎湃新闻，2016.7.23.

北京住宅小区的面积也有相同趋势。二环内的小区相对较小。新建的住宅小区面积较大,分布在北苑、回龙观、上地、东坝、亦庄、潘家园、南二环外等。北京总共 6 751 个小区中,大于 9 ha 的有 1 951 个,占总数的 29%。

需要说明的是,在其他国家,在中心城区设置大街区的做法并非没有支持者。近年来,一些人士开始举着"生态""环保""健康""人文"的旗号宣扬"无车化"——限制部分街区内部私人小汽车甚至所有机动车的通行。例如,2016 年,西班牙巴塞罗那市就提出了将部分小街区合围成"超级街区"的设想。超级街区内部的道路只供行人(优先)、自行车和内部居民的汽车使用。这实际上是中国城市"大院"和"住宅小区"的翻版(图 6-15)。区别在于"超级街区"的进出通道数量要多于中国大院或住宅小区,因而可以减少内部车辆的绕行距离及其对外围道路交通的影响。当然,中国大街区模式对城市交通的各类负面影响,"超级街区"也无法避免。

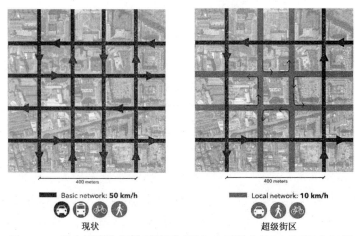

图 6-15 巴塞罗那构想的"超级街区"与中国城市的"大院"极为相似
图片出处:http://www.businessinsider.com/barcelona-plans-super-blocks-to-fight-traffic-and-pollution-2016-6

2. 中央商务区的用地混合

中国大城市中央商务区(CBD)的特点之一,是高端物业与低端物业在用地上的交织与混合。例如,北京中央商务区(图 6-16)地处北京市长安街、建国门、国贸和燕莎使馆区的中心交汇区,占地 3.99 km²,集中了诸如惠普、三星、壳牌、丰田、通用等 117 家世界 500 强企业的中国总部,中央电视台、人民日报、北京电视台传媒企业,以及国内众多金融、保险、地产、网络等高端企业(百度百科)。在如此寸土寸金的地块,依然保留着光华里、新街大院、南郎家园等老式小区(注意,是小区而非建筑),如图 6-17 所示。南京市新街口 CBD 的高端物业德基广场,东侧 100 多米仍保留着 20 世纪 50 年代修建的"城中村"——刘军师桥。

简言之,中国大城市 CBD 用地的商业价值并不连续,"CBD 靠着城中村"。实际上,这一现象与中国大城市街区尺度较大有直接的联系(开发商无力开发面积过大的街区,往往会选择大街区沿街面的较小地块进行开发,从而留下大街区内部的低价值物业),并进一步影响着车辆停车等交通环节。

图 6-16　现代化、国际化的北京中央商务区

图片出处:http://www.wm927.com/news/2017/1211/223704.html

光华里

南郎家园

图 6-17　同属北京中央商务区的老旧小区

图片出处:http://beijing.edushi.com/hy/ 与 http://zu.fang.com

3. 中心城区的住宅

世界各大城市中心城区的住宅风格有所不同。美国和中国的大城市,比较热衷于在市中心修建大批高层建筑甚至摩天大楼以供居住或商住两用,同时,留下了不少二十世纪甚至更早修建的多层住宅甚至平房。欧洲不少的大城市选择了另一种做法,例如巴黎、罗马、维也纳,出于对老城(老建筑、老街道)的保护,市中心保留了大量老式多层(八层及以下)住宅(图 6-18)。简言之,除了欧洲一些大城市中心区以多层住宅为主,其他大城市的中心区则混合着多层和高层住宅(图 6-19),区别在于高层住宅的比例以及层数。

图 6-18 巴黎市区的住宅大多为 5~8 层的老式公寓
图片出处：http://smallcoho.blog.163.com

图 6-19 曼哈顿的很多"老式"公寓也高达数十层
图片出处：http://ny1minute.com/get-married-in-new-york

4. 市郊的住宅

世界各大城市市郊，尤其是远郊区的住宅类型差异极大：欧、美、日城市居民普遍偏好独栋住宅（独立屋）或排屋（图 6-20～图 6-23）；而俄罗斯（图 6-24）和中国（仍在）推崇公寓楼（高层、小高层）。

图 6-20 英国的排屋
图片出处：http://property.countongms.com/? p=227

图 6-21　东京郊区密集的独立屋

图片出处：https://www.japantimes.co.jp/news/2016/01/25/business/economy-business

图 6-22　洛杉矶郊区密集的独立屋

图片出处：https://www.hhause.com/wiki/2124

图 6-23　典型的美国郊区独立屋

图片出处：http://www.alamy.com/stock-photo/urban-housing.html

图 6-24 莫斯科郊区常见的 5 层"赫鲁晓夫楼",
没有电梯、居住拥挤,显得廉价而丑陋
图片出处:https://dic.academic.ru/dic.nsf/ruwiki/104059

欧、美、日郊区的低密度住宅与中国郊区的高密度住宅,在用地的人口密度上差别很大。美国大城市半郊区的居住密度通常为每英亩小于或等于 6 幢住宅,折合 30 户/ha;郊区每英亩通常小于或等于 6 幢住宅,折合 15 户/ha。按照每户 3 人计算,人口密度为 4 500～9 000 人/km^2。在中国,国家标准《城市居住区规划设计规范》(GB 50180—93(2002 年版))中人口密度的参考值为 2.7 万人/km^2,实际情况是,4 万～5 万人/km^2 的人口密度也十分常见。中国大城市郊区住宅小区的居住密度通常能达到 120 户/ha(小高层)甚至 300 户/ha 以上(高层),按照每户 3 人计算,折合人口密度可达到 3.6 万～9 万人/km^2,为美国市郊居住区人口密度的 4～20 倍(图 6-25)。

图 6-25 中国大城市郊区的住宅小区
图片出处:http://www.jiupaicn.com/2016/0330/112157.html

加之部分小区存在地下室出租、房屋群租、房屋违建等现象,进一步提高了单位用地的人口密度。例如,坐落于北京市五环之外的"亚洲最大社区"天通苑,占地面积约 480 万 m^2,容纳近 7 万住户,折合 146 户/ha。2015 年,公开数据显示该区域聚集着 40 万人口,若考虑没有被纳入统计的地下室、群租房的住户,实际总人口可能超过 50 万人,人口密度超过 10 万人/km^2。

简言之,中国城市郊区集约化的住宅、较高的人口密度,有助于节省市政开发和公共交通的成本。不过,若交通需求过于庞大和集中,即使开通了轨道交通也是难以应付的(图6-26)。

图6-26　工作日在天通苑地铁站排队等候进站的人流
图片出处:https://bbs.hupu.com/19395447.html

联合国城市规划专家顾问小组首席专家彼得·卡尔索普将全球的城市蔓延分为三种类型,一种是"低收入"的蔓延,例如印度、南美一些国家的城市,有钱人住在市中心,穷人挤在缺少公共设施的城市边缘;另一种是"低密度"的蔓延,这在北美比较常见,收入较高者居住在城郊,低收入者住在市中心区域;中国的情况似乎比较特殊,是一种"高密度"的蔓延(蔡如鹏,2017)。

中国城市,不仅"城市面积"中"建成区"的比例较小,在"建成区"中,"居住区"的比例也不高。国家标准《城市用地分类与规划建设用地标准》(GB 50137—2011)规定,城市"居住用地"占"城市建设用地"的比例应为25%~40%。2011年,天津城市建设用地中居住用地占26.84%,北京2012年建设用地供应量中,住宅用地占28.38%。反观人口密度较高的日本东京,2011年在缴纳固定资产税的土地面积中,东京都的住宅地比例达到47.33%,都心23区的住宅地比例高达83.13%;即使考虑非纳税土地,都心23区的住宅地比例仍高达57.2%(周建高,2015)。

6.2　中外城市交通发展对比

6.2.1　基础设施

1. 道路密度

(1) 都市圈/城市道路密度

图6-27的热力图显示了纽约、伦敦、芝加哥和北京的路网密度分布,颜色越深的区域表明道路密度越大。

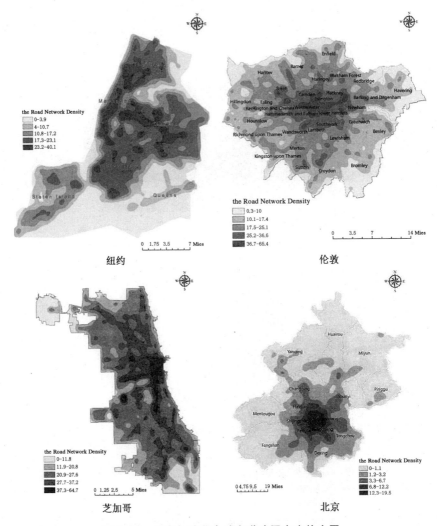

图 6-27 北京与欧美大城市道路网密度热力图
图片出处：Guoliang Zhao 等，2017

可见，北京市中心区域的道路密度仅相当于其他三个城市近郊区，远低于其市中心的道路密度。另外，北京市的建成区占比远小于其他三个城市，这是由于北京市的行政区划里包含有大量的乡镇（农村地区）。通常，农村地区县乡道的路网密度是无法与建成区城市道路相提并论的。

（2）建成区道路密度

为了排除行政区划中农村区域路网稀疏对中国大城市道路密度的不利影响，这里进一步对比建成区的城市道路。需要说明的是，城市高速公路与建成区公路被纳入计算，但不计入街坊路和仅供内部车辆使用的单位/小区内部道路（图6-28、

图 6-29)。

从建成区道路密度来看,莫斯科和中国三个大城市均较低,这既有"单位制度"的影响,也有土地开发高度集中的原因。若分析建成区人均道路长度,除了上述 4 个城市,新加坡和香港也双双下跌,原因在于这两个城市极高的建成区人口密度(图 6-30)。

图 6-28　中国大城市很多小区的内部道路并不轻易对社会车辆开放

图片出处:http://newhouse.sanya.fang.com/

图 6-29　中国大城市很多大学的内部道路也不向社会车辆开放

图片出处:http://www.china-epower.com/newshow.asp? id=1618

(3) 伦敦和北京的对比

《中国主要城市道路网密度监测报告》指出,截至 2017 年底,36 个全国主要城市的道路网总体平均密度为 5.89 km/km²。其中,三座城市(深圳、厦门和成都)的道路网密度高于 8.0 km/km²,仅占 8.3%;18 个城市的道路网密度在 5.5～8.0 km/km² 之间,占比为 50%;15 个城市的道路网密度低于 5.5 km/km²,占比为 41.7%(住房和城乡建设部城市交通工程技术中心等,2018)。

这里选择都市圈/城市建成区面积比较接近的伦敦(约 1 700 km²)和北京(约

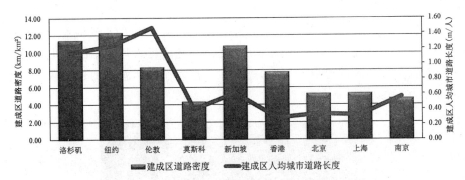

图 6-30　中外建成区道路密度与人均城市道路长度对比
图片出处：本书作者绘制

1 400 km²）进行较为深入的比较。

根据北京市统计局（2016）与英国交通统计局（2017）公布的资料，2015 年北京市与 2016 年伦敦（大伦敦，与前文统计口径一致）城市道路数据对比如图 6-31 所示。需要说明的是，英国对于道路的分级与中国有所区别。英国将道路分成高速公路、A 级道路（对应中国城市道路的"主干路"）、B 级道路（对应中国城市道路的"次干路"）、C 级道路（对应中国城市道路的"支路"），每一级又分为城市（Urban）道路和乡村（Rural）道路两类，而没有快速路这一分类。为便于分析，这里将快速路和主干路合并，将次干路和支路合并进行对比，伦敦的道路里程只统计城市用部分。

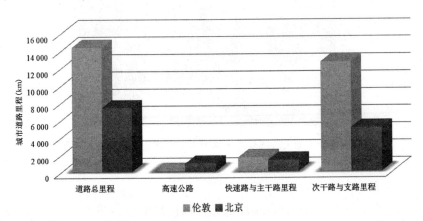

图 6-31　伦敦与北京城市道路里程对比
图片出处：本书作者绘制

从道路里程来看，伦敦的道路总里程（14 409 km）几乎两倍于北京（7 405 km）。这主要是由于伦敦的次干路和支路（12 691 km）超过北京（5 071 km）太多。伦敦（60 km）的高速公路里程远少于北京的（982 km）。不过，北京大部分高速公路并不在建成区范围内,而大伦敦外侧实际上有一条长188 km的高速公路(M25)环路紧贴着都市圈边界,但属于其他城市管辖未被纳入统计。

北京支路里程完败,固然有建设力度不够的因素,也有城市土地利用方面的原因:一方面,北京的平均街区面积高于伦敦,导致支路较少,实际上,不少大街区往往建有内部道路;另一方面,北京大量位于单位/小区内部的道路,未被纳入城市道路的范畴(因为其仅为单位/小区内部交通或停车服务,并不具备城市社会交通的功能)。

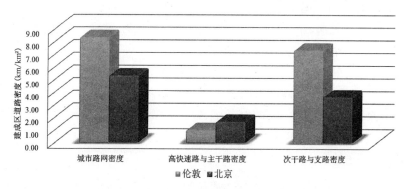

图6-32 伦敦与北京建成区道路密度对比
图片出处:本书作者绘制

从道路密度(单位建成区面积内的道路长度)来看(图6-32),伦敦在未计入都市圈外围高速公路而北京纳入所有高速公路(包括大量不属于建成区范围的路段)的情况下仍然以8.29 km/km² 对北京的5.29 km/km² 取胜。可见,北京相对较小的建成区面积将道路密度的差距较道路里程相比缩小了一些。

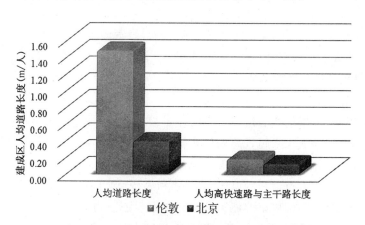

图6-33 伦敦与北京建成区人均道路密度对比
图片出处:本书作者绘制

从人均道路长度(按建成区常住人口平均的道路长度)来看(图6-33),伦敦再次以 1.47 m/人对北京的 0.39 m/人将差距拉开。原因是大伦敦地区的城市人口(979 万)大约只是北京市建成区人口的一半。

2. 停车设施

据北京市交通委(2017)统计,截至 2016 年底,北京市备案停车场数量为 6 676 个,停车位为 1 931 479 个。其中,居住小区停车位占 57.48%,公建配建停车位占 19.34%,路外公共停车位占 16.40%,单位大院停车位占 3.60%,路侧占道停车位占 2.04%,立交桥下停车位占 0.13%,驻车换乘停车位占 0.11%,其他类型停车位占 0.91%。同一时期,北京市民用汽车达到 548.4 万辆,其中,私人汽车达到 452.8 万辆(私人汽车中的轿车为 316.2 万辆)。

选择私人汽车数量与北京接近的芝加哥都市圈(私人汽车约 489 万辆)进行对比(表 6-1)。芝加哥都市圈拥有约 36 000 个路内停车泊位,117 704 个办公楼停车位,95 000 个公共交通换乘停车位(其中,地铁换乘停车位为 87 700 个),32 000 多个商业/工业停车场的超过 320 万个路外商业/工业停车泊位,以及不计其数的家庭停车库和停车位。

表 6-1 北京市与芝加哥都市圈非居住停车设施对比

指标	北京	芝加哥
路内停车泊位(万个)	3.94	3.60
驻车换乘停车位(万个)	0.21	9.50
公共停车位总数(万个)	82.15	344.87
私人汽车(万辆)	453	489
车均公共停车位数(个/辆)	0.181	0.705

由于北京和芝加哥居民住宅类型差别很大,后者的主要居住类型为独立屋和排屋,不仅拥有 1 个或多个车库,车库门前的空地也可用于停车。这里仅对比住宅停车位之外的公共停车设施保有情况。除去 111 万个居住小区停车位,北京市公共停车位总计 82.15 万个。芝加哥的公共停车位总数为 344.87 万个。

北京市唯一占据优势的指标是路内停车泊位数量。而且,北京市城市道路的停车供给能力实际上大大超过路内停车泊位的备案数。调查表明,北京市不少路段都存在着实际停车泊位超过备案泊位数量的现象。另外,一些道路的违章路内停车、非机动车道、人行道和后退区(建筑物和人行道之间的空间)占道停车现象也比较普遍(鉴于此,中国城市的停车位"缺口"远没有官方公布的巨大),如图 6-34 所示。至于驻车换乘停车位、公共停车位总数和车均公共停车位数量,即使加入未备案的大量路内、路外停车位,北京也远低于芝加哥。

图6-34 部分道路违章路内停车，占用非机动车道、人行道和后退区停车的现象比较普遍

图片出处：http://news.ifeng.com/gundong/detail_2013_01/11/21103799_0.shtml

6.2.2 私人汽车交通

1. 汽车保有量

总体上，私人汽车的保有率（人均车辆拥有量）与人均GDP正相关。在欧美，交通较拥堵、停车费较高的大城市的车辆保有率要低于交通较畅通、停车费便宜的小城市，纽约、巴黎、伦敦、东京等均是如此，洛杉矶和芝加哥既没有水网分割等地理上的阻碍，也没有老城区路网条件的影响，车辆保有率相对较高。北京、上海等大城市的私人汽车千人保有量远高于香港、新加坡和波哥大，接近墨西哥城和莫斯科的水平（图6-35）。

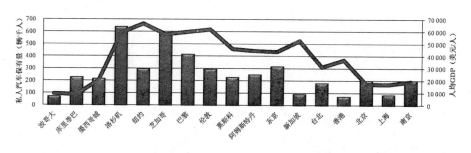

图6-35 私人汽车千人保有量与人均GDP对比
图片出处：本书作者绘制

香港地区由于建成区人口密度太大、新加坡对私人汽车限制颇多（拥车证、道路拥挤收费），车辆保有率最低。考虑到台北市有两倍于私人汽车的机车（摩托车），如果将机车也纳入统计，其私人机动车的拥有率将大大提高。由于高昂的车辆上牌费用（目前已超过9万元人民币/辆）和牌照限额拍卖制度，上海保有大量

(超过100万辆)非沪牌(外牌)车辆。如果将上海居民购买的这些外牌车也视作上海拥有的车辆,上海的私人汽车千人保有量会接近北京和南京的水平。

据统计,2014年上海市工作日中心城区快速路(不含外环线)全日驶入车辆中25%为外地牌照,午间平峰时段外地牌照车辆比例达32%(图6-36)。其中,中环线比例最高,午间平峰时段外地牌照车辆占驶入车辆总量的40%。

图6-36 高架道路高峰时段限行政策并不能阻止大量外牌车出现在上海街头
图片出处:http://mt.sohu.com

2. 单位里程城市道路私人汽车数

伦敦、新加坡的建成区道路密度较高,单位里程城市道路承担的私人汽车数量也较少。洛杉矶虽然有着更高的道路密度,但由于私人汽车保有量大,平均道路资源显得并不那么阔绰。相比较,北京、南京、莫斯科的私人汽车保有率虽然并不高,但建成区道路密度和单位里程城市道路的私人汽车数较高。如果考虑大量在用的外地牌照私家车,上海的上述数值介于北京和南京之间。简言之,按人口平均,我国大城市的私人汽车保有量并不算高,但由于城市道路里程少、密度低,私人汽车能够获得的道路资源并不多(图6-37)。

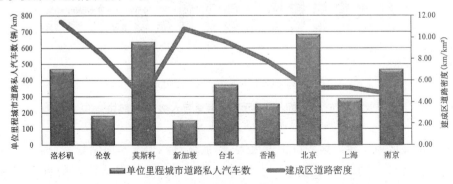

图6-37 单位里程城市道路私人汽车数与建成区道路密度对比
图片出处:本书作者绘制

3. 汽油价格

从按美元换算的汽油价格水平来看,中国内地城市高于美国、俄罗斯和哥伦比亚,但远低于欧洲诸国、新加坡和香港地区。

若考虑到人均 GDP,美国大城市、莫斯科的油价水平导致用车成本更加低廉,中国内地城市和南美城市的用车人较为吃亏,香港地区排名世界第一的高油价则似乎是在刻意限制普通市民使用私人小汽车(图 6-38)。

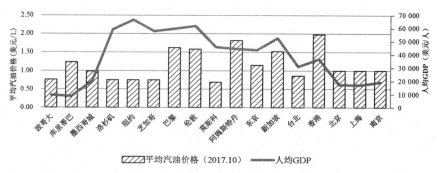

图 6-38 平均汽油价格和人均 GDP 对比
图片出处:本书作者绘制

6.2.3 公共交通

1. 轨道交通

根据国际经验,大城市轨道交通的空间覆盖范围较大,通常具有较清晰的层次体系,包括市郊轨道/铁路、城市地铁以及局部地区的中低运量轨道系统。其中,市郊轨道(铁路)系统主要服务于连接市郊/卫星城与中心城区的长距离出行,站距大、速度快、服务范围广;城区轨道系统(包含地铁和中低运量轨道系统)主要服务于中心城区高密度的出行,运量大、站距短、速度较慢,服务范围有限(通常不超过 20 km 半径),平均线路长度较短(通常不超过 40 km)。

需要注意的是,由于国外大城市的城区轨道系统一般仅服务于中心城的特定范围,其线网规模通常较为有限,纽约、东京、巴黎、莫斯科等国际大城市的城区轨道交通线网规模均在 300 km 左右,仅伦敦超过 400 km;但这些城市/都市圈都同样有着为市郊居民提供快速入城服务的市郊轨道/铁路系统,如纽约的长岛和北方通勤铁路、柏林的 S-Bahn、巴黎的 RER 和 Transilien、伦敦的国铁、东京的 JR 和私铁等,轨道交通线网规模大多在 1 000 km 以上(凌小静,2016)。与国外不同的是,中国大城市建成区用地更为集约,尤其是中心城区外围建成区的人口密度较高,建成区面积相对较小,而大城市中心城区与周边中小城市的联系不够紧密。因此,以地铁为代表的城区轨道系统几乎成了中国大城市轨道交通的代名词,而市郊铁路系统发展较慢。

从轨道交通(包含城区轨道系统和市郊轨道系统)的里程来看,东京、巴黎和纽约都市圈较长。分摊到建成区面积上,巴黎、伦敦、香港、东京和新加坡等城市较高(图 6-39)。主要原因在于,这些轨道密度较高的城市,轨道交通的发展与高人口密度建成区的建设步调较为一致。例如,在东京都市圈的中心区——东京 23 区,轨道密度高达 948 m/km²。而纽约、芝加哥、墨西哥城、台北等城市的轨道交通不仅服务于高密度的区域,也照顾到其他人口密度较低的市郊,在人口低密度区域,轨道线网密度也较低。

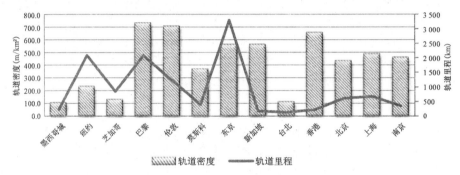

图 6-39　都市圈/城市轨道里程与密度
图片出处:本书作者绘制

从轨道交通线网的空间分布上看,东京都地铁与神奈川县、千叶县、神奈川县等连接较好,形成了覆盖整个都市圈的轨道交通网络。而北京地铁站大多分布在主城六区内,昌平、怀柔等周边地区没有地铁,也没有连通京津冀都市圈的通勤铁路网络(图 6-40)。从核密度分析的视角来看,北京市轨道交通站点多集中在三环内,六环

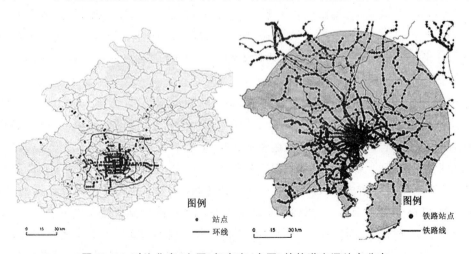

图 6-40　对比北京(左图)与东京(右图)的轨道交通站点分布
图片出处:李燕等,2017.

外急剧减少；而东京核心区核密度数值高于北京，且空间分布更为均匀(图 6-41)。

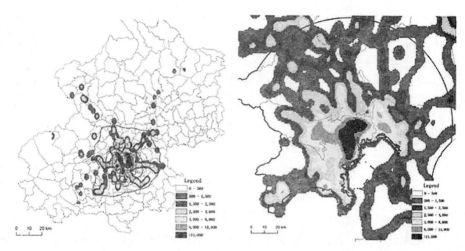

图 6-41　北京(左图)与东京(右图)轨道站点核密度空间分布
图片出处：李燕等，2017.

若将轨道里程分摊到建成区人口上(图 6-42)，可以发现纽约、芝加哥一改轨道密度较低的颓势，而台北和墨西哥城依旧垫底。中国大城市内部，南京通过近几年轨道交通的快速发展，在建成区人均轨道里程上已经超过北京和上海。

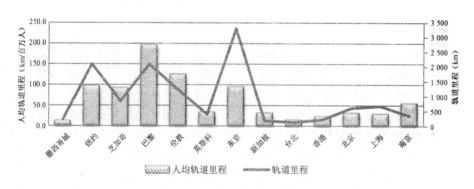

图 6-42　都市圈/城市轨道里程与人均里程
图片出处：本书作者绘制

轨道交通日均客运量无疑是东京都市圈拔得头筹(图 6-43)。若分摊到每千米轨道里程上，香港和墨西哥城则依靠极高的使用强度有所反超。单位轨道里程客运量(日均客运量除以轨道里程)较低的是纽约、芝加哥和巴黎都市圈。原因不仅在于其市郊较低的客运密度，也因为这些城市的轨道交通广泛采用快线(express)与慢线(local)分线并行的机制(导致其轨道里程明显高于线路总长)。

从轨道交通平均站点间距来看(图 6-44)，南京、上海、北京和莫斯科的站点间

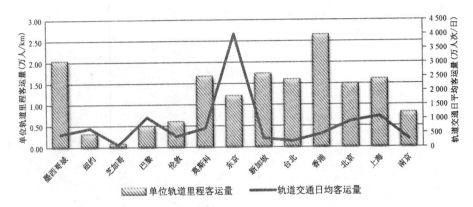

图 6-43 都市圈/城市轨道交通日均客运量与单位轨道里程客运量
图片出处：本书作者绘制

距较大，而纽约和巴黎的站间距较小。较小的站点间距有助于减少出行者步行距离，从而提高轨道交通的服务水平和吸引力；缺点在于造价相对较高，且频繁停靠站降低了车辆的行驶速度。当然，纽约和巴黎地铁均采取了"快慢车"分线并行机制，以提高长距离运行速度。而"共享单车"在中国大城市兴起的原因之一，在于轨道交通站间距较大。

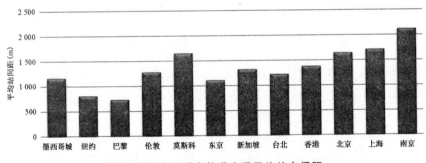

图 6-44 中外城市轨道交通平均站点间距
图片出处：本书作者绘制

2. 公交巴士

如图 6-45 所示，北京、上海和南京等中国城市的公交巴士车辆数较多，分摊到建成区人口，也是这些城市的拥有率较高。需要说明的是，中国城市的公交巴士不仅为建成区提供服务，也为城市行政范围内的"半城市化"区域和农村区域提供服务（城乡公交和镇村公交），因此，中国城市建成区人均公交巴士的拥有量实际上要稍低于图中的数值。

此外，公交巴士的数量不完全等同于交通供给能力，发车频率、单车载客能力（座位数、站立乘客数）以及道路拥挤程度也是供给能力的影响因素。例如，以

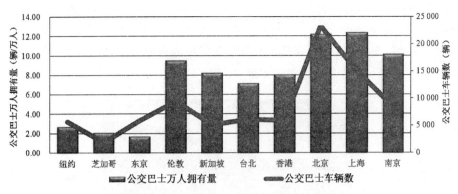

图6-45 公交巴士车辆数与人均拥有量
图片出处：本书作者绘制

新加坡 Enviro500 双层公交为例，其核定载客人数为134人（上层55座，下层28座并可站立51人），车长与大陆城市广泛使用的12 m城市公交一致，而后者的载员数为80~90人（严重超载时可达到100人甚至更多）。由于香港地区和新加坡拥有大量双层巴士，因此，其公交巴士的单车平均运载能力要高于中国其他城市。

我们还应了解，香港地区除了近6 000辆（车辆数，并非按标准当量折算成的营运车辆数"标台"，下同）专营巴士，还有4 350辆小巴和7 000多辆非专营巴士。若加上小巴，公交巴士的万人拥有量并不逊于北京和上海。

相比较，纽约、芝加哥和东京的公交巴士，无论从车辆数还是万人拥有量来看，都非城市交通的重点。原因主要是，在这些城市人口密度较低的市郊，公交巴士的车辆数、线路数和发车频率都维持在较低的水平。

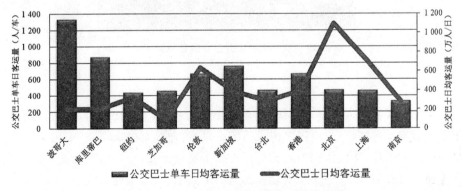

图6-46 公交巴士日均客运量与单车客运量
图片出处：本书作者绘制

这里将波哥大和库里蒂巴的快速公交加入进行比较（图6-46），显然，快速公交的单车日客运量要明显高于其他城市的常规公交。此外,新加坡和香港地区公交的单车日客运量也较高(图6-47、图6-48),主要是由于其载客量较大的双层巴士比重较高。另外,马来西亚每天来往于新加坡的通勤出行高达数十万次,服务于这些通勤者的公交巴士线路尤其拥挤。

图6-47 逐渐淡出中国城市的铰接公交车在新加坡却很常见(注意其行驶于普通车道,而非中国用作快速公交的公交专用道)

图片出处:http://technews.cn/2017/11/22/

图6-48 新加坡的部分公交线路也是拥挤不堪

图片出处:http://www.straitstimes.com/singapore/transport/traction-power-fault-caused-2-hour-train-service-disruption-on-wednesday-morning

在中国大陆的大城市,双层公交车并不流行,既有成本控制的因素,也有道路净空的影响。例如,在主城区绿树成荫的南京市,尤其是中山东路、中山北路、中华路等城市主干道,法国梧桐庞大的树冠占据了道路上方的空间,普通公交的行驶尚且受到一定限制,双层公交车更是容易与树干发生"亲密接触"(图6-49)。

3. 公共交通出行频次

另一种简单有效的对比指标是人均公共交通出行频次,即公共交通日均客运量除以城市建成区人口总数。

第6章
中外城市交通发展对比

图 6-49　斜向伸出的梧桐树干限制了大型车辆的车道选择
图片出处：http://blog.sina.com.cn/s/blog_6b473d000102e4on.html

若将轨道交通（含地铁和市郊铁路）日均客运量分摊到建成区人口上，可以体现各城市出行者对轨道交通的依赖或偏好程度以及轨道交通系统的运行效率。对

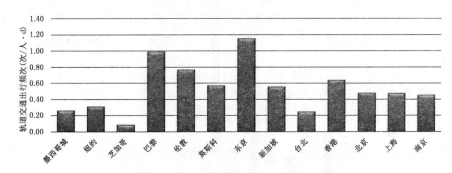

图 6-50　都市圈/城市人均轨道交通出行频次对比
图片出处：本书作者绘制

比表明（图 6-50），东京、巴黎和伦敦居民对轨道交通的依赖程度显著较高，香港地区、莫斯科和新加坡处于第二阵营，芝加哥居民则似乎对轨道交通出行比较反感。需要注意的是，虽然北京、上海等城市轨道交通日客运量很高，但考虑到其庞大的人口基数，城市居民对轨道交通的依赖程度实际上并不算高。

若将地面公交日均客运量分摊到建成区人口上，可以体现各城市出行者对公交巴士的依赖或偏好程度以及公交巴士系统的运行效率。对比表明（图 6-51），库里蒂巴和新加坡居民对公交巴士（库里蒂巴地面公交的主体是快速公交）的依赖程度显著较高，北京、香港地区和伦敦处于第二梯队，纽约、芝加哥和东京居民则较少使用公交巴士出行。

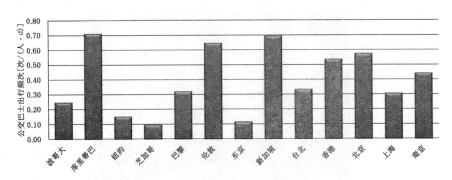

图 6-51　都市圈/城市公交巴士出行频次对比
图片出处：本书作者绘制

若将轨道交通和公交巴士出行频次叠加（图 6-52），可以发现，欧洲大城市、东京、香港地区、新加坡和北京的人均公共交通出行频次相对较高，而北美大城市的这一指标较低；东京、巴黎和纽约偏科严重（轨道交通出行频次远高于公交巴士），其他城市则较为均衡。需要注意的是，使用城市公共交通的出行者中亦包含短期流动人口和（中国）城市辖区内的农村人口，如需精确计算需考虑这些出行者的影响。

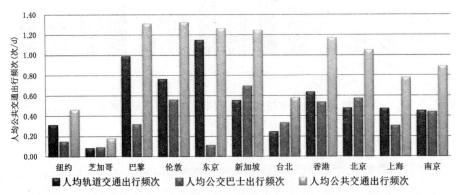

图 6-52　人均公共交通出行频次的中外对比
图片出处：本书作者绘制

4. 出租车

使用出租车保有量和建成区人口计算都市圈/城市的出租车万人拥有量。结果表明（图 6-53），数值最低的是芝加哥、伦敦和巴黎。原因是这三个都市圈面积很大，且市郊人口密度很低，出租车主要是在需求密度较高的市中心或机场区域服务。加之近几年兴起的 Uber 等网约车服务挤占了出租车市场。因此，不用也无法维持庞大的出租车队。同时欧美城市出租车的服务方式也与中国大城市不同，出租车通常只在市中心接受招手载客（实际上，在纽约曼哈顿、芝加哥 CBD，出租车的万人拥有量非常高),在市郊只能通过电话或网络预订,以避免过高的空驶率。在人口密度和停车费均较低的市郊,电招/网约出租车的替代者是租车自驾、拼车和使用 Uber 等网约私家车。除了北京,中国大城市如香港、上海、南京的万人出租车保有量也很有限。这些城市的政府往往在出租车数量管制方面比较严格,主要是担心城市较低的道路密度无力承担过多的空驶出租车(尤其是路边停车空间不足以支撑临时停靠的车辆)。

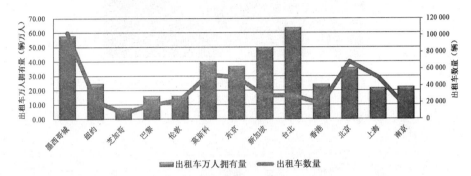

图 6-53　出租车数量与万人拥有量

图片出处:本书作者绘制

另一个极端是中国台北,其都市圈(包含台北市、新北市和基隆市)出租车万人拥有量达到 63.5 辆/万人。其中,台北市的出租车密度高达 103.7 辆/万人。如果考虑到新北市很多出租车也在台北市运营的现实,这一数值可能超过 150 辆/万人。当然,极高的出租车万人拥有量带来了非高峰时段很高的出租车空驶率,并占用了大量路边空间用以临时停车,好处则不言而喻:高峰时段也不存在中国大陆普遍存在的"打车难",同时,打车费用也相对较低(图 6-54、图 6-55)。上述情形也存在于墨西哥城和新加坡,只是没有中国台北如此突出。

图 6-54　中国台北极少出现大城市普遍存在的高峰期"打车难"问题

图片出处:http://video.sina.com.cn/news/ch/2013qglh

图 6-55　中国台北也极少出现中国大陆大城市普遍存在的
高峰期出租车"拒载"问题

图片出处：http://japanese.cri.cn/918/2013/02/27/241s205207.html

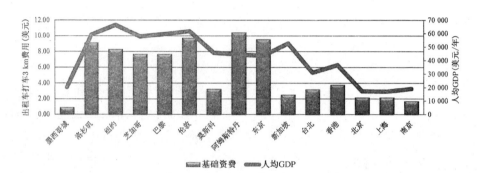

图 6-56　中外城市出租车资费对比（打车 3 km，乘客 2 人）

图片出处：本书作者绘制

对比中外城市出租车基础资费（不考虑由于夜间打车、堵车等待、乘客人数和行李等因素额外增加的费用）与人均 GDP 的关系（图 6-56），总体而言，出租车资费与人均 GDP 成正相关；墨西哥城、莫斯科、新加坡的打车费用相对于其人均 GDP 而言较低；中国大陆城市与墨西哥城的打车费用绝对值较低；欧美发达国家城市的打车费用明显较高。

6.2.4　出行方式分担率

1. 容易混淆的概念

城市居民的出行方式分担率是一个非常容易产生误解的概念。由于包含的交通方式类型、空间范围、时间范围和出行目的等统计口径存在区别，以下几组界定方式较易混淆：

• 全方式出行分担率、不含步行的交通出行分担率、机动化出行分担率与公共交通出行分担率。全方式出行分担率包含所有出行方式,机动化出行分担率不包括非机动车与步行,公共交通出行分担率不包括私人机动车(私人汽车与摩托车)、非机动车与步行。

- 城市主城区/中心城区与都市圈/全市域出行分担率。
- 高峰时段出行分担率与全日出行分担率。
- 通勤出行分担率与全目的出行分担率。

由于界定不够明晰,媒体甚至交通行业内也流传着一些误解。例如,有人认为香港的公共交通全方式出行分担率高达90%,实际上,香港的这一指标不到60%。即使仅计算公共交通的机动化出行分担率,也只是接近90%。又如,南京市2011年主城区范围,公共交通全方式出行分担率约为24.4%,不含步行的公共交通出行分担率约为32.8%,而公共交通机动化出行分担率为63%。界定不同,对于同样的公共交通客运量来说,出行方式分担率也相差甚远。

2. 出行方式分担率的对比

对比中外城市交通全方式的出行分担率,如图6-57所示,洛杉矶、芝加哥和阿姆斯特丹的步行出行分担率较低,前些都市圈的中心城区面积较小,在建成区人口密度较低(均不超过2 000人/km²)的广大市郊,步行并不是较好的选择;而这些城市中,建成区人口密度最高的香港,步行的比例也是最高。阿姆斯特丹、北京和上海和东京的非机动车出行分担率较高,其他城市则普遍较低。洛杉矶的公共交通出行分担率极低,芝加哥、阿姆斯特丹、台北、北京和上海的分担率也不算高。洛杉矶、芝加哥和台北的私人机动车出行分担率较高,其中,台北的机车(摩托车)贡献甚至高于私人小汽车。

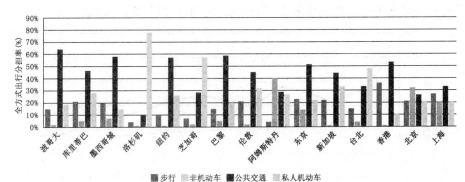

图6-57 城市交通全方式出行分担率的中外对比

图片出处:本书作者绘制。图中的纽约意指"纽约市"而非纽约都市圈。"公共交通"包含了市郊铁路、地铁、轻轨、有轨电车、地面公交和出租车等公共交通方式。

如图6-58所示,在纽约市(并非纽约都市圈)内部,曼哈顿与其他区居民的出行方式分担率差别也很大。尤其是在小汽车出行和步行方面,曼哈顿小汽车出行方式分担率仅占12%,远低于其他区,而步行的出行方式分担率高达26%,远高于其他区。如果将曼哈顿接近90%的绿色出行比例(公共交通与非机动车、步行的出行方式分担率之和)套用到整个纽约市,就会与实际情况(74%)相去甚远。

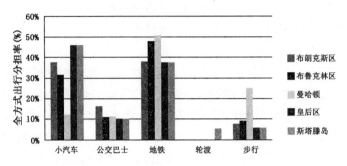

图 6-58 纽约市各区全方式出行分担率对比
图片出处:NYC Department of City Planning,本书作者翻译

6.2.5 交通拥堵水平

继续使用TomTom对2016年世界各大城市交通拥堵水平(与自由流状态相比,实际行程时间增加的百分比)的分析数据(图6-59)。总体而言,墨西哥城的道路交通拥堵水平非常极端,中国大城市的交通拥堵水平也比较严重,北美城市(除了洛杉矶)和对机动化交通很不友好的阿姆斯特丹的交通拥堵水平较低;城市的交通拥堵水平与单位里程城市道路私人汽车数相关性较强。需要注意的是,TomTom是按照一天内的总体拥堵水平排序的,排名靠后的城市(例如莫斯科),早晚高峰的拥堵水平有可能比排名靠前的城市(例如洛杉矶)更严重(表6-2)。

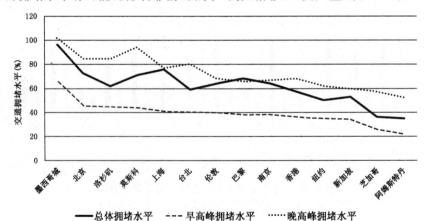

图 6-59 2016年世界大城市交通拥堵水平对比
图片出处:本书作者绘制。数据来源:https://www.tomtom.com

表 6-2　2016 年世界大城市交通拥堵水平对比

世界排名	城市	总体拥堵水平(%)	早高峰拥堵水平(%)	晚高峰拥堵水平(%)
1	墨西哥城	66	96	101
10	北京	46	72	84
12	洛杉矶	45	62	84
13	莫斯科	44	71	94
22	上海	41	76	77
24	台北	40	59	80
25	伦敦	40	64	68
35	巴黎	38	68	66
38	南京	38	64	67
44	香港	36	57	68
49	纽约	35	50	62
55	新加坡	34	53	60
108	芝加哥	26	36	57
129	阿姆斯特丹	22	35	52

数据来源：https://www.tomtom.com

第7章 城市道路基础设施

本章对比分析了中外城市信号灯、停车让行标志、环岛、人行横道、隔离栏和公交专用道等路权分配机制及其在实际运用中的差异；结合具体实例，对比分析了中外城市快速路、主次干路与支路在设计和管理方面的差异；指出了中国城市道路交通瓶颈产生的技术和行为致因，提出了中国城市道路基础设施在技术和管理方面的可借鉴之处。

7.1 路权分配

7.1.1 机动车之间

1. 信号灯的作用与理解

中外对绿灯的理解与实践存在差别。在欧美的大部分驾驶人心中，绿灯不仅意味着可以通行，而且是在提示尽快通过路口。尤其是对于排在路口停止线后第一位的车辆来说，绿灯一亮应尽快加速至道路限速，以避免影响后续车辆通行。这里体现的是一种公德：尽量不妨碍他人，在自己力所能及的情况下不要给他人添麻烦。从交通效率的角度来看，也有助于节约道路资源，提高交通流的整体速度。而在中国，驾校教授和社会宣传的却是"起步柔和"与"绿灯经过交叉口也应减速慢行"，以免"浪费"燃油或撞到抢黄灯/闯红灯的机动车或抢行横穿道路的行人/非机动车。

当交通量较大时，绿灯则并不意味着一定可以通行。如果发现出口道车辆已排队至交叉口内部，即使自己仍然在绿灯时间内，也不可贸然"闯绿灯"进入交叉口。这一规则在欧美发达国家已经普及，在中国为人们接受并自觉遵守还尚需时日（图7-1）。

中外对黄灯的理解与实践也存在差别。黄灯，具有一定的时间长度，目的是在绿灯结束和红灯开始之间设置一个警示和缓冲，提醒正在接近交叉口的驾车人"禁止通行的红灯就要亮了，千万不要误闯红灯"。在中国，常见的解释是，尚未越过停

图 7-1 "闯绿灯"的后果往往非常严重
图片出处：https://www.sammyboy.com/threads

止线的车辆在黄灯亮起时，需要刹停（这在有红灯数字倒计时的交叉口有一定合理性，但在没有倒计时的交叉口则非常危险），不允许进入交叉口；而已经越过停止线的车辆可以继续通行。甚至有城市和部门自行规定黄灯效力等同于红灯，完全禁止车辆在黄灯时通行：如车辆未越过停止线必须刹停，即使（来不及刹停于停止线前）越过停止线甚至人行横道线也要刹停，否则就要接受处罚。

在北美，同样不允许未进入交叉口的车辆"加速"抢行通过，但允许那些靠近停止线但未进入交叉口的车辆以安全车速继续通过交叉口，以免急刹车发生意外（车辆失控或造成后车追尾）。为此，设计时速越高的道路，黄灯时长设置得越高，以便驾车人看到黄灯亮起后能够及时刹停（或来得及行驶通过交叉口）。美国不同的州，取决于交叉口空间、设计车速，以及是否有坡度，最短的黄灯时长（对应 30 mi/h 的道路设计车速）从 3.0 s（芝加哥）至 3.7 s（佛罗里达）不等，最长的黄灯时间长达 6.0 s（对应 55 mi/h 的道路设计车速）。

2. 主、次路交叉口的路权分配

信号灯不是万能的路权分配方式。实际上，在交通量较小的交叉口，由于易造成更多的交通延误，信号灯常常被其他路权分配手段所取代。其中，停车让行（Stop）标志是最常见的一种（图 7-2）。

例如，在北美，如果两条相交道路有主路、次路之分——通行权的优先级有高低（不是主干路与次干路的意思），那么，次路一侧的路口就会安

图 7-2 停车让行（Stop）标志

放"停车让行(Stop)标志"。按照法律,即使主路没有一辆车,次路到达路口的车辆也必须在停止线前将车辆完全停止(第一次去美国开车的中国驾车人对这一点往往很不适应)再进入交叉口或主路;如果主路有车辆接近,则次路的车辆在停车3s后也必须等待时机,确保自身进入交叉口或主路后不会对主路上的车辆造成不良影响。

在中国,也有相似的交通标志——"停车让行标志",含义是车辆必须在停车线停车观望,确认安全后,才准许通行。然而,与北美"停车让行标志"非常普及不同,中国很少使用这一交通禁止标志,而更偏好使用"减速让行标志"。这意味着驾驶员看到该标志时必须减速慢行或停车,确认安全后,才准许通行。

图7-3 中国更常见的是右侧的减速让行标志

中国的"停车让行标志"和"减速让行标志"(图7-3)看似与美国的"停车让行(Stop)"标志区别不大,但在实际运用中判若云泥。在美国,主路行驶的车辆完全可以保持较高车速而不用顾及次路是否有车辆准备进入交叉口或主路,因为其有着压倒性的通行优先权。如果次路的车辆判断失误抢行进入交叉口或主路,主路行驶的车辆即使没有刹车并造成交通事故,法官也会判主路的车辆无责、次路的车辆全责。而在中国,遇到相同的情况,主路的车辆即使及时地进行了刹车操作,也常常会交警被判定承担次要责任——过路口疏于观察(图7-4、图7-5)。加之中国的很多无信控交叉口并没有安放"停车让行标志"或"减速让行标志",造成主路车辆在接近交叉口时常常"自觉"减速,遇到次路强行进入车辆时又不得不紧急刹车或变道避让。这不仅影响了交通效率,急刹车和紧急变道也易造成与后方或侧方

图7-4 在中国,抢行的右转车辆与直行车辆碰擦后,常常被称为"肇事双方",直行车辆也要承担次要责任甚至同等责任(一)

图片出处:http://news.xwh.cn/2015/0911/344752.html

车辆发生追尾碰擦(此时,诱发事故的次路车辆反而会因"无责"逃脱干系)。更重要的是,折中式的执法,导致路权界定不明晰,影响了道路交通的公正性和整体效率。

图 7-5 在中国,抢行的右转车辆与直行车辆碰擦后,常常被称为"肇事双方",直行车辆也要承担次要责任甚至同等责任(二)
图片出处:网络

3. 平级路相交时的路权分配

在北美,如果两条相交道路没有明确的主次之分,那么,另一种"全向停车让行标志(All Way Stop 或 4-Way Stop)"可以较好地明确通行权。例如,在 4 个方向都有"全向停车让行"标志的交叉口(图 7-6),如果有交通冲突的 2 辆车分先后到达,那么,先到达的车辆拥有优先通行权(可以在等候 3 s 后进入交叉口),后来者需在停车线后等待通行;如果有交通冲突的 2 辆车同时到达交叉口(或在前方车辆按顺序通过后,各自后方跟随排队的 2 辆车同时在停车线等待),则按照右侧优先的规则,左侧入口的车辆需让右侧入口的车辆先行;如果每个方向均有多辆车到达交叉口,则按照顺时针顺序"轮流"通行——每个方向每次放行 1 辆车。遇到不清楚规则或先后顺序的驾车人,对方车辆宁可鸣笛或招手给予提醒,也不会趁机抢行、破坏规则。

图 7-6 全向停车让行标志
图片出处:https://www.sammyboy.com/threads

在没有交通让行标志的交叉口(例如大型停车场内部)或道路的合流区(例如拥堵状态下高速公路匝道与主线的相交处),北美的另一种交通规则——轮流规则(In turn)或拉链式规则——极为流行。原理很简单,两列(甚至多列)有交通竞争关系的车辆,按照 A 队列先过一辆、B 队列接着过一辆,A 队列再过一辆……的顺序,轮流进入交叉口或继续前行。现实中,很少见到同一队列连续有 2 辆车进入交叉口的现象,基本都是按照规则礼让。这一规则看似简单,对驾车人的整体交通素质要求却不低。实际效果也不言而喻,不仅带来了极高的交通效率(交通冲突点井然有序,车辆碰擦与人际摩擦的风险均很低),而且避免了加速抢行和紧急刹车对车辆和车上人员的不良影响,相互礼让的态度也有利于社会和谐(图 7-7~图 7-11)。

图 7-7　欧美停车场内部主要依靠"轮流"规则解决交通冲突
图片出处:http://www.birminghammail.co.uk/whats-on/whats-on-news

图 7-8　"轮流"规则也被广泛用于道路合流区
图片出处:https://www.sabre-roads.org.uk/wiki

图 7-9　合流区互相争抢本身属于零和博弈,如果因此发生车辆碰擦,则对整体不利

图片出处:http://mynews.longhoo.net/forum.php? mod=viewthread&tid=572900

图 7-10　合流区互相争抢也会对相邻车道的车辆带来威胁

图片来源:南京路况直播间,新浪微博,2018.5.3.

图 7-11　上述合流区车辆争抢造成碰擦事故,形成了更严重的交通瓶颈

图片来源:南京路况直播间,新浪微博,2018.6.5.

其他的一些规则,诸如无交通标志的交叉口左转车、右转车让直行车,后到者让先来者,环岛外车辆让行环岛内车辆等,中国也有类似的规则。问题依然在于,不守规则的一方在事故发生后常常不用承担全责甚至主责,而遵守规则的一方往往会被判定"疏于观察"或"操作不当"而需要承担一定比例的责任。

4. 环岛

交通环岛,在欧洲和澳大利亚十分常见,在北美则较少见。中国大城市现存的环岛数量已不太多,原有的不少环岛已经被设置成信控环形交叉口甚至改造成平面交叉口(图7-12),原因主要在于环岛的交通秩序很差并导致通行能力有限。在这些信控环形交叉口中,处于环形车道上的车辆,通常需要按照信号灯的指挥,与驶入环路的车辆轮流通行。

图7-12 南京曾经的市民广场——鼓楼广场环岛,已被改造成信控环形交叉口

图片出处:http://boredwiki.com/beautiful-peacock-landscape-garden-in-nanjing-city-china

欧洲与澳大利亚的交通环岛(图7-13),通常规模较小且不设置信号灯,但有一条重要的行驶规则:准备驶入环岛的汽车必须给已经行驶在环岛内的车辆让行。与十字交叉口相比,(良好秩序下)环岛的优势在于较为安全。从交通工程的角度也可以解释:十字交叉口的"交通冲突点"高达56个,其中,车辆之间的冲突点为32个,车辆与行人的冲突点有24个;而交通环岛使得交通冲突点的数量大幅降低至16个,因此,相对于十字交叉口更为安全(图7-14)。

图 7-13　在欧洲和澳大利亚十分常见交通环岛
图片出处：http://aoxing.com.au/tips/

图 7-14　通过三个环岛来替代五路交叉口的设计
图片出处：https://imgur.com/gallery/rQVvnRr

7.1.2　机动车与慢行交通之间

1. 人行横道

很多国家都规定,行人在横穿道路时需要按照交通信号灯(包括行人信号灯)的指示,且需要使用人行横道线(除了在中国比较常见的"斑马线",仅由两条白色实线构成的人行横道线在欧美也很常见,如图 7-15、7-16 所示)。同时,也会要求机动车尽可能照顾行人的安全。然而,在具体的交通责任判断与法规执行方面存在差异。

常见的规则是:在交通信号灯允许行人过街时,机动车必须完全停止并给人行横道线上的行人让行;在有交通疏导人员的人行横道,当交通疏导人员向机动车举起"停止(Stop)"标识牌时,机动车也必须完全停止并给人行横道线上的行人让行;在没有交通信号灯和交通疏导人员的路口(通常会有"停车让行标志"),机动车也

图7-15 仅由两条白色实线构成的人行横道线在欧美也很常见

图片出处：www.ghoststudy.info/new-york-city-parking-rules-crosswalk.html

图7-16 斑马线配以特殊涂装甚至轻微隆起的路面，强化了行人拥有优先路权的讯息

图片出处：本书作者拍摄

必须完全停止并给人行横道线上的行人让行；而在其他场合，例如当交通疏导人员向行人举起"停止"标识牌时，欲横穿道路的行人则必须给机动车让行（图7-17）。当然，在一些没有交通信号灯或交通标志（例如"停车让行标志"）的道路，如小区内部道路、停车场内部道路，欧美的驾车人通常都会礼让行人（完全停车或明显减速，招手示意等）。但这并不意味着欧美的行人在车速较高的城市道路或公路上敢于面对快速驶来的机动车闯红灯横穿马路，并赌上安全去相信一定会得到驾车人的"礼让"。

中国的《道路交通安全法》（2003）有着类似的规定：第四十四条"机动车通过交叉路口，应当按照交通信号灯、交通标志、交通标线或者交通警察的指挥通过；通过没有交通信号灯、交通标志、交通标线或者交通警察指挥的交叉路口时，应当减速慢行，并让行人和优先通行的车辆先行。"第四十七条"机动车行经人行横道时，应

图7-17 放学时间,欧美小学周边道路的无信控人行横道通常会有专人手持"停止"标识牌阻拦过往车辆,护送学生和家长过街。需要注意的是,当车辆排队较长时,疏导人员也会向行人举起停止标志牌以暂时禁止行人过街
图片出处:https://www.sfmta.com/blog/kids-back-school-reminder-slow-down-when-driving

图7-18 东京涩谷,自觉等待信号灯过街的密集人流
图片出处:http://m.ctrip.com/html5/you/travels/youyouctripstar10000/1602776.html

当减速行驶;遇行人正在通过人行横道,应当停车让行。机动车行经没有交通信号的道路时,遇行人横过道路,应当避让。"第六十二条"行人通过路口或者横过道路,应当走人行横道或者过街设施;通过有交通信号灯的人行横道,应当按照交通信号灯指示通行;通过没有交通信号灯、人行横道的路口,或者在没有过街设施的路段横过道路,应当在确认安全后通过。"如图7-18所示。

现实中,有一些认识误区,例如,认为欧美的机动车无论何时都会"礼让"行人。实际上,"礼让"一词在法律上并不严谨。无论机动车还是行人,都必须按照法律规定享有或让出通行权(right-of-way)。在有交通信号灯的路口,行人如果擅闯红灯横穿道路,即使其行走于人行横道线之上,也属于违法行为而需要承担相应的法律责任。

另一个差异较大的地方在于对法律的理解和执行。中国的《道路交通安全法》第七十六条第二款规定:"机动车与非机动车驾驶人、行人之间发生交通事故,非机动车驾驶人、行人没有过错的,由机动车一方承担赔偿责任;有证据证明非机动车驾驶人、行人有过错的,根据过错程度适当减轻机动车一方的赔偿责任;机动车一方没有过错的,承担不超过百分之十的赔偿责任。"这就意味着,在发生机动车与行人(或非机动车)的交通事故,即使机动车一方被交警判定没有任何过错,通常也要承担10%的赔偿责任。而现实中,由于机动车一方通常购买了商业保险,交警常常会劝说机动车驾驶人多承担一些事故责任甚至自认全责。有的城市默许行人闯红灯横穿道路,导致驾车人不得不"礼让"闯红灯横穿道路的行人;有的城市,在车流量和人流量较大的交叉口,不去设置行人过街信号灯保护双方的合法权益,反而去要求机动车无条件地"礼让"行人(图7-19～图7-21)。

图7-19 这样的场景在中国城市并不罕见
图片出处:http://www.bbaqw.com/tk/171.htm#p＝8249735391233

图7-20 一些城市实际在默许行人闯红灯横穿道路
图片出处:http://news.sohu.com/20121026/n355725251.html

图 7-21　在车流量和人流量较大的交叉口,与其要求机动车无条件地"礼让"行人,不如设置行人过街信号灯保护双方的合法权益
图片出处:http://www.sohu.com/a/149934393_119208

2. 隔离栏

在道路上设置栏杆(隔离栏、护栏)是中国城市的普遍做法(图 7-22)。由于出行者的交通素质参差不齐,用栏杆阻挡行人随意穿越和车辆随意掉头及逆行,似乎已成为约定俗成的交通秩序管理措施。

从交通控制技术角度讲,栏杆是限制道路使用者行为的强势设施,在其他交通控制措施失效时使用。这种措施也存在一定的弊端,例如导致有过失的路人受伤、刺穿车体和驾乘人员、妨碍必要的应急避险操作,以及无法灵活调度行车道资源等(官阳,2018)。此外,栏杆也占用了道路横向空间,并给司机带来压迫感。从交通效率和安全的角度来看,在道路标线上加装隔离护栏,道路失去了容错功能,将车辆紧急避让或绕行的空间阻断,容易造成车撞护栏的交通事故,护栏弯折或倒下后又可能引发二次事故;同时,遇到交通事故、车辆故障或车辆违停时,后方车辆也难以借由对向车道绕开堵点,容易造成该方向更严重的交通拥堵。

图 7-22　中国城市典型的"严管街":设置五道栏杆以阻挡各种穿越
图片出处:官阳,2018.

如果栏杆主要是为了阻拦行人随意穿越马路,那么需要权衡在什么地点、多长距离内设置最合理。人的步行能力有限,选择走捷径是人的天性。阻挡行人的隔离措施,并不需要全线设置,而是应配合路侧其他设施和绿植等,结合马路对面行人过街吸引点的抵达距离,在路侧选点设置栏杆。换言之,只需要让阻拦的长度和方向科学合理,行人就会觉得,还是选择附近的人行过街设施更划算。通常情况下,重点关注的位置,是那些行人可能发生的行为会让司机措手不及的路段,例如在路口、公交车站、道路附近两侧。如果栏杆主要是为了防止车辆因操作失误而冲入,要针对车型、车速条件等设置有防撞等级的护栏,特别是高密度行人和与机动车容易出现严重冲突的地点。如果栏杆主要是为了阻止车辆掉头、逆行等,则需要考虑行车道的灵活调度、紧急处置时的行车道空间腾挪、中央隔离设施的应急打开、分车道预警和分车道单独开闭措施及诱导等问题(官阳,2018)。

7.1.3 公交专用道

巴士车道或巴士专用道(在中国称"公交专用道")1940年诞生于芝加哥。有设置在靠近路肩的路侧式和设置在道路中央的路中式两类。其作用是在限定时段(通常为早晚高峰时段,或者白天时段)内,禁行私人汽车,仅允许公交巴士(或其他车辆,不同的城市规则有区别)通行。如图7-23~7-26所示。

图7-23 香港的路侧式巴士专用道
图片出处:http://www.taodabai.com/40419291.html

伦敦的巴士专用道周一至周日的早7点到晚7点禁行私人小汽车,允许10座(含司机)以上的巴士行驶,也可通行出租车、摩托车(无挂斗)、助力车、滑板车、人力三轮车和自行车。

图 7-24　台北的路中式巴士专用道
图片出处：http://www.wikiwand.com/zh-cn

图 7-25　伦敦的巴士专用道也可通行出租车、摩托车和非机动车
图片出处：https://tfl.gov.uk/modes/driving/red-routes/rules-of-red-routes/bus-lanes

图 7-26　伦敦的巴士专用道也可通行出租车、摩托车和非机动车
图片出处：http://www.post852.com

公交专用道的实质,是赋予公交巴士在一定时段和空间内的专属通行权。在规划合理、管理有效的前提下,公交专用道可以提高公交巴士的行驶车速和行驶稳定性(减少急刹车),并节省进出站时间。不过,公交专用道的设置,对于公交巴士的发车频率,对车内和站台的乘客拥挤程度以及乘车秩序并没有太多帮助。因此,仅依靠公交专用道不足以实质性地提高公交服务水平。加之公交专用道要么来源于新增道路空间(需要额外的投资),要么取材于现有车道(需要挤占其他禁止驶入车辆的道路空间),因此,在设置时需要科学地计算和规划,辅以有效的管理,以免得不偿失(造成其他车辆的交通拥堵程度加剧,而公交巴士的服务水平并没有得到有效提升)。如图7-27、7-28所示。

图7-27 专用道上行驶的公交巴士数量过少,意味着有限的交通资源没有得到合理利用
图片出处:http://news.163.com/14/1207/03/ACR4MOE000014AED_mobile.html

图7-28 公交专用道与站台分设在道路两侧,车辆进出站问题会比较突出
图片出处:http://news.sohu.com/20140910/n404185083.html

7.2 道路设计与管理

发达国家的城市道路宽度一般较为适中甚至偏窄,宽马路的现象并不普遍。紧凑的用地布局与小尺度的道路往往相伴而生。小距离建筑后退,使得人们实际感受到的道路宽度也更小。较高的道路密度和适度的道路面积率,促成细密的城市肌理。尤其是以人性化的空间环境著称的城市,多为小尺度街区、细密路网的形态。这些城市的开发往往比较紧凑,建筑密度高,大体量的开敞空间少。中心城区的路网密度普遍在 10 km/km² 以上,路网的连通性好。

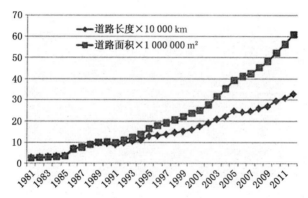

图 7-29 中国设市城市的道路面积与道路长度
图片出处:姜洋,王志高,2016.

过去 30 多年来,中国城市在努力增加道路供给的过程中,重视尺度而忽视密度,重视干路(高速路、快速路与主干路)忽视支路,导致道路尺度越来越膨胀,路网密度却未有显著提升,"宽马路、大路网"已成为许多中国城市的特色。如图 7-29 所示,20 世纪 80 年代,道路长度和面积都在相对缓慢增长。1991 年之后,道路的长度和道路的面积不断攀升。除个别年份之外,城市道路面积的增长速度均高于长度的增长速度。

7.2.1 快速路

1. 快速路的交通特征

高架道路/快速路由于相对封闭(除了地面交织区和进、出匝道外的路段部分几乎完全封闭),避免了慢行交通(行人、自行车)和树木等带来的横向干扰,同时,也避免了等候信号灯造成的时间延误。因此,在交通量较小时相对于其他城市道路具有较大的行车速度优势。中国城市的快速路(包含高架桥或隧道),常常以"中心城区—市郊放射线"加"中心城区环路"的形式存在。前者(尤其是在非高峰时段)大大提升了市郊车辆进出中心城区的行车速度,有助于城市建成区的扩张和市郊土地的开发升值;后者则避免了大量过境车辆进入主城区和市中心区域。

但是,在拥堵的高峰时段,快速路的优势未必明显。由于道路相对封闭、出口间距较大(例如,诸如北京市三环路、上海内环高架路和南京市龙蟠路快速路的平均出口间距均超过 1 km,而芝加哥 1～90/94 高速公路通往市中心的出口间距仅为 150 m)且部分路段缺少应急车道/紧急停车带,快速路一旦发生交通事故或车辆抛锚,后续车辆可能无法绕行,救援和执法车辆也难以到达,容易形成交通堵点。如果处置不及时,拥堵将迅速向上游蔓延,甚至造成全线交通瘫痪。即使未发生交通事故,在快速路交织区和进、出匝道处,由于高峰期车辆交织、并线困难,加之一些驾驶人的不当行为,也常常造成交通拥堵(图 7-30)。

图 7-30　高峰时段,一旦发生交通事故,快速路相比其他城市道路显得更为"脆弱"

图片出处:http://www.sohu.com/a/47031657_106413

据百度地图分析(图 7-31),中国北京、上海、杭州、重庆四个城市快速路比非快速路更拥堵,特别是北京和上海,快速路比非快速路拥堵指数分别高 11.0% 和 10.4%。

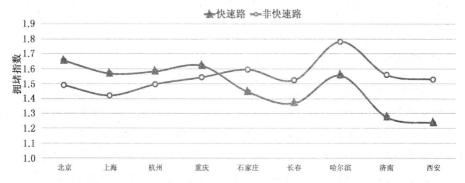

图 7-31　百度地图 2017 年第二季度典型城市分道路类型拥堵分析

图片出处:百度地图.2017 年第二季度中国城市研究报告.2017.8.1

2. 交织区的问题

快速路的交织区和进、出口匝道是日常容易发生交通拥堵和交通事故的区域。其中,既有道路设计方面的问题,也有车辆驾驶行为的影响。

以南京市双桥门立交为例(图7-32~图7-34),在立交南侧(卡子门立交至双桥门立交段)主线的由南向北方向,有一段近300 m长的交织区,这里汇集了两个来车方向(计3+3=6条上游车道)和3个下游方向(计2+2+1=5条下游车道)。在设计方面存在问题,不仅上、下游车道总数不匹配(下游少1条),而且高峰期车辆无序交织,争抢、挤靠、加塞等问题非常严重,形成了常态性的交通瓶颈。如果再发生车辆碰擦、追尾等交通事故甚至车辆违章停车(尤其是停车在导流线区域)等行为,交通拥堵程度更是直线上升。

图7-32　南京市双桥门立交南侧交织区
图片出处:Google地图。箭头由本书作者绘制

图7-33　南京市双桥门立交的日常(交织区下游):
车辆挤成4~5列争抢2条出口车道
图片来源:南京路况直播间,新浪微博,2017.12.20.

快速路的另一问题是上下游路段通行能力不匹配。以南京市应天大街高架东向西方向(近南京晨光集团段)为例(图7-35、7-36),上游(单向)为主线2车道、匝道3车道布置,经过近180 m长的交织区后,5条车道汇集而来的庞大车辆只能通过下游3条车道继续前行,交通秩序混乱的可想而知。若遇到下游路段车多缓行,排队车辆会导致此处的交织长度进一步缩短,交通环境难免进一步恶化。可见,道路设计存在的问题,导致了快速路交通瓶颈的出现。

图 7-34　南京市双桥门立交的日常（交织区上游）
图片出处：http://news.house365.com/gbk/njestate/system/2010/12/07/010215985.shtml

图 7-35　南京市应天大街高架的上下游车道数并不匹配
图片出处：Google 地图。箭头由本书作者绘制

图 7-36　南京市应天大街高架上下游车道的通行能力并不匹配
图片来源：南京路况直播间,新浪微博,2017.12.5。

3. 设计改进

为了避免在短距离内出现大量车辆的交织行为,常见的设计是拉长进、出口匝道的间距,以便车辆有充足的时间和车头间距进行变道。不过,由于交通领域奇特的非线性动态变化特征,当交通量增加一倍时,为保证车辆运行顺畅,交织区的程度可能需要增加两倍。

第二种选择是,先设置(主线)出口匝道,再设置入口匝道,即"先出再入",该模式在美国的高速公路得到了广泛运用(图 7-37);而非中国城市目前较多的"先入再出"或"同时进出"模式。原理不难理解:"先入再出"或"同时进出",会导致大量进出方向车辆在快速路主线的相互交织,严重影响行车速度(相当于把主线较快的车流一下拉低到交织所需的慢速)并造成交通堵点;而"先出再入",交织点就被移植快速路辅道,在那里,车流的速度本身就较低,相互交织的影响相对较小;而且,辅道可以设置信号灯减少过激的冲突,这在快速路主线是行不通的。

另一种思路是,将进、出口匝道安放在主线车道的左、右两侧,从而将上、下行车辆的相互交织行为变为单方向的变道交织行为。芝加哥市中心(Downtown)与 1~90/94 高速公路的衔接,通过的是非常密集(上下游匝道的间距仅为 150 m)且左右分离的进、出口匝道(图 7-38)。

图 7-37 美国的高速公路普遍采用先出(黄箭头)后进(红箭头)的匝道布局

图片出处:1~290 高速公路芝加哥西郊路段,Google Earth 截图

图 7-38 1~90/94 高速在芝加哥近 Downtown 密集且左右分离的进(红)、出(黄)口匝道

图片出处:Google Earth 截图

4. 管理改进

除了对快速路的硬件设施进行改造（由于涉及土地、资金和施工期的交通问题，通常难度极大），管理方面的改进似乎更为可行。

其中的一种手段是运用"匝道信号灯"（Ramp Meter）控制上游路段进入交织区的车流量（图 7-39、图 7-40）。这是一种在信号控制器（根据实时交通状况控制进口车流量）的控制下使用的简单交通灯（通常只有红灯和绿灯，没有黄灯）。其原理是：通过红灯相位限制上游车道的进入交织区的车流量，并让继续到来的车辆在上游车道排队，从而将主线和交织区的车流量控制在临界密度以内，从而将交织区的车头间距和并线行为控制在合理的范围。简言之，"匝道信号灯"的目的是将上游车道相对畅通而交织区混乱的现状，更改为增加上游车道的车辆排队，以换取交织区的有序和畅通，实现大多数车辆更快的通行速度。

图 7-39　每条车道均有信号灯指挥，每次绿灯亮起，仅放行一辆车（一）

图片出处：https://commons.wikimedia.org/wiki

图 7-40　每条车道均有信号灯指挥，每次绿灯亮起，仅放行一辆车（二）

图片出处：https://www.youtube.com/watch？v=jaMC1kSH9bU

另一种交通组织手段是推行前述的"轮流"规则或"拉链式"规则（图 7-41）。在"丛林法则"下，当交织车辆较多时，不择手段地并线的车辆也会增多，最终会导致右侧车道崩溃；这会殃及另一条车道，因为很多驾车人会早早地向左并道（以避开凶险的右侧车道);接着,右侧第二条车道上的驾车人又会试图并入旁边的内侧车道,于是整个路段都崩溃了(图7-42)。而在"轮流"规则下,让快速路合流区有竞争的相邻车道的两列车辆在某一位置(可通过道路标志牌和标线标出)排队,每列队伍每次放行一辆车、轮流通行;同时,依靠高清视频监控或交警现场指挥等手段,杜绝加塞行为。这样,虽然未必能显著合流区的通行能力,但可以极大地降低车辆碰擦的风险,以及随之而来的更严重的拥堵,并有助于缓解驾驶人心中对于"不公平"的不满情绪。

图7-41　秩序井然的拉链式合流
图片出处:http://gdsz.wenming.cn/wmyw/201510/t20151021_2063620.htm

图7-42　按照自由竞争的"丛林法则",车辆通行效率不一定低,但容易产生车辆碰擦和驾驶人之间的冲突,并带来更严重的次生危害
图片出处:http://fz.fjsen.com/2016-03/23/content_17536568_all.htm

当然,还有一种原始但有效的做法——派遣管理执法人员在现场执勤。只是,这样需要占用大量人力资源,且存在安全风险。

7.2.2　主、次干路

城市主、次干路的交通问题远比快速路复杂,不良驾驶行为、道路设计、甚至道路绿化,均会影响交通流的正常运行并造成拥堵的加剧。

1. 交叉口

很多城市主、次干路交叉口固然存在入口直行车道与出口道数量不匹配(入口直行车道数量大于出口车道数量)、线形不对齐等规划设计问题,但对于驾车人来说,借道抢行、加塞、蜗行、起步迟疑、跟车距离过远等不良驾驶行为的危害更大(图

7-43)。需要运用先进技术手段,加强管理、教育、培训和处罚。

图 7-43　加塞不仅有违公平,也容易阻碍相邻车道车辆通行
图片出处:http://news.xinhuanet.com/auto/2015-05/06/c_127769549.htm

2. 单位出入口

城市主干道通常不允许车辆在路段上左转或掉头。然而,考虑到中国城市用地布局的实际,有不少单位的出入口从若干年前至今一直面向城市主干道,并且很难改变(周围并没有相邻的次干路或支路)。同时,由于街区尺度较大,让进出单位的车辆通过绕行来实施"右进右出"式管理不太现实。因此,目前常常运行机动车在单位出入口左转进入或驶离,简单的处理是在道路中央标画虚线,也有在单位门前区域标画"禁停网格线"的做法。

"禁停网格线",通常为填充黄色网状线的黄色方框,用以告示驾驶人禁止在网格线区域内停车(临时停车亦不允许)。其作用在于,当路段交通拥堵出现车辆排队时,排队车辆不会占据"禁停网格线"区域,从而便于单位车辆经由"禁停网格线"进出(图7-44)。

问题在于,试图左转驶离的车辆,即使通过单位门前的"禁停网格线"顺利进入主路,但由于对向车道车流连续,未必能及时进入对向车道(或者仅部分车身进入对向车道,但无法完成完整的转向动作),从而造成所在方向的车流被该车辆拦腰截断,造成交通拥堵。

至于在路段的其他位置强行掉头的行为,更是容易截断单向甚至双向交通流(图 7-45、图 7-46),造成暂时性的交通拥堵。如果造成的拥堵排队延伸至上游交叉口,而后续车辆"闯绿灯",就可能出现整个交叉口车辆通行不畅的恶劣影响。实际上,在不少路段前方的交叉口就有掉头车道,驾驶人也可选择绕行以避免在车流密集的路段强行掉头或左转。遗憾的是,一些驾驶人没有"不给别人添麻烦"的素养,为了自己的私利,不惜严重影响他人。

第 7 章　城市道路基础设施

图 7-44　单位出入口外的"禁停网格线"
图片出处：http://www.sohu.com/a/162620396_757326

图 7-45　车流较密集时，跨越道路中线的强行左转
或调头，容易截断单向甚至双向交通流
图片出处：本书作者拍摄

图 7-46　车流较密集时，跨越道路中线的强行左转或调头，
容易截断单向甚至双向交通流
图片出处：http://news.163.com/13/0717/10/93VS21CF00014Q4P.html

181

对于车辆左转进出单位或建筑的问题,国外的应对方法,除了简单地在道路中央标画虚线(车流量较小的路段),还有设置左转等待区甚至中央左转车道的做法(图4-47、图4-48)。其目的均是让试图左转或掉头(但未必能立即实现意图)的车辆,在左转等待区或中央左转车道内停车等待,从而消除或减少左转车辆对本方向和对向车辆的干扰和阻碍。

图7-47　路段上的左转等待区可有较好地缓解左转车对主线车流的影响
图片出处:https://www.archdaily.com/category/urban-design

图7-48　中央左转车道(Center left turn lane)
图片出处:http://www.liumeidang.com/data/book/common/life/transportation/2013/0702/45.html

3. 学校和医院门前道路

近年来,中心城区学校和医院门前的交通问题日益突出。两者的共同点是常出现大量干路占道停车的现象。以学校门前交通为例,由于部分家庭住址距离学校较远,加之步行交通环境不佳,很多家长选择开车或骑车接送孩子。而大部分学校并没有设置家长接送车的停车空间。由此带来学校门前的占道、违停问题,对主线交通流和安全的影响不容小觑(图7-49、图7-50)。短期内,这一问题无法得到根治。当然,有条件的学校可以适当开放部分校内空间,供接送孩子的家长等候;有条件的路段,可以(临时)开辟或划分车道供家长临时停车。同时,应加强管理,杜绝停车时间过长、占道(占据接送停车车道以外的其他车道)停车等不良行为。没有上述条件的学校,可以尝试在学校附近适合临时停车的区域安排接送车停车,再由教师统一带领孩子进出学校。或许在不久的将来,随着部分优质教育资源向城市郊区转移,更多的学校能够设置家长接送车停车场或停车车道(图7-51)。

图 7-49　学校门前的占道、违停问题,对主线交通流和安全的影响不容小觑

图片出处:https://w.dzwww.com/p/343610.html?cid=17

图 7-50　交警和辅警通常对接送学生的车辆比较宽容

图片出处:http://hb.sina.com.cn/news/sh/2012-09-02/090015140.html

4. 上下游路段通行能力不匹配

为了增加路段或交叉口的通行能力,交通设计与管理者有时会尽可能地增加(部分)路段的机动车道数或交叉口进口车道数。然而,由于绿化、路边建筑、单位进出口或公交专用道的影响,下游路段或交叉口出口道的小汽车机动车道数没有跟上或被减少(例如,突然将一条机动车道设置成了公交专用道)。从而导致上游车道数大于下游车道数的情形,于是,在高峰时段形成了"人为的"交通瓶颈(图7-52)。

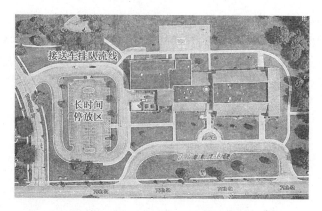

图 7-51　芝加哥市郊的中小学设有外来车停车场（长时停车）
和接送排队流线（临时停车）

图片出处：谷歌地图截图，本书作者添加线条与文字说明

图 7-52　南京市龙蟠中路与北京东路交叉口由南向西方向
有 3 条左转入口车道，但出口车道仅有 2 条，导致高峰时段
的黄灯时间常常不足以清空交叉口内剩余的左转车辆

图片出处：百度地图全景截图

另一种情况，是上下游车道数虽然一致，但通行能力相差较大。于是，通行能力较低的路段变成了瓶颈。例如，某一路段（由于非机动车道、人行道较窄，被违停车辆占据或其他原因）非机动车或行人常常进入机动车道通行，则会极大地影响外侧车道的通行能力，在机动车流量较大时则会影响整个路段的通行能力。原因是干路上机动车与非机动车和行人的速度差异较大，较小的"扰动"也会造成机动车流的剧烈波动（图 7-53）。

5. 城市道路绿化的影响

城市道路绿化是指在道路两旁及分隔带内栽植的树木、花草以及护路林等以达到隔绝噪音、净化空气、美化环境的目的。其中，景观植物有时也被赋予了更重要的含义，被认为是城市景观与风貌的重要标志，是城市历史文化延续变迁的见证和载体（例如南京的法国梧桐）。

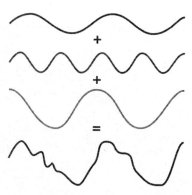

图 7-53　几个规律的波形叠加起来也会变成不规律的波形,与之类似,不同交通工具混行的结果,常常是杂乱无章的交通流

图片出处:http://tengcon.com/bbs/forum.php?mod=viewthread&tid=51115&extra=page%3D1

从城市交通的视角,城市道路绿化具有一定的功能性:路侧与机非分隔带的绿化可以较有效地阻止行人特别是非机动车翻越横穿机动车道;中央分隔带的绿化能够阻挡两侧对向行驶车辆的车灯,防止眩光干扰(这在车辆喜好开远光灯的中国城市尤其重要);优美协调的绿化亦有助于缓解交通出行者的精神疲劳,有助于引导视线和改善心情。

不过,若设置不当,城市道路绿化也会占用有限的道路空间,影响交通效率。例如,一些行道树的树干较粗,而与地面交界处砌有树坛,尺寸一般不小于 1 m×1 m,边缘有砌高,进一步压缩了人行道的空间。而连续不断的行道树绿带,边缘砌高 0.3~0.4 m,对步行空间的影响更大。实际上,在人行道狭窄而人流量较大的地方,应该布设行道树透空盖板。此外,道路绿化的如果延伸至人行道的上方,也会影响行人的可用空间(图 7-54~图 7-56)。

图 7-54　行道树坛占据了人行道的大半路幅
图片出处:http://epaper.gywb.cn/gywb/html/2016-08/24/content_482011.htm.

图 7-55　行道树绿带占据了人行道的大半路幅
图片出处：http://www.huitu.com/photo/show/20150801/171641452200.html

图 7-56　绿化植物斜伸至人行道上方，进一步挤压了并不宽敞的步行空间
图片出处：本书作者拍摄

绿化带过高过密、行道树树冠过低，也会影响甚至阻碍交通参与者（驾车人、骑车人、行人等）的视线（图7-57、图7-58）。降低了交通流速度，甚至带来交通安全隐患。

图 7-57　绿化带过高容易阻挡驾车人与行人的视线
图片出处：http://news.yuanlin.com/dater/detail-26783.htm

图 7-58　路口的绿化带过高容易阻挡驾车人与行人的视线

图片出处：http://www.zsnews.cn/epaper/zsrb/ShowIndex.asp?paper-date=20130815&part=11&article=2

7.2.3　支路

1. "乱停车"问题

支路密度不足以及支路直接连接主干路时存在的交通问题在中国大城市普遍存在。即使是近年新建的市郊住宅小区，也普遍存在支路密度较低的现象。支路不足就像人体只有强壮的主动脉而没有完善的毛细血管，无法将血液输送到人体的各个角落并使得全身得到滋养。

就支路本身的通行能力来说，在占道经营问题得到了良好治理后，大城市支路（以及单位和小区内部道路）交通普遍存在的问题是"乱停车"影响通行效率（图7-59）。一些驾车人和骑车人的逻辑似乎是，停车只要不彻底堵死道路就没问题。于是，无论路内是否划有停车泊位，只要道路两侧有"空位"，就会被停上车（除非管理和处罚非常严格）；更严重的是，当这些"空位"停满后，仍会有车辆试图停在已停放车辆内侧的机动车道上；甚至，为了免交停车费，在路内停车泊位空闲的情况下，也会有车辆停在泊位内侧的机动车道上。

车辆违章停下后，有的驾车人会留在车上等待（以便在执法管理人员来处罚时及时驶离），有的驾车人会离开并留下联系方式（例如停车电话牌）以便他人联系挪车，行为最恶劣的是不留下任何信息直接离开者。但无论何种方式，违停车辆均对支路的通行能力造成了极大影响。

即使两侧的车辆均停放在正规的路内停车泊位中，也会阻挡行经车辆司机的视线。因此，经过的车辆也会适当放缓车速，以防道路两边突然有行人（尤其是小孩）或动物（例如宠物狗）进入机动车道。如果有车辆违章停在机动车道上，行经的机动车与非机动车则不得不减速并借助对向车道绕开占道停放的车辆，当对面有来车时，甚至必须暂时停车等待对方通过后再借道前行。随着双向车流量的增加，这些操作会变得愈发困难，极易造成交通阻塞。此外，车辆在路内停车泊位倒车的过程(尤其是碰到倒车车技不佳的司机时),也具有类似的交通影响。支路"乱停车"的另一影响,是干扰了公共交通的运行甚至线路的布设(图7-60)。以南京市为例,由于支路行车困难,公交公司不得将多条运行于支路的公交线路(例如304路)改线至主、次干路。不仅加大了公交线路重复系数,也增加了居民的步行距离。

图7-59 "乱停车"一直是支路普遍存在的问题
图片出处:本书作者拍摄

图7-60 "乱停车"干扰了公交巴士的运行甚至线路的布设
图片出处:http://www.taihainet.com/news/fujian/szjj/2015-02-01/1365537.html

更深层次的问题是,以服务功能为主的支路,究竟在多大程度上服务于过往的车辆,受当地居民意愿的影响较大。例如,支路是否允许路内停车?人行道和后退区是否允许停车?并不完全受城市交通管理部门的约束。于是,我们常常看到在管理部门划定的停车泊位之外,也违规停放了大量车辆,而似乎很少受到严格的管理。换言之,支路的通行能力和停车服务能力,不仅仅是账面上的道路长度和宽度那么简单,当地居民的行为影响甚至决定着支路的功能与通行能力。

2. 车辆掉头问题

支路存在另一个交通问题是掉头车辆对来往车流的干扰。由于支路的路幅较窄,加之路侧常常停放有车辆,车辆掉头的空间较小,驾车人通常需要前后腾挪多次才能顺利完成掉头操作。遇到车技不佳的司机时更是如此,对双向车流的通行产生了临时的阻断。即使会影响很多人,依然有大量的司机我行我素,在支路寻机甚至强行掉头而不愿前进绕行。有时,掉头行为太过普遍,严重影响交通秩序,以至于交管部门不得不在支路的设置中央隔离栏以避免这种行为。当然,中央隔离栏的存在,对车辆和行人的通行效率以及交通安全(收窄的车道增加了机非冲突的风险)也存在相当大的影响,只能说是两害相权取其轻的无奈之举(图7-61)。

图7-61　支路上设置中央隔离栏实属两害相权取其轻的无奈之举
图片出处:本书作者拍摄

第8章 城市停车设施

本章对比分析了中外城市路内停车泊位、公共停车场和专用停车场在管理模式、运营机制、服务分工等方面的经济技术差异，提出诸多停车问题的根源在于城市用地的管制以及停车收费费率与市场价格的脱节；指出中国大城市停车供给的特色在于，大型单位的专用停车场较好地解决了工作停车问题，住宅小区停车场和众多街巷也提供了大量廉价甚至免费的停车空间，这也极大地促进了中心城区小汽车交通的发展。

城市里同时在路上行驶的车辆数远远低于城市的车辆保有量。例如北京，最多的时候也只有25%的车辆同时上路，而数量显得最庞大的私家车，一天中超过90%的时间处在停车状态(郭继孚，2017)，由此可见停车设施的重要性。

城市停车设施可分为"路内停车泊位""公共停车场(位)""专用停车场(位)"。路内停车泊位指利用道路一侧或两侧设置的机动车停车泊位。公共停车场是指为社会车辆提供停放服务的停车场所——露天停车场、停车库或停车楼。专用停车场指仅供本单位内部车辆停放的停车场所。其他一些概念，诸如"配建停车场""居住小区停车场""单位大院停车场""立交桥下停车场""驻车换乘停车场"，只是从空间位置或建设主体的角度看待停车场，并没有超出前三类的范畴。例如，一些写字楼的地下"配建停车场"，部分车位供业主使用(这些车位属于专用停车位)，而另一部分对外收费开放(这些车位属于公共停车位)；"居住小区停车场"和"单位大院停车场"大部分的车位属于专用停车位，仅供业主、单位职工和访客车辆停放使用；"驻车换乘停车场"属于"公共停车场"。

8.1 路内停车泊位

8.1.1 中国的管理模式

1. 管理体制

路内停车泊位之所以成为单独的分类，原因在于其泊位设置的空间位于城市

(市)道路红线内,属于城市道路交通资源。按照中国的《城市道路管理条例》(2017),省、自治区人民政府城市建设行政主管部门主管本行政区域内的城市道路管理工作,县级以上城市人民政府市政工程行政主管部门主管本行政区域内的城市道路管理工作。然而,在现实中,中国城市道路两侧停车空间的实际管理者/使用者较为复杂。

以北京市为例,2014年开始实施的《北京市机动车停车管理办法》明确了多个职能部门的分工:交通委管理经营性停车场,公安交管部门管理和执法路内停车场,城管部门管理一些路外停车场,规划部门管理配建停车规划,发改委管理停车场的收费标准(表8-1)。

表8-1　北京市路内停车泊位收费标准

路内停车泊位		一类地区		二类地区		三类地区	
		小型车	大型车	小型车	大型车	小型车	大型车
白天 (7:00～21:00)	首小时内 (元/15 min)	2.5	5	1.5	3	0.5	1
	首小时后 (元/15 min)	3.75	7.5	2.25	4.5	0.75	1.5
夜间[21:00(不含)～次日 7:00] (元/2 h)		1	2	1	2	1	2

数据来源:《关于本市停车收费管理有关问题的通知》(京发改〔2015〕2688号)

2. 运营机制

对于路内停车泊位,中国很多大城市均施行了市场化运营:公安交管部门在城市道路上施划1个月至12个月期限不等的临时停车泊位,拟经营路内停车泊位的公司,通过政府招标获得经营授权。

实际上,很多路内停车泊位的管理并非由获得政府授权的公司经营,而是被这些公司以外包的方式(承包者每月向公司上交一定数额的承包费)转给了个人经营。收费方式大多采用人工收费,由收费管理员(停车经营者)向车主收取停车费用,扣除上交的承包费后,剩余的收益则归收费管理员所有(图8-1)。为获得更多收益并减少管理成本(收费管理员很难做到一天24 h一直在场),收费管理员未必会采用官方的停车收费标准,而会为全日、全月或全年停车的车主提供费用折扣,以吸引更多更稳定的顾客;甚至在停车需求不足时给予短时间停车的车主相当的折扣(通常不出具停车票据),以减少泊位空置率并私自获利。此外,受利益驱使,收费管理员会隐瞒实际的停车数据,包括停车供应量、占有率和周转率等,使管理部门难以掌握真实的区域道路停车需求,难以制定有效的停车政策和收费标准。

图 8-1　路内停车泊位通常由收费管理员负责经营
图片出处：http://www.sohu.com/a/160062992_99932403

　　同时，公安交管部门虽然是路内停车泊位的划分者，但他们并不负责停车运营的监管。因此，交警（负责路内）和城市管理综合执法局（负责路外）未必有足够的意愿或兴趣增加泊位数量或强化路边停车管理（ITDP 中国，2015）。现实中，部分未设置路内停车泊位的道路存在大量违章停车、违法收费行为，一些收费管理人员私自划设停车泊位（致使实际车位数远大于备案车位数），一些停车收费管理员向道路一侧的合法停车以及另一侧的违章占道停车车主收取同等的停车费，甚至出现社会人员"冒充"停车收费管理员对违章占道停车车主收取费用。此外，部分路内停车泊位实际上变成了附近单位、商家甚至居民的专用停车位，其占用的方式也是"八仙过海、各显神通"（图 8-2 至图 8-4）。

图 8-2　路内停车空间附近的单位、商家甚至居民，
常常是"近水楼台"（一）
图片出处：http://news.163.com/15/0702/15/ATHE2OP400014AED.html

图 8-3 路内停车空间附近的单位、商家甚至居民,常常是"近水楼台"(二)

图片出处:http://news.163.com/15/0702/15/ATHE2OP400014AED.html

图 8-4 路内停车空间附近的单位、商家甚至居民,常常是"近水楼台"(三)

图片出处:http://news.hexun.com/2012-09-17/145920631.html

简言之,中国大城市路内停车泊位的供给和管理相对比较粗放,不同的部门、街道和社区根据自身利益进行责权取舍,难以从整体上提高路内停车空间这一城市道路交通资源的使用效率。对于已经依法设置的路内停车泊位,以收费管理员为终端的收费系统,基本是按照市场供需关系进行运营和管理(未必依据管理部门制定和公开的收费标准),有助于提高路内停车空间的经济收益。

然而,这种以收益最大化为目的的路内停车泊位运营模式,对于城市整体的交通效率,却有着一定的负面影响:收益最大化的目标追求的往往是尽可能低的泊位空置率以及停车人愿意支付的最高价格,这就导致收费管理员常常愿意以低于官方收费标准的价格将路内泊位提供给停车时间较长的车辆,而(即使愿意以官方收费标准交费的)有短时间停车需求的驾驶人却很难觅得空闲的路内泊位,随之带来了更多的绕行交通量(寻觅周边的空闲车位或路外停车场)和更多的违停行为,恶化了城市交通环境。

另外,由于大量车辆选择在路内停车泊位之外的道路空间(违规)停放或排队,中国大城市很多道路的外侧车道也肩负着临时停车场和排队等待区的作用。这些违规停放或排队的车辆对过往交通产生了较为严重的负面影响。

8.1.2 欧美的管理模式

欧美城市的路内停车泊位供给模式具有两个特点:一是在有条件的路段尽量增加停车泊位(本地居民和商户不会愿意牺牲临街停车位来拓宽行车道,因为这只是方便了过境的小汽车,对本地而言没有什么好处),但不鼓励长时间停车,二是进行精细的泊位设置和管理。

1. 计费模式

欧美城市的路内停车泊位一般通过"咪表"(parking meter)或自助缴费机缴费。一台咪表通常负责一个泊位,旧款机械式咪表只接受硬币,新款电子式咪表兼容硬币、信用卡、手机扫码等付费方式,均能比较直观地显示剩余停车时间(供巡逻人员抽查)(图 8-5)。自助缴费机可以负责一个路段多个泊位的收费,驾车人交费后须把缴费机打印出的小票放在前挡风玻璃内的仪表台上(供巡查人员查验)(图 8-6)。"咪表"与自助缴费机的共同点在于其均是机器设备,按照公开的制度与标准收费,杜绝了人工收费存在的乱收费、暗中打折等问题,有助于实现路内停车泊位供给的真实意图。

图 8-5 "咪表"放置在每个路内停车泊位旁
图片出处:http://www.sohu.com/a/163810626_447292

图 8-6 自助缴费机则负责一个路段(单侧)的路内停车收费
图片出处：http://www.nitishitp.com/physical-computing-1

更重要的是，欧美大城市的路内停车泊位在收费时段内(部分泊位在夜间或周末的某些时段不收费)设置有"最长停车时间"(通常为 2 h，也有 1 h、3 h 等其他时限)。如停车时长超过 2 h，有的城市要求驾车人重新缴费(续费)，有的城市则要求驾车人驶离，否则很有可能遭到重罚(几十甚至数百美金)。一些免费的路内停车泊位则设置了更短的最长停车时间(例如 45 min 甚至 30 min)，超过时间必须驶离。这些均有助于提高路内停车泊位的周转率，维持路内停车泊位一定的空置率，并将需要长时间停车的驾车人引导至路外停车场。

2. 路内停车与路外停车的分工

需要说明的是，上述制度设计非常重要。通过"最长停车时间"规则和严格地按时间(通常以 15 min 为计费周期)线性计费，路内停车泊位与(可长时间停车、费率按时间递减的)路外停车场的职能进行了有效地分工：路内停车泊位主要面向短时间停车服务，路外停车场主要面向较长时间的停车服务。

这在交通资源的使用上符合效率原则：路内停车较为简便省时，短时间停车者如果再耗费较长的时间将车辆驶入路外停车场(尤其是坡道陡、弯道急、空间拥挤的停车场，以及车位窄小的机械式立体停车位，对于驾驶人的精力和驾车技术都是不小的考验)，停车乃至步行的效率较低，容易造成车辆绕行(寻找空车位，甚至故意游弋耗去时间)甚至违停；长时间停车者进出路外停车场的耗时占整体停车时间的比重较小，通常也不至于长时间绕行或违停。路内停车泊位通过"最长停车时间"有效地阻止了贪图方便的长时间停车者(如附近办公的员工)，即使可以 2 min 续费一次，也较直接把车驶入路外停车场麻烦，从收费上看，长时间停在路内停车泊位可能比停在路外停车场更加昂贵。

例如，芝加哥拥有约 36 000 个路内停车泊位，收费标准为 6.5 美元/min(核心区)、4 美元/min(中心城区)和 2 美元/min(其他城区)；路外停车场的收费费率根据位置有所区别。以中心城区的某路外停车场为例，小型车 8 min 内的停车费用均高于路内停车泊位。但不少路外停车场设有"早鸟"优惠(Early Bird Special),例如,上午 9 点前进场(下午 7 点前离开)可以拿到以不到 20 美元停放整个白天的优惠价格(但停车位的位置通常不会太好);如果包月停车可能更加经济。如果算上早鸟优惠,该路外停车场停放 5 h 以上,停车费将低于路内停车泊位,因而对于在附近工作的驾车人更具吸引力(如图 8-7)。

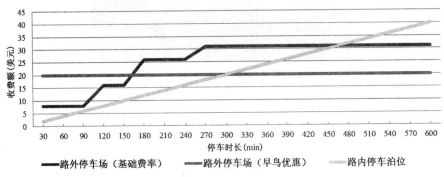

图 8-7　芝加哥中心城区路外停车场与路内停车泊位的费率对比
图片出处:本书作者绘制

3. 泊位设置

在路内停车泊位的设置方面,欧美大城市的规划和管理非常细致。不仅根据交通状况决定每一段道路的路边是否开辟停车泊位,而且在路边的交通告示牌上详细标明了每一路段各种车型(例如是否是拥有特殊牌证的工作车)以及车主身份(例如是否是拥有特殊单证的周边住户)允许停车的时间段、各个时间段允许停车的最长时间、节假日或重大活动日的特殊规定等等,规定得非常细致(图 8-8)。每一段道路(路侧)均有公开、清晰的停车规则提示,以便驾车人获悉,这也有助于公众对停车情况进行监督举报。违章停车的车辆会受到高额罚款和拖车处罚(图 8-9)。

图 8-8　有些路边停车指示牌信息量过大,令人眼花缭乱,影响行车安全
图片出处:http://ifuckinghatehousework.com/find-freecheap-parking-anywhere-with-these-9-tips/

图 8-9　违停车辆如果严重阻碍交通,会很快被拖走
图片出处:http://triphoney.com/2014/car-gets-towed-new-york-city

8.2　公共停车场

1. 中国的管理模式

从城市空间资源利用的角度,不同位置的停车空间、同一位置不同时间段的停车空间,其经济价值是不一样的。而中国大城市公共停车场的规划、布局和设置,通常由城市规划部门负责,在"城市停车专项规划"中进行表述。其中,公共停车位的主要来源——建筑物配建停车场(中的公共停车空间)的规划与审批,也由城市规划部门负责。同时,公共停车场的费率制定较为粗放,通常是将城市划分为几类(大多是三类)区域,每个区域内按照统一的费率进行收费,常常因为不符合市场规律而出现有的停车场车满为患、排队进场(图 8-10),有的停车场车辆寥寥、经营惨淡(图 8-11)。

图 8-10　热门停车场常常出现排长队等候入场的现象
图片出处:http://news.163.com/15/1003/05/B4VREOOA00014AED.html

图 8-11　一些冷门停车场空置率较高
图片出处:http://news.hljtv.com/2014/0528/579111.html

以北京市为例,实际上,北京曾尝试过放开公共停车场定价。2001 年,原北

京市物价局和北京市市政管理委员会宣布,北京光华长安大厦等10家大型公共建筑配建停车场执行市场调节价,即自主定价。随后又有中粮广场和国际俱乐部饭店2家进入停车场自主定价的行列。执行市场调节价后,国贸中心、中粮广场等将价格都定为每小时10元,成为北京当时收费最高的停车场。不过,2010年4月,北京将这些试行市场调节价的配建停车场恢复为统一政府定价管理,执行全市统一标准(表8-2),路外露天停车场每小时收费8元,非露天停车场每小时收费仅有6元(一天内停满几个小时后通常会有封顶价),远远低于路内停车泊位的10~15元/小时;露天公共停车场包月仅需150元/月,折合每天仅需5元。

表8-2 北京市公共停车场收费标准

最高停车收费			停车费用标准					
			白天(7:00~21:00)				夜间(21:00~7:00)	
			路内		路外		露天	非露天
			首小时内(元/15分钟)	首小时后(元/15分钟)	露天(元/15分钟)	非露天(元/15分钟)	(元/2小时)	(元/半小时)
非居住区	公共停车场临时停放	一类地区	2.5	3.75	2	1.5	1	2.5
		二类地区	1.5	2.25	1.25	1.25		
		三类地区	0.5	0.75	0.5	0.5		
	露天公共停车场长期停放		不高于150元/月,1 600元/年					
	公共建筑配建停车库长期停放		市场调节价格					
	驻车换乘(P+R)停车场		2元/次					
	独立经营的停车库		市场价格					
居住区	露天停车场临时停放		1元/2小时					
	露天停车场长期停放		不高于150元/月,1 600元/年					
	配建地下停车库临时停放		不高于1元/半小时					
	配建地下停车库、停车楼和立体停车设施长期停放		市场调节价					

数据来源:《关于本市停车收费管理有关问题的通知》(京发改〔2015〕2688号)。

对于不少驾车人来说,一些路外的公共停车场虽然收费相对于路内停车泊位来说并不高,但缺陷也很明显:坡道陡,转弯急,车道窄,步行距离长,上下行电梯拥挤,机械车位倒车困难,取车时间长,等等。而且,一些表面上费率更高的路内停车泊位,可以通过与停车收费管理员的讨价还价和私下交易,以较低的价格成交。因此,许多司机不是径直驶向目的地附近那个有空位的公共停车场,而是为了捡便宜或图方便,驾车在周围游荡,以寻找低价位甚至免费的路内停车泊位或可以占道停车的空间。

2. 欧美的管理模式

相比国内,欧美城市的(路外)公共停车场的特点是:收费费率制定精细,而且不同的停车场可以自行设置并公开收费费率。简言之,停车场的费率与供需情况关系密切:需求旺盛的地方和时段,停车费可以定得更高。这一市场规律不仅体现在不同的城市之间、同一城市的不同地块之间,甚至体现于同一地块相距不远的停车位之间。从经济上看,这不仅有助于保障停车设施的经济回报并扩大城市停车供给,也有助于减少驾车人寻找停车位的搜寻成本(愿意支付更多费用以缩短搜寻时间或减少步行距离的驾车人,可以直接驶往收费较高的停车场)。

例如,芝加哥近郊的联合球场,周边拥有 11 个官方指定停车场,近 6 000 个停车位(图 8-12)。在有赛事时,依据距离远近,不同停车场的停车费从 24 美元/次至 40 美元/次不等(没有赛事时,这个费用足以在同一个停车场停车一整天)。驾车人可以根据自己的需要和支付能力选择和预定停车场(提前预订和支付停车费可以获得小额的优惠),甚至前往更远一些(也更便宜)的停车场停车。

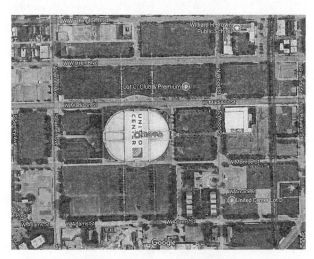

图 8-12　芝加哥联合球场周边的十多个停车场,费率并不相同
图片出处:Google 地图

同一停车场,按照车型、停车时长、是否工作日、进场时间等,也会设计不同的收费费率,以真正实现停车空间的经济价值。图 8-13 是纽约曼哈顿一处公共停车场的费率表。工作日与周末的收费费率略有区别,共同点是鼓励长时间停车(初始 2 h 内的停车费率极高),正常停放 30 min 即需 16 美元(含税,下同),停放 1 h 需要 28 美元,停车 2 h 需要 45 美元,停放 12 h 只需增加 3 美元(48 美元),而停 24 h 仅需再增加 2 美元(50 美元)。同时,提早进场(早 6 点至 7 点间)可以获得很高的

12 h 停车优惠（仅需 25 美元）。部分停车空间拥挤的停车场会提供免费的代客泊车服务，以吸引时间紧张或倒车技术不够娴熟的驾车人。这些费率和服务的设计均是在实践的基础上，按照符合市场规律制定的经营安排，以争取获得最高的经济回报。

图 8-13　公共停车场根据停车时长、进场时间和车型，费率非常详细
图片出处：http://wwbcn.com/parking/

须要说明的是，允许停车场按照市场规律建设并制定各自的收费标准，不仅仅对停车场有利。如果某一片区的收费停车场由于供不应求，普遍能够获得较好的经济收益，则会有更多的供给者出现。例如，该片区某一经营不佳的超市，甚至一片暂未开发的空地，都会设法将原有空间/土地改造为收费停车场，从而增加该片区的停车供给（图 8-14 至图 8-16），这对缓解该片区停车位紧张的问题有帮助，对广大停车人也是利好。

图 8-14　寸土寸金的中心城区，专用的停车楼也能带来可观的经济回报
图片出处：本书作者拍摄

在严格的市场管制下，如果管理部门制定的费率水平远低于停车场可以获得的市场价格（例如当年的北京国贸中心停车场），停车场（或停车管理员）就有动机在竞争激烈的停车者中获取停车费以外的收益，或者通过包月停车的形式绕开管

制(表现为月租金明显高于其他类似的停车场),甚至私自(在过道、坡道等处)新增停车位。简言之,由于管制定价低于市场价而导致供不应求的停车场,缺少以管制价格向陌生人提供停车位的兴趣(对于这些驾车人来说,上述停车场经常需要排长队等候入场甚至借口车位已满劝离排队车辆)。

图 8-15 寸土寸金的中心城区,一小块空地改造成停车场也能带来较高的经济回报

图片出处:https://dototday.com/new-york-city-garage

图 8-16 市郊的商家,通常会提供数量充足的免费停车位

图片出处:http://www.stricklersigns.com/led-lighting

反之,如果管理部门制定的费率水平显著高于停车场可以获得的市场价格,就会出现停车位大量闲置的问题。此时,停车场或者通过举报周边的"非法"停车以图改变市场供求关系,或者将部分闲置停车位改作他用(例如用于存放物品或改成办公区域),或者通过和管理部门的协商在其他领域获取回报。不以营利为目的的单位亦可坐视不管经济上的损失。

8.3 专用停车场

1. 单位停车场

中国大城市中心城区用地布局的特点之一,是拥有众多占地面积较大的单位(企事业单位、学校、部队等)。这些单位被院墙包围,通常只允许单位内部人员(领导、员工、军人或军属)的车辆以及部分到访车辆进出,因此,其内部机动车道大多失去了城市道路的交通功能。

而在欧美国家的中心城区,除了城市公园,很少有大型单位设置环绕其四周的围墙。因此,"单位内部机动车道"比较少见,单位建筑间大多通过城市道路进行衔接。例如,位于纽约CBD——曼哈顿下城(downtown)——的纽约大学主校区,没有设置包围校区的围墙,而是将各个学院分布在多个临近的街区。其中,仅有一个较大的街区(长约210 m,宽约150 m);而近10个较小的街区,长和宽均只有65 m,并没有对城市的路网结构造成影响。

而同样位于大城市(南京)中心区的东南大学四牌楼校区,由多个被围墙圈成的地块组成。其中,最大的墙内地块近似于一个边长490 m的正方形,而该地块南侧的学府路仅仅是一条支路。该地块西侧的次干路(进香河路)距离东侧最近的主/次干路(太平北路)间距超过600 m,该地块北侧的主干路(北京东路)距离南侧最近的主/次干路(珠江路)间距超过900 m。实际上,比东南大学四牌楼校区围墙范围更大的地块,在南京市中心城区还有多处,其中,最大的地块长度达到1 300 m,宽度约660 m,对城市路网的影响较大。

换个角度讲,中国大城市大型单位内部设置有众多停车场、停车位和路内停车泊位,并向单位员工免费提供,因此,这些停车场或停车位可以被视为专用停车场(位),解决了大量车辆停车的问题(但周末和下班时间利用率较低)。例如,东南大学四牌楼校区,教学区内部的停车场就足以容纳数百辆小汽车。此外,部分单位内部停车场的空间利用率要略高于公共停车场,有时甚至不用保留行车通道(通道也全部被用于停车)(图8-17)。

单位停车场如果供不应求,通常按照"先到先得"规则和等级制进行分配:一部分停车位先到先停,一部分停车位供指定车辆(例如领导车辆)专用。早点到单位抢车位,也是很多驾车人提早出发的主要目的之一。

2. 住宅小区停车场

住宅小区,是中国城市居民区的主流形式,通常由多栋甚至数十栋相邻的住宅楼组成,并配有较完整的生活服务设施(超市、理发店、餐馆等)。从交通的角度看,住宅小区基本都建有环绕小区的围墙或栅栏,出入口有专人(门卫)值守(一些老旧

图 8-17　单位内部停车场的优势之一是场地的空间利用率略高
图片出处：http://news.ifeng.com/a/20160113/47058748_0.html

小区没有物业），城市道路通常不进入小区内部（小区内部道路相对独立，不在城市道路红线范围内）。

1994年之前，中国不允许私人购买机动车，城市住宅小区建设时也不涉及汽车停车泊位。直到20世纪90年代初，部分城市才开始将停车设施指标纳入住宅小区建设规划。这一阶段的小区规划是10户一个车位。之后，停车泊位指标逐渐提高，不过各地普遍存在不做停车场用地规划或有规划不落实等问题。原因之一是停车场用地要求在当时只是推荐性标准而非强制性标准。很多开发商为了节省建设成本，会尽量压缩停车空间。

随着21世纪中国私家车（私人小汽车）数量的迅猛增长，很多小区出现了"车多位少"的现象。尤其是早年修建的老旧小区，停车空间非常有限（图8-18），居民们为了争抢配建车位和其他停车空间（空地、内部道路、人行道、绿化带等）使出了各种招数（图8-19至图8-21），这增加了消防安全隐患。而抢不到小区内部停车位

图 8-18　老旧小区的停车空间往往非常紧张
图片出处：http://hao.yiche.com/wenzhang/333918

的业主,则大多选择在小区周边的道路占道停车。须要注意的是,占道停车,不仅是指占据机动车道的空间,也包括占据非机动车道、人行道和后退区(建筑物和人行道之间的空间)的空间。其中,部分是须要交费或给予其他物质回馈的,部分是免费的。

图 8-19　老旧小区内有限停车空间的竞争非常激烈

图片出处:http://www.hubeinet.cn/fang/dongtai/2016/0913/206178.html
　　　　　http://www.sohu.com/a/218032413_100031487
　　　　　http://www.sohu.com/a/162198772_99936107

图 8-20　机动车道、非机动车道、人行道和后退区
　　　　都是占道停车者的目标

图片出处:http://cqwz.cqnews.net/askRedirect? oldI
d=4e000961-dbd2-4e04-a1d4-c01886400cc5

图 8-21　绿化带等公共空间也常常被用作停车
图片出处：http://news.hexun.com/2016-06-23/184552541.html

新建的小区，大多配建了地面和/或地下停车场，停车位总数相对较多。不过，问题依然存在。中国《城市居住区规划设计规范》中规定：居住区内地面停车率（居住区内居民汽车的停车位数量与居民住户数的比率）不宜超过10%。时至今日，即使是地处市郊的新建小区，地面停车位通常也较少。新建小区的地下停车场，也存在停车较为不便、数量依然不足的问题，加之一些小区的物业对于地下停车位"只售不租"或者制定了（相对于地面停车位来说）"较高的"停车费率，很多业主还是会选择在周边道路占道停车（图8-22）。

图 8-22　很多新建小区配建车位较多，但由于车位"只售不租"、"停车费太高"或停车"较麻烦"，很多车主依然选择在周边道路占道停车
图片出处：http://ms.longhoo.net/forum.php?mod=viewthread&tid=924540&extra=page%3d3

通常，城市管理部门（交警、城管）对住宅小区周边的占道停车行为（尤其是夜间占道停车）较为宽容，只要不严重影响车辆通行，不会轻易采取重罚或拖车等执法行动。对于小区内部道路的停车竞争问题，也基本不做干涉，大多是让物业和小

区业主自行解决。

不过，中国大城市普遍存在的街区尺度较大、地块开发不彻底的现象，导致不少新开发的中高端物业（中高端写字楼、商场、住宅区等）常常毗邻大型单位或老旧小区，从而产生了特殊的停车资源使用问题。中高端物业用地的价值相对较高，因而停车空间的供给成本较高（例如，中心城区高端住宅区的停车位售价往往高达数十万元人民币一个）。老旧小区则不然，虽然其内部停车空间紧张，但周边城市道路的停车成本（在管理部门较宽容的现状下）相对较低。而商场之外的中高端物业与住宅小区的停车高峰时段常常是错开的，前者集中在工作日白天，后者则是工作日傍晚、夜间和周末。因此，不少中高端物业的员工和客户会在毗邻的住宅小区附近寻觅车位。有的会给予门卫、停车管理员甚至小区居民一定的经济补偿以换取稳定的停车位，有的则在周边巷子里游弋以寻得正好空闲的车位。可能是为了避免误伤小区业主，城市管理部门对于白天时段小区周边街巷的路内泊车/占道停车现象，也是较为宽容的。代价是，支路、街巷的交通通行能力常常被路侧停车（尤其是不规范甚至不道德的随意停车；同时，在狭小的空间，侧方位停车操作本身也具有较大的交通影响）降到很低的程度。

简言之，对于中国大城市中心城区的很多支路和街巷，路内停车极大地影响了其通行能力（图8-23），而这一影响由于既有的用地特征和产权格局，很难得到改变。即使在高端物业集中的CBD，这一问题也或多或少地存在。

3. 中心城区单位和小区停车场的交通影响

停车的便利性与停车费的高低对小汽车出行的需求产生着重要的影响。例如，纽约曼哈顿的小汽车交通占比较低，不仅是因为那里的公共交通较方便，高昂的停车成本更是许多车主的噩梦。因此，许多周边地区的驾车人选择将车辆停放在长岛、新泽西州的地铁换乘站，再乘坐地铁前往曼哈顿；曼哈顿当地的有车居民也常常乘坐公共交通通勤或在市内活动，节假日出游时才将车辆开出。

中国大城市由于大型单位的专用停车场较好地解决了工作停车问题，住宅小区停车场和众多街巷也提供了大量的停车空间，因此，停车位不足的问题虽然客观存在，但远没有官方公布的那样严重。同时，这些空间的停车成本相对较低甚至免费，因而极大地促进了中国大城市中心城区小汽车

图8-23 欧洲很多城市的中心城区也存在街巷停车空间紧张的问题，区别在于，其支路密度远大于中国城市，且支路的通行能力尚可接受

图片出处：www.quanjing.com

交通的发展。例如,根据北京交通发展研究院(2016)的数据,2015年北京市居民平均每月用于居住地车辆停放的花费为159元,其中,50元以下所占比例最高,达到38.57%(图8-24);用于工作地停车的月平均开支为123元,大多数费用集中于50元以下,比例为60.54%(图8-25);月平均临时停车费为121元,50元以下所占比例最高,达31.81%(图8-26)。

虽然,燃油费用和拥堵的时间成本也是小汽车出行的主要成本项,但对于出行时间价值较低的中国城市居民来说,停车费的影响常常超过路上消耗的时间。在停车问题以较低的成本解决后,汹涌的私家车流似乎难以阻止。

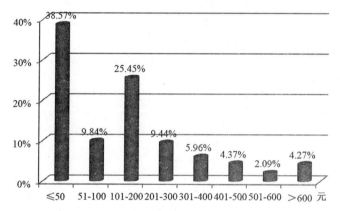

图8-24 2015年北京市居民每月居住地停车成本分布
图片出处:北京交通发展研究院,2016北京市交通发展年度报告,2016.8.

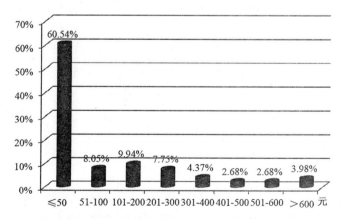

图8-25 2015年北京市居民每月工作地停车成本分布
图片出处:北京交通发展研究院,2016北京市交通发展年度报告,2016.8.

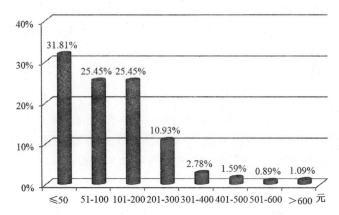

图 8-26　2015 年北京市居民每月临时停车成本分布
图片出处：北京交通发展研究院，2016 北京市交通发展年度报告，2016.8.

第 9 章

城市公共交通

基于中国大城市公共交通发展的现状,本章分析了主流的高补贴、低票价模式的诸多优势与存在的不足;对比分析了中外城市公共交通在车内乘客密度、乘坐舒适性、乘车秩序和步行条件等服务水平方面的差异;提出了推行差异化公交服务模式的意义和可行性;分析了出租车价格管制、运力管制、经济租的演化机理以及新技术对出租车行业的影响。

9.1 城市公交

9.1.1 中国大城市公交发展现状

1. "公交优先"的愿景

近十年,中国各大城市纷纷响应国家"公共交通优先发展"的号召,在规划、投资、路权、补贴等方面力推公共交通的发展,力图通过公共交通出行比例的提高,形成以公共交通为主的城市机动化出行系统,从而从根本上缓解交通拥堵、出行不便、环境污染等问题。

实际上,由于中国大城市建成区较高且较均衡(中心城区内外的建成区人口密度均较高)的人口密度,尤其是近郊区高密度的居住模式,其在公共交通的发展方面相较于欧美大城市具有先天优势(例如较高的公交站点覆盖率和发车频率,对于人口密度较低的欧美城市郊区来说,是难以企及的目标)。通过多年的发展,中国大城市的公共交通服务水平和运营环境普遍得到了大幅度提高,尤其是在轨道交通建设方面,很多城市的发展可谓日新月异(表 9-1)。

表 9-1 2016 年中国部分大城市公共汽电车网络总体情况

序号	城市	500 m 站点覆盖率	线路网比率	线路重复系数
1	深圳	90%	80%	8.80
2	上海	87%	79%	5.30

续表

序号	城市	500 m站点覆盖率	线路网比率	线路重复系数
3	成都	85%	72%	4.33
4	厦门	81%	72%	7.83
5	广州	81%	79%	9.59
6	北京	80%	78%	7.74
7	杭州	79%	72%	5.54
8	西安	79%	74%	5.46
9	长沙	78%	73%	4.65
10	乌鲁木齐	77%	75%	4.99
11	武汉	77%	73%	5.20
12	南京	77%	69%	5.46

数据来源:高德地图,2016年度中国主要城市公共交通大数据分析报告,2017.

数据说明,500 m站点覆盖率——公共交通站点500 m范围覆盖的区域面积(重叠部分只记一次)占适宜设置公共交通的区域总面积的比例;线路网比率——中心城区的建成区范围内,城市公共汽电车线路网长度占城市道路网长度的比例;线路重复系数——线路总长度与线路网长度之比。

数据显示,"十二五"期末(2015年年末),中国内地共有26个城市运营轨道交通,共计116条线路,运营线路总长度达3 618 km,年均增长404 km,是"十一五"末的2.26倍。其中,仅"十二五"期间就新投运线路2 019 km,完成投资12 289亿元。至2017年6月底,内地开通轨道交通的城市增加至31个,运营线路总长度达到4 400 km;同时,在建城轨交通的城市53个,在建线路总里程5 770km(表9-2)。

表9-2 2016年中国大城市轨道交通(含地铁、轻轨、有轨电车)网络概况

序号	城市	运营里程/km	线路条数	站点数量	换乘站数量
1	上海	694	17	375	55
2	北京	558	19	345	54
3	广州	301	13	191	26
4	深圳	280	8	198	28
5	南京	249	8	139	10
6	大连	248	9	80	1
7	重庆	204	6	128	9
8	武汉	178	5	136	13

续表

序号	城市	运营里程/km	线路条数	站点数量	换乘站数量
9	天津	162	6	112	7
10	苏州	140	4	94	1
11	杭州	108	3	57	4
12	成都	105	4	87	6
13	郑州	94	3	56	2
14	西安	89	3	66	3
15	宁波	73	2	51	1
16	长沙	67	3	46	1
17	无锡	54	2	45	1
18	沈阳	53	6	44	1
19	长春	46	4	48	0
20	昆明	46	3	37	2
21	东莞	37	1	15	0
22	南宁	31	1	25	0
23	南昌	29	1	24	0
24	青岛	24	2	22	0
25	合肥	24	1	23	0
26	福州	24	1	21	0
27	哈尔滨	22	2	21	1
28	淮安	20	1	23	0

数据来源：高德地图，2016年度中国主要城市公共交通大数据分析报告，2017.

当前，中国大城市公共交通追求的目标通常包括：城市公共交通日客运量、轨道交通线路里程、城市公共交通占机动化出行的比例、公共交通站点500 m覆盖率、公交巴士万人拥有率以及公交专用道里程(或设置比例)等。表9-1列出了2016年中国部分大城市公共汽电车网络的500 m站点覆盖率、线路网比率和线路重复系数。与之相比，欧美城市的这些参数常常"惨不忍睹"。例如，大伦敦地区居民居住地距离城铁、地铁、公交站点不超过500 m的比例，仅为22%；就业地距离公共交通站点不超过500 m的比例，也只有42%。

根据北京交通发展研究院(2016)的数据，2015年北京市中心城区工作日日均出行总量为2 729万人次(不含步行)，其中，通勤出行量为1 810万人次(不含步行)。通勤出行(不含步行)中，公共交通出行比例50%(公共汽电车25.0%，轨道交通25.0%)，小汽车出行比例31.9%；出租车出行比例3.6%；班车出行比例

1.9%；自行车出行比例12.4%；其他方式出行比例为0.2%。可以计算出2015年北京市公共交通机动化（通勤）出行分担率为63.5%。南京市2016年的这一数值为61%。

然而，公共交通服务水平方面的指标，例如高峰期满载率、发车频率和班次准点率（班次可靠性）等很少得到重视，在车辆乘坐舒适性、车站排队秩序、低地板公交占比等方面更是鲜有提及。实际上，公共交通服务水平和交通秩序等"软实力"的提升才是"公交优先"实现的关键。

2. 高补贴、低票价模式

（1）高补贴、低票价模式概述

长期以来的一种观念认为，"在中国，乘坐公共交通的主要是中低收入人群，公共交通不能随便提价，否则中低收入人群将无力承担"。实际上，这种观念并不全面。如果以缓解交通拥堵为目标，"公交优先"战略真正需要吸引的，是目前由于不满公共交通服务水平而很少乘坐公共交通的小汽车出行者。而这些小汽车出行者判断公共交通服务水平好坏的标准，绝不仅仅是票价。

自20世纪末年开始，由于政府财政投入不足，中国的城市公交系统一度对民营资本敞开大门，让其自主经营、自负盈亏。但是，随着城市化进程的加速，自2007年左右，政府开始加大公交财政补贴并重新主导公交市场，民营资本逐渐退出城市公交市场。至今，大城市已普遍形成高补贴、低票价的公交供给模式。

如图9-1、图9-2所示，总体来看，城市公共交通的基础票价（起步价）与人均GDP水平相对应。欧美发达国家大城市的人均GDP较高，公共交通的票价也相对较高。尤其是荷兰的阿姆斯特丹，公共交通的基础票价超过20元人民币/次，结合其同样高高在上的汽油价格（目前为12元人民币/L），为何自行车交通在这座城市如此流行就不难理解了。新加坡、中国香港和莫斯科的人均GDP不低，公共交通的票价水平却不高。其中，新加坡和中国香港是世界闻名的对小汽车交通"不友好"的城市，前者设立了昂贵的"拥车证"和道路拥挤收费制度，后者则推行了世界之最的高油价（目前为13元人民币/L）。而墨西哥城和中国内地的大城市，人均GDP和公共交通票价水平均相对较低。以北京为例，其城市公共汽电车采用计程收费，具体票价方案为：10 km（含）以内2元，10 km以上部分，每增加1元可乘坐5 km。使用市政交通一卡通刷卡乘坐城市公共电汽车，市域内路段给予普通卡5折（即10 km以内仅需1元人民币，乘车20 km也仅收费2元）、学生卡2.5折优惠、市域外路段8折优惠。考虑到这一票价方案已经实施了很多年，如果纳入通货膨胀的影响，公交票价实际上反而在"下降"。

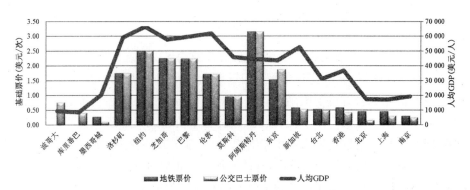

图 9-1　公共交通基础票价与人均 GDP 的对比
图片出处:本书作者绘制

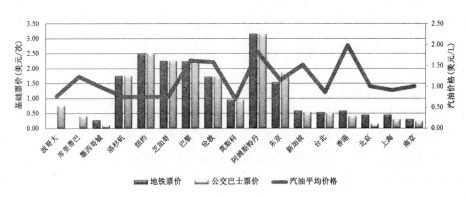

图 9-2　公共交通基础票价与汽油价格的对比
图片出处:本书作者绘制

在城市交通补贴方面,中国大城市的支持力度普遍较大。例如,2016 年上海市级财政共完成公共交通补贴 93 亿元,其中,公共汽电车补贴最高,占 81%,即 75.3 亿元;其次为轨道交通补贴,占 17%,即 15.8 亿元(上海市交通港航发展研究中心,2017)。考虑到上海市的公共汽电车总数约 1.5 万辆,则平均到每辆车的市财政补贴就有 50 万元/年,折合 1 375 元/天。经计算,上海市公共汽电车的日均客运量为 464 人次,相当于乘坐上海市公共汽电车的乘客每人获得市财政补贴 2.96 元/次,超过了上海市区常规线路实行的单一票价(空调车 2 元/次)。财经网(2015)公布,北京市 2015 年公交巴士获得的财政补贴为 83.7 亿元(2013 年的补贴额高达 150 亿元),平均每车每日获得补贴 997 元,平均每人次获得补贴 2.11 元,亦超过北京公交巴士 2 元的基础票价(使用一卡通普通卡刷卡可获得 5 折优惠,学生卡刷卡更可享受 2.5 折优惠)。与之相比,2015 年,伦敦公交巴士乘客每次获得的公交补贴(BSOG,Bus Service Operators Grant)仅为 5.4 便士(折合人民币 0.47 元)(UK DfT,2016),而其基础票价折合人民币高达 15 元/次。可见,伦敦公交巴士获得的补贴力度远低于北京、上海。

(2) 高补贴、低票价模式的优势

中国大城市公共交通高补贴、低票价模式的优势主要在于：

- 在高补贴下，城市公共交通采用低票价，有助于形成对抗慢行交通（非机动车和步行）的竞争力。由于脚踏自行车和电动自行车的人均占道面积比城市公交高，且需要占用一定的停车空间，因此，通过低票价将大量非机动车出行者吸引至公共交通，可以一定程度地缓解由于非机动车"过多"造成的地面交通拥堵。

- 对城市公共交通的高补贴，有助于加强城市管理者对公交企业及城市交通资源的掌控，以实现更宏观的交通策略和城市发展策略。例如，积极保护中心城区的活力和公共服务水平；公交补贴亲国企疏民营，导致大多数城市公交国企一家独大；用较低的城市公交服务水平"吓退"在小汽车出行和公交出行中摇摆不定的出行者，"逼迫"其使用私人小汽车或出租车出行（以便获得更多的交通税费，详见本书5.2.1节）；用极低的票价甚至免费策略吸引老年人多乘坐公交，以拉升城市公交的交通出行分担率……

- 低票价，有助于提升公共交通出行者对于服务水平的容忍程度。相对较长的发车间隔、较为拥挤的站台和车厢环境，不仅有利于公交企业降低运营成本，也一定程度地降低了城市道路的公交巴士交通量，从而节约了道路空间资源。

- 对轨道交通（尤其是地铁）修建的高额补贴和财政支持，加上较亲民的票价，有助于迅速扩大城市版图，拉动近郊甚至远郊地区的地产开发，增加城市的经济体量和财税收入。

(3) 高补贴、低票价模式的不足

从经济学的角度来看，公交价格不仅仅是一种"负担"，更是同时引导消费者和供给者的有效信号，是一种资源调节方式。为了实现资源的有效利用，价格应该等于所提供产品或服务的机会成本，换言之，公交票价应该对应于做出每一次位移或出行决策的短期边际成本，过低的公交票价会导致公交需求过于旺盛。

虽然在政府财政的高补贴下，公交企业有增加低服务水平供给的动机，但高补贴、低票价机制下的公交服务与更接近市场机制下的公交市场服务还是存在着显著的区别：市场机制下，公交企业须要考虑如何让千千万万的乘客个体在千差万别的微观行程中满意；而政府补贴机制下的公交企业则偏重于达到宏观指标（例如公交总客运量、公交出行比重）。这些宏观指标往往旨在"公益"而非效率，例如，为了购买鸡蛋能够节省2元而乘坐2次"免费"公交（两段公交运程的边际成本合计为5元）往返较远的超市，尽管在数字上提高了公交客运量和公交分担率，但是，此类低效率的公交出行（消耗5元的社会资源以换取2元的购物优惠）不仅占用了本不必消耗的公交资源，同时也对同车的其他乘客造成了不可忽略的影响（高峰期和高峰线路尤其明显)。因此,一味地采取低票价策略,易导致对公共交通资源的滥用。

据测算,高峰期城市混合车流中,1辆公交车的瞬时车道占有率等同于3.4辆小汽车;而1辆满载乘客的公交车所载人数相当于1辆乘坐乘客的3人的小汽车的20~30倍,综合来看,高峰期公交车的道路交通效率为小汽车的6~9倍。因此,从理论上看,如能将众多小汽车出行者吸引至公交出行,可以有效地降低道路交通拥挤程度。而城市公共交通高补贴、低票价发展模式的另一重大缺陷在于:由于服务水平较低,导致公共交通系统对小汽车出行者的吸

图9-3 上海、北京各有数十个地铁车站高峰期实施"限流",采取关闭部分入口和闸机、站外设置限流栏杆等措施,减少站内客流密度
图片出处:http://www.ccnews.gov.cn/tp/gntp/201204/t20120412_858007.htm

引力不足(即使其已经不堪忍受拥堵的交通和高昂的支出),因此,无助于将道路交通效率较低的小汽车交通转换成道路交通效率较高的公共交通以缓解道路交通拥挤。随着中国大城市居民收入水平和生活水准的持续增长,这一弱点将日益明显。

2017年,北京地铁370个车站中有96个车站实行常态化限流,其中有80个车站为早高峰常态限流,主要集中在居住组团;晚高峰有36个车站常态限流,主要集中在商业区、写字楼密集区以及换乘流量较大的车站(图9-3)。

3. 服务水平的差距

公共交通服务水平的提升,绝非多开通公交线路、多设立公交专用道那么简单,有大量烦琐、细致的工作需要财力与智力的投入,也需要城市居民交通素质的全面提升。

(1) 车内乘客密度

一般用每平方米容纳的乘客人数表示乘客密度。每平方米座位数或每平方米有座乘客人数通常为2.5~3人/m²。各城市区别较大之处在于每平方米站立乘客人数,这也是衡量站立乘客乃至全车乘客舒适性的重要指标。欧洲大城市的标准普遍为4人/m²,在美国,5人/m²已经被认为是运营上可以接受的最差水平;而中国内地和香港的标准是8人/m²(实际可能达到10~11人/m²甚至更高),即使考虑到人的身材差异,这一数值也远高于欧美发达国家(图9-4、图9-5)。为了保证乘客的舒适性,一些城市(例如澳大利亚悉尼)的公交巴士司机在乘客较多时会认真清点人数(驾驶室配有计数器),达到限额就不再放人上车。

图 9-4　不同国家对于公共交通车内拥挤的定义和容忍程度是不一样的（一）

图片出处：http://www.sohu.com/a/201894269_139740

图 9-5　不同国家对于公共交通车内拥挤的定义和容忍程度是不一样的（二）

图片出处：https://usa.streetsblog.org/2016/03/14/gun-lobbys-new-target-the-bus

另一指标"座位数与站立人数比"，意指座位数与可容纳站立乘客人数的比值。这一比值越高，意味着有座乘客的比例越高，乘客整体的舒适性也越高，长程交通尤其是这样。以中国大城市较常见的 12 m 长公交巴士为例，按照座椅布置形式的不同和站立空间的大小，含驾驶席的座位数一般设置为 31 或 35 个（也有其他布置方式）。31 和 35 座看似差别不大，但去掉中部 4 个座椅的空间，即使按照 8 人/m^2 的密度也可容纳 13 名站立乘客，净增加 9 人的承载能力（实际可以净增 12 人以上）。座位数与站立人数比也由 1.13 降低为 0.70（图 9-6、图 9-7）。

延伸的指标是客座率（PLF，Passenger Load Factor），即车内所有乘客数除以座位数。该指标被美国道路通行能力手册（HCM）用来分析公共交通的服务水平（还要加上乘客步行至车站的评分和乘客在车站候车的评分）。

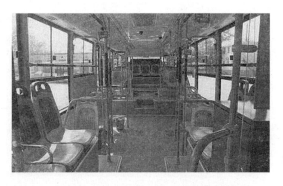

图 9-6 中国城市公交巴士的一种座椅布局，减少中部座椅是提升承载能力的关键

图片出处：http://www.chinabuses.com/buses/2012/0831/article_10063.html 黄色部分为本书作者绘制

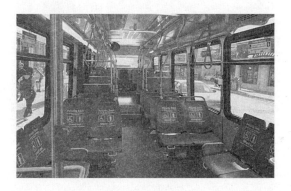

图 9-7 与上图类似的总体布局，区别在于车厢中部及后部多了很多座椅，少了站立空间

图片出处：http://dziennikzwiazkowy.com/chicago/wietrzne-miasto-konczy-175-lat-slow-kilka-o-przydomkach-chicago

须要说明的是，公交业内常使用的考核指标"高峰小时平均满载率"，借助交通流的"方向不平衡性"与交通拥堵的空间不平衡性，掩盖了局部车内乘客密度极高的事实。在中国大城市"职住分离"带来的潮汐性交通高峰时段，即使高峰小时平均满载率为较低的 70%，也可能意味着某一公交线路在某一方向正常，而在相反的行驶方向出现严重拥挤的情形。

（2）乘坐舒适性

公共交通工具的舒适性体现在多个方面：座椅（尺寸、材质、靠背角度、支撑性）、地板（是否低地板）、行驶平顺性（起步、刹车）、噪音控制、底盘滤震性、拉手设置（数量是否足够、位置是否合适）等（如图 9-8 至图 9-13）。在车辆相同的情况下，座椅的布置、尺寸和选用材质就显得比较重要。

图 9-8 公交巴士也可以选择带填充物的织布座椅

图 9-9 舒适性较差的塑料座椅,大量垂直扶杆,车门内的站立空间上方未设拉手

图片出处:https://zh.m.wikipedia.org/zh-cn/File:Shmetro_Line_1_Train_8_Cars.jpg

图 9-10 带填充物的织布座椅远比塑料座椅舒适,中间过道无立柱方便人员流动,车门内的站立空间上方设有拉手,座椅上方设有行李架

图片出处:https://zh.wikipedia.org/wiki

图 9-11 乘坐传统的公交巴士，上下车时均需要应付 2～3 级台阶

图片出处：https://www.cambodiadaily.com/news/municipality-makes-public-bus-service-permanent-98939/

图 9-12 低地板的公交巴士使得乘客上下车更省力、更安全

图片出处：http://bbs.heze.cc/thread-1461780-1-1.html

图 9-13 遇到有腿脚不便者上下车，有空气悬挂的车辆可以将前门一侧的底盘下降

图片出处：http://www.woshipm.com/pd/641165.html

(3) 乘车秩序

站台候车与上车是否有秩序,对乘车的公平感甚至能否登上车影响很大(图9-14至图9-16)。如果公交出行者相互争抢甚至推搡加塞,不仅有损体力弱小者的权利,对于道德素养较高的出行者,即使其较为强壮,也往往羞于争抢,因而在"竞争"时往往落败(甚至上不了车)。在中国,道德素养较高者,时间价值和收入水平通常也较高。缺乏秩序的公共交通可能迫使其转而使用出租车、私人小汽车等方式出行。

图9-14 上车争抢不符合先来后到的公平原则
图片出处:http://www.hinews.cn/news/system/2012/02/19/014069512.html

图9-15 自发地排队候车是交通文明的体现
图片出处:https://www.theguardian.com/uk-news/video/2015/aug/06/london-tube-strike-long-bus-queues-victoria-station-video

图9-16 在监督和管理下排队候车也是一种选择
图片出处:http://news.sina.com.cn/c/2011-05-25/030022523389.html

（4）发车频率与发车时刻表

与小汽车交通相比，公共交通（尤其是公交巴士）的弱点之一在于其出行耗时较长。公共交通停靠站台供乘客上下车需要耗时（在高峰时段，公交巴士进出站本身就并非易事），公交车辆的加速、变道性能和道路通过性（车身宽且高）也弱于小汽车（这些也是人们设置"公交专用道"拟克服的主要问题），出行者在行程两端需要通过步行或骑行进行衔接，而且，公共交通出行者需要在站台花费时间候车（对于公交巴士出行者来说，候车时间往往难以预判）。北京交通发展研究中心的数据显示，北京市 2016 年早晚高峰时段，公共交通方式的平均行程速度全部完败于小汽车，公交巴士的平均行程速度甚至比不上自行车（表 9-3）。

表 9-3　2016 年北京市各交通方式平均行程速度

交通方式	平均行程速度(km/h)	
	早高峰/(km/h)	晚高峰/(km/h)
公交巴士	7.9	6.3
轨道交通	13.3	9.9
出租车	8.9	9.2
小汽车	14.7	15.1
自行车	10.6	8.9

数据来源：北京交通发展研究院，2016 北京市交通发展年度报告，2016.8.

中国各大城市交通综合调查数据显示，地铁"门到门"平均速度为 13.7 km/h；公交"门到门"平均速度仅为 10.3 km/h，与其他交通方式的平均行程速度相比，仅相当于自行车的骑行速度（图 9-17）。

即使除去两端的步行时间，公共交通的行程速度也无法与小汽车相抗衡。调查表明，工作日早高峰从上海市的绝大多数地方出发前往市中心，专车的车速都比地铁更快（图 9-18）。

近年来，随着公交专用道的推广，一些城市公交巴士的路上行驶时间（车内时间）得以减少，但候车、换乘与两端"最后 1 km"的时间却有所增加。以北京为例，公共交通出行的一半时间都耗在了乘坐公共交通工具以外，导致公共交通"门到门"出行效率极低（图 9-19）。"公交等半天也不来，好不容易等来一辆，人都站满了，怎么挤也上不去。""坐地铁倒是快，可从家到地铁站走的时间比坐车时间还长，有时换乘得七八分钟。""坐在车里堵着起码能听广播、玩手机，挤在公交里手都没地儿搁。""早高峰地铁经常要挤 6~7 趟才上得去，如果还带着行李箱，基本上没一小时就别想上车了。"这些都是从乘客视角反映出的问题。

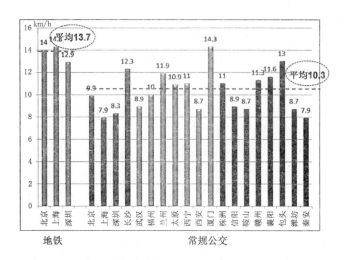

图 9-17 中国城市地铁与公交巴士"门到门"的行程速度

图片出处：http://www.360doc.com/content/16/0413/22/8469547_550415673.shtml

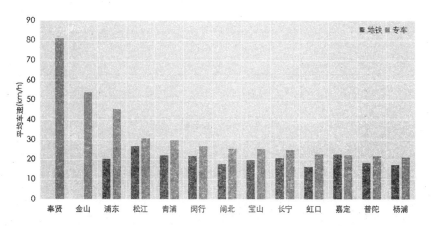

图 9-18 上海市早高峰时段各区使用地铁与专车前往市中心方向的速度对比

图片出处：城市数据团，2016.

显然，提高发车频率、缩短发车间隔，将有助于减少乘客在站台的候车时间。在人口密度较低的市郊区域，客流量常常无法支撑高发车频率的公共交通（发车频率太高，实载率会很低），于是，欧美城市的公交巴士系统常常采用发车时刻表来弥补发车频率的不足（图 9-20）。即，在每一个公交站台，都列出工作日和周末所有班次到站的具体时刻，以便出行者安排出行时间，减少候车时间损耗。随着交通信息化的发展，这些时刻表以及下一辆车即将到达某一站台的时间亦可通过互联网（例如 Google 地图）或手机 APP 获取。

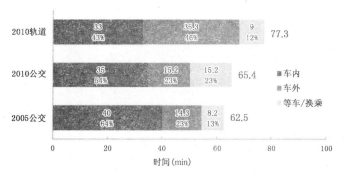

图 9-19　北京市公共交通在途时间构成对比
数据来源：北京市第四次综合交通调查报告

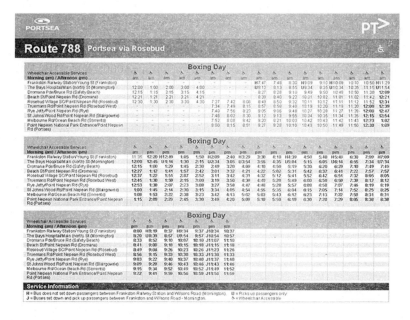

图 9-20　按照公交站台的时刻表到发车，有助于弥补发车频率较低的不足
图片出处：http://train.bolegapakistan.com/vline-train-times-melbourne-to-albury

（5）步行条件

人行道、行人过街设施、轨道交通站点的上下行通道等步行条件的好坏，同样影响着公共交通的竞争力（图 9-21、图 9-22）。

很多地铁站只有上行自动扶梯而没有下行自动扶梯的设计，给行李较多或腿脚不便的乘客进站带来不便（图 9-23）。同时，进出站的楼梯也是扒窃案件的高发地点——乘客在走楼梯时要消耗体力，同时又要注意脚下，容易放松对随身财物的保护。

图 9-21　较宽的人行道,如果受到占用或存在障碍,
亦无法提供安全舒适的步行环境

图 9-22　整洁、安全的人行道有助于
提高交通出行的品质

图片出处:https://www.masterfile.com/image/en/
700-00933702/street-scene-granada-spain

9.1.2　差异化公交服务模式

1. 提升公共交通服务水平的意义

有效率的城市交通意味着人们能够以适当的"交通成本"满足其"交通需求"。这里的"交通成本"既包含显性成本(如票价、油费、停车费)、出行时间,也包含隐性的成本和精力、体力损耗甚至出行风险;而"交通需求"不仅与人们更本源的"出行需求"(工作、休闲、购物、社交)有关,也包含了可达、可靠、舒适、私密等方面的个体

图 9-23　只有上行自动扶梯的设计,会给行李较多或腿脚不便的乘客进站带来极大不便

图片出处:http://www.gettyimages.com/detail/photo/businesswomen-riding-escalator-royalty-free-image/494324115

效用。时代不断向前发展,人们的物质生活条件不断提高,对公共交通品质的要求也越来越高。

如果希望借助城市公共交通的发展缓解交通拥堵,就需要吸引更多的私人交通出行者转用公共交通。为了做到这点,必须研究如何克服公共交通的不足,而不是继续在票价上做文章。实际上,随着生活水平的提高,人们对公交票价高低的敏感度正在下降。例如,20世纪70年代末对英国中西部交通市场的一项研究显示,当时只有27.1%的人还坚持公交车降低价格是最重要的问题,而其余大多数人的观点都认为服务质量的改进更重要,其中14.6%的人选择了速度上的可靠性,10.4%选择了频率高,另外10.4%的人认为应该增加候车站的遮篷,还有10.0%的人则更看重车辆的清洁程度。另有研究指出,在原来服务质量比较差的情况下,改进质量特别有助于增加公共交通的需求(图9-24)。

在高峰时段,通勤出行比例最高,通勤者普遍注重按时到达目的地,加之大城市普遍的"职住分离"现象,人们会根据各交通方式的行程时长、可靠性和舒适性选择出行方式和出发时间。相对于老年人和学生群体,上班族可选的交通出行方式更加多样。而出于支付能力和"服务水平弹性"(服务水平变动对需求量变动的影响程度)的差别,上班族中的中高收入者在高峰期的公交需求价格弹性较低,但是对公交服务水平要求越来越高,这一特点在其休闲购物出行时更为显著;低收入者的公交需求价格弹性相对较高,对公交服务水平的要求有限。目前高补贴、低票价的公共交通发展模式,较好地满足了后者的需求,但对前者有所忽视。这样不仅造成了公共交通站点和交通工具内部的过度拥挤,也促使了更多小汽车出行。

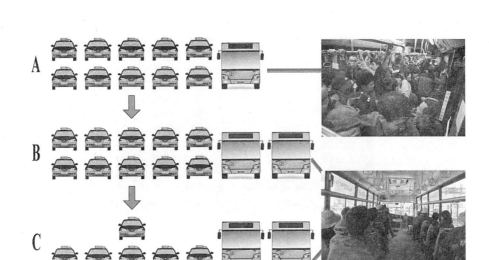

图 9-24　公交服务水平的切实提升,有助于减少机动车的出行总量
图片出处:本书作者绘制。

实际上,公共交通的服务质量与所在地区的人口密度以及人们对它的使用强度有很大关系。中国大城市本身具有非常好的先天优势(无论是市中心还是市郊,建成区的人口密度均比较高,居住密度尤甚)去发展公共交通。同时,随着中国大城市版图的快速扩张和商品房市场的兴起,原有"职住合一"的城市空间模式被打破。城市更新、产业升级、旧城改造、房价高涨等一系列因素导致经济活动和居住用地分离(职住分离)的趋势逐渐明显。目前,大城市高峰期近郊片区进出中心城区出行的潮汐式特征显著,交通需求量很高,大量的中远距离机动交通需求为差异化公交服务的发展提供了机遇。可惜的是,由于居民家庭收入的增长和公共交通品质的不佳,中国大城市的很多居民转而选择小汽车出行并减少了对公共交通的依赖,致使道路交通压力进一步增加。

2. 差异化公交服务的意义

差异化公共交通服务,一方面是指公交服务速度与空间组合的差异化,类似于高铁动车的快、慢车组合——快车仅停靠直达客流量较大的站,慢车停靠几乎所有沿途车站;另一方面是指服务水平与服务费用的差异化,类似于高铁动车与普通列车的组合——高票价提供高水平服务(图 9-25),低票价提供一般服务(图 9-26)。前者比较容易理解,纽约市、巴黎大区和东京都市圈均有城铁/地铁快(express services)慢车(local services)组合运营的成功经验可以借鉴。下文重点讨论后者。

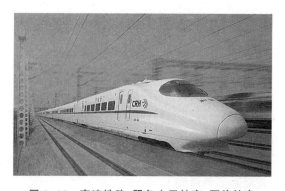

图 9-25　高速铁路,服务水平较高、票价较高
图片出处:http://www.hbzycn.com/en/Item/Show.asp? m=1&d=2651

图 9-26　普通铁路,服务水平一般、票价较低
图片出处:http://www.baike.com/wiki/%E7%BB%BF%E7%9A%AE%E8%BD%A6

　　由于中国内地城市居民交通需求层次与交通素质的全面提升难以在短期内实现,因此,通过票价差异分离用户群体并向其提供差异化的公交服务,符合社会资源使用的效率原则,也有助于最大限度地吸引客流。

　　现实中,并非所有出行者都会受到低票价吸引而选择使用公共交通方式。随着社会的发展,越来越多的城市出行者逐渐追求更高品质的出行,而低价公交往往无法提供高水准的服务。因为,从公交供给的主体——公交企业——的角度来看,公交服务水平与公交运营成本即使不是完全一一对应,也基本是同向变动的。因此,即使公交票价低廉,较低的服务水平也足以吓退"服务水平弹性"较高的出行者。为了吸引越来越多的追求生活品质的出行者,可以在继续推行高补贴、低票价服务的同时,提供高水平服务。

　　为了突破传统公交调查仅询问公交乘客的局限,东南大学交通学院调查小组2013年10月针对江宁区小汽车出行者的公交出行意愿进行了抽样调查,结果表明(王玥,2014):对于使用小汽车进行中长距离通勤的出行者来说,交通拥堵带来的交通延误、精力损耗以及事故风险是其普遍感受到的主要困难,燃料和停车费用在制约小汽车使用的因素中却并不是非常重要(以通勤交通为例,很多单位均拥有内部停车场,尽管停车竞争愈来愈激烈,但相比单位外的公共停车场还是能够节约相当的停车费用);由于公共交通过于拥挤、路线设置不合理以及存在偷窃行为等问题,小汽车出行者对公共交通服务的评价普遍较低,他们宁可忍受极高的出行成本,也不愿转而使用公共交通方式通勤;在当前的公交服务水平下,小汽车出行者中仅有11%考虑在通勤时偶尔使用公共交通方式;而在公共交通服务水平得到大幅度提高的预期下,即使公交票价涨至5元/次,仍有27%的小汽车出行者愿意放弃小汽车而转用公共交通工具通勤。

可见,如果能够有效解决公共交通服务水平低下的问题,相当比例的小汽车通勤出行者可能会转向使用公共交通工具。同时,通过对现有公交乘客的调查,52%的现有公交出行者也愿意为更舒适的公交服务支付更多的费用,其中,76%的乘客愿意多支付1~2元以换取更好的乘坐体验(王玥,2014)。这在逻辑上也不难理解,人们之所以选择某种交通方式出行(完成位移),一方面受支付能力的约束,另一方面是根据不同交通方式完成时空位移的能力以及位移过程的品质(服务水平)。如果公共交通工具满足位移的时空要求,同时能提供不错的出行体验,那么,私家车就不再是很多人唯一的选择。

3. 差异化公交服务的做法

从实践经验来看,中国香港的非专营巴士可谓差异化公共交通服务思想的很好体现。早在20世纪70年代,香港的巴士公司为鼓励中产阶级使用巴士出行,开办了不少往来大型屋苑与市中心的"豪华"巴士路线。之后,香港为专营巴士和专线小巴不能很好服务的大型社区提供了较充足的非专营巴士服务。包括绿色小巴、红色小巴在内的香港非专营巴士总数约4 350辆。其中,绿色小巴按固定的路线、班次和收费提供服务。红色小巴可行驶香港各区,没有固定的路线、班次和收费,车上提供16个座位,严禁站立,客满不再上人。这样的制度设计,为需求不同的出行者提供了对应的公交巴士服务。

近年来,私人小巴(类似于拼车服务的一种个体公交服务)在印度和英美的部分地区较为流行。例如,印度运营商Shuttl在小巴车上安装了空调和Wi-Fi,并允许提前在网上预约座位。2017年5月,电子地图APP公司Citymapper在英国伦敦推出了一种按需响应的智慧公交SmartBus服务。这是一种在东伦敦运行的夜间小巴服务,采用小巴主要是为了摆脱传统公交监管的约束,同时,也有助于创造一个更友好(车上的人更乐于认识彼此并相互沟通)的乘车环境。

此外,定制公交(商务班车)、快速直达专线、高峰巴士、社区巴士等公交服务形式,如果能显著提高服务水平,也属于差异化公交服务的范畴。

9.2 出租车

9.2.1 出租车价格管制

1. 出租车费率

出租车市场的价格管制是随着出租车市场的逐渐繁荣和计价器的引入而确立的。管制下,出租车运价成为一种"固定"价格,即司机向乘客收取的费用名义上只能是计价器显示的数额。司机不允许随意提价,也不能降价,通常,按车型和里程定价。里程定价又分为起步价和单位里程价格。固定定价的好处是避免了大量的交易成本——讨价还价的成本,由于信息不对称被交易对方欺骗的成本,由于交易不成耽误的时间和精力,以及由于消费者被欺骗后反馈带来的投诉和城市形象受损等。

从成本的角度来看,出租车费率的主要因素包括:车辆购置费用(折旧)、燃油费用、驾驶员收入。新中国成立后,不允许私人购置机动车,直到1994年,国家才开始从政策上明确私人购置汽车的合法性。而当时小汽车的价格相对于市民的收入水平非常高昂。例如,90年代初"面的"的售价为3万~5万元一辆,夏利为10万元一辆,捷达和桑塔纳为15万~20万元一辆。而同一时期,我国城镇人均可支配收入按当年价格计算仅为1 510元/年,农村居民人均收入仅为686元/年。相比较,2015年,我国城镇人均可支配收入为31 195元/年,农村居民人均收入为11 422元/年,而主流出租车的售价却仍然是8万~15万元一辆。可见,作为运营工具,出租车本身早已失去了当年的高价值。

以90年代初的北京出租车费率为例,"面的"为10元10 km,之后每千米1元;夏利出租车为每千米1.2元;相对更舒适的富康为每千米1.6元。看似比当前便宜不少,但是,1992年北京市城镇居民人均可支配收入仅为2 556元/年(即每月213元)。时至今日,北京市出租车的起步价已达到3 km 14元(含1元燃油附加费),之后每千米的基本单价为2.3元/km。尽管表面上费率有所上涨,但是相对于居民收入的增长,出租车资费实际上是大幅下降的,并开始被更多普通市民所接受。换言之,出租车服务的定位已经出现了很大变化,从20世纪八九十年代的"高档交通工具"发展为现在的"大众交通工具"。

2. 固定费率的不足

不过,固定的费率体系对于市场供需关系的变动并不敏感。

当市场供不应求时,出租车司机无法通过提价来接近市场均衡价格,因此,往往采取挑选"优质顾客"的方法来避免出现较高的机会成本。例如,高峰期一位前往几千米外的市中心拥堵地区的顾客,常常不会被定义为"优质顾客",因为,花费同样这段时间,司机往往可以在不太拥堵的市郊获取更多的净收入。现实中,司机的应对方法主要有"挑客"(在停车之前就选择拒绝为部分打车人服务)、"拒载"(在停车询问打车人之后选择拒绝为其服务)和"加价"(在载客出发之后通过软、硬或软硬兼施的方法让乘客增加车资)。这就形成了高峰时段或恶劣天气下"打车难"的现象。随着城市规模和人口总量的不断扩大,很多大城市的主城区道路甚至通往城郊的道路均出现了较严重的交通拥堵,"打车难"问题非常突出,早晚高峰时段再遇上恶劣天气,几乎是"一车难求"(图9-27)。

北京:中关村、西单及复兴门、国贸

上海:陆家嘴、外滩、上海电视台附近

深圳:老街、国贸、深圳北站

广州:珠江公园、天河体育中心、华景新城

图 9-27 特大城市"打车难"问题的集中地
图片出处:滴滴媒体研究院,中国城市交通出行报告(2016年上半年),2016.7.

另一方面,当市场供过于求时,出租车司机也较难通过降价来争取顾客。因为,在一个城市区域中,所有同一类型车辆的定价是相同的。司机很难在行驶中表达他/她想降价的意愿。替代的做法是停车与潜在的顾客协商,或干脆暂停运营以减少车辆的空驶。后者又进一步强化了管理者心中出租车运力过剩、车辆空驶率太高(30%~40%的空驶率是非常正常的)(图9-28)、需要加强运力管制的印象。

3. 新技术的影响

时至今日,我国大城市出租车计费模式较传统的里程计费丰富了不少,燃油附加费、按堵车时间增加收费、长距离跑空费、预约叫车费等均一定程度地影响了出

图 9-28　非高峰期出租车可能出现较高的空驶率，这是非常正常的经济现象

图片出处：http://news.ifeng.com/gundong/detail_2012_05/22/14702603_0.shtml

租车司机的供给意愿和消费者的需求意愿。不过，这仍未完全达到高峰时段或恶劣天气下的市场均衡价格，因此无法真正地攻克"打车难"的问题。

近年来，随着信息技术、通信技术和网络支付技术的改变，出租车市场的供需矛盾正在得到缓解。以"滴滴打车"APP（中的出租车选项）为例，在供不应求时，需求者可以通过"小费"等操作进行加价从而将自己升级为出租车司机眼中的"优质顾客"；在供过于求时，出租车司机可以通过定位顾客的具体位置减少空驶里程，并缓解"被顾客挑选"的风险（部分打车人在可能的情况下有选择出租车车型、新旧程度乃至颜色的偏好）。简言之，出租车打车软件通过"加价"和"定位"等功能，进一步"精确"了出租车的市场供需。由于此类"加价"功能是对既有出租车价格体系的一种挑战，在一些城市已被限制使用。

而近年来出现的优步（Uber）等网络约车平台，其经济学实质是借由更加灵活的定价算法（如果和提供相似服务的出租车相比，则提供了更低的运价，例如人民优步的定价约为出租车的70%）和服务组合，通过对出租车价格管制和运力管制的规避，获得了相对于传统出租车的竞争优势。特别是对于"经济租"水平较高和出租车运力保有量较大的城市来说，网络约车平台的冲击更大。据《经济学人》报道，2014年夏季，一张纽约市出租车牌照的价格是100万美元左右，但迫于Uber等网络约车的竞争压力，仅仅一年以后就降到了69万美元，随后仍持续降低，如今已经腰斩一半，徘徊在50万美元。当然，优步等专车应用业态也很容易引发来自出租车行业相关利益方的阻力（因"涉嫌非法经营"遭到查处和取缔、遭到出租车行业罢运抵制、受到出租车司机的举报甚至围堵等）（图9-29）。

图9-29 出租车通过罢运甚至堵路,对网约车进行抵制
图片出处:http://www.qlmoney.com/content/20160617-191333.html

9.2.2 出租车司机的劳动力

1. 出租车司机的资产专用性

须要说明的是,出租车运营的收入与出租车司机的收入并不相同。出租车供给的收入主要受出租车需求、运价和运力管制等因素影响,出租车司机的收入则主要是受劳动力市场供求状况影响。当前,出租车行业常常被指责存在"垄断暴利",但很少有人会认为出租车司机仍属于高收入职业。

实际上,上世纪80到90年代中期,出租车司机是一个收入颇高的群体。原因很简单,那个时代很难获得汽车驾照,因而小汽车司机的劳动力具有较强的资产专用性。当时的驾照考试制度与现在大不一样:大多是被选中者在单位跟着会开车的师傅学,每个单位的学车名额指标是车管所根据该单位的车辆数量分配的;当时学车的内容也很严格,从学习到最终领取驾照有的得需要两三年的时间,不仅需要培养扎实的驾驶技术,也需要花很长时间学习汽车维修技术,考试合格后才能领取驾照;有的还需要一年的实习期,一年中没出大事故才能换成正式驾驶证。20世纪90年代初的出租车司机,"边玩边干,一个月轻松愉快地赚个3 000元没问题"。在当时,这绝对是高收入(那时一般城市职工月收入仅几百元)。

2. 向劳动密集型行业的转变

20世纪90年代末21世纪初,随着驾校和学车人数量的日益增多,汽车驾照的含金量逐渐下降,出租车司机劳动力的资产专用性也逐渐消散。时至今日,中国已有超过3亿人获得了驾驶证。出租车司机也沦为了不需要太多技术含量、劳动力市场竞争激烈的体力劳动密集型职业,而这样的职业,在中国大城市通常无法获得较高收入。以北京2015年一次调查中的数据为例,一辆出租车月均运营收入约16 300元,其中,份子钱为6 400元/月(北京市出租车每月份子钱上限为单班司机

5 175 元、双班司机 8 280 元),司机(包含了白班和夜班司机)的总收入为 6 400 元/月,略低于同期北京市职工的平均收入(每月 7 086 元)。这一现象在欧美大城市同样存在,出租车司机通常是当地的中老年人或者外来居民,收入水平接近全体居民的平均收入。

当然,出租车司机收入较低并不意味着出租车运营的收入低。一辆出租车在一年中创造的价值依然较高(在大城市单车年收入可以达到 20 万～30 万元),出租车供给与司机的劳动力供给之间形成了较大的差距。

9.2.3 出租车运力管制

1. 运力管制的内容

从管理者的视角来说,出租车市场运力管制的目的之一是控制市场中的总供给,因为,"多余"的出租车运力似乎会造成城市道路交通资源的"浪费"和更加严重的拥堵。

出租车运力管制包含两个方面:一是出租营运证(出租车牌照)管制,二是对非法营运车辆(没有营运证的私家车"黑车"、克隆出租车以及跨区非法运营的出租车等)的管理。实际上,出租车营运证的管制决定了一个城市区域中正规出租车运力的上限——即所有出租车司机均保持最长工作时间并积极揽客时的总运力。而一个城市区域中出租车的实际运力会受到司机供给意愿的影响,例如,晚高峰时段,在市中心游弋的出租车数量可能非常有限,更多的车辆可能前往市郊运营;在暴雨暴雪等恶劣天气下,部分出租车甚至会暂停运营;在平峰时段,部分司机会找地方停车休整。对非法营运车辆的打击力度则影响了一个城市区域中"类出租车"(通过收取经济回报来提供载客服务的车辆)运力的上限。

2. 运力管制的结果

对于世界上的大部分城市而言,出租车运力管制与价格管制是一起实施的。但也有例外,例如台北市在多年之前已基本放开了出租车运力管制,而运价管制却一直保留了下来。从数据上看,台北市的出租车大约有 3 万辆,加上周边县市(新北市和桃园县)的 2 万多辆,这些与台北同属于一个营业区域的出租车数量在 5 万辆左右,导致台北市出租车万人拥有率接近 150 辆/万人。中国大陆出租车万人拥有率较高的北京、上海等大城市,该指标仅分别为 35.8 辆/万人和 21.7 辆/万人;这一指标广州是 16 辆/万人,深圳是 15 辆/万人,成都是 12 辆/万人,一些省会城市甚至不到 10 辆/万人。

打车难成为很多城市普遍存在的一个问题,一些城市也滋生了相当数量的"黑车"。据统计,北京市黑车数量一度达 7.2 万辆,甚至超过了正规出租车数量。腾讯科技(2015)对超过 2.5 万名网民进行了抽样调查,结果表明,有 80% 的被调查者经常或偶尔使用"黑车"出行。出租车数量的不足,也催生了网约车的兴盛。截止到 2018 年 3 月,南京市已经办理登记证和许可证的网约车数量达到 12 000 辆,而在网约车的冲击下,2017~2018 年南京就有 3 000 多辆出租车退租停运,剩余的营运出租车数量为 8 000 辆;网约车与出租车合计 21 000 辆,远超过 2015 年峰值时 14 000 辆的出租车市场规模。

9.2.4 出租车市场的经济租

1. 经济租的形成

在出租车价格管制与运力管制下,出租车车费高于无管制的应有水平,消费者支付水平/意愿与出租车司机劳动力供给出现了差距,从而形成了一类重要的"经济租"(Economic Rent)——对于公司化管理的出租车主要表现为"份子钱",对于个体出租车经营者主要表现为"牌照费"。在经济较发达的城市(打车人的需求较高),如果出租车价格管制与运力管制较严格,"份子钱"或"牌照费"也会居高不下;而在经济欠发达的城市,"份子钱"或"牌照费"则有可能较为亲民。

2. 经济租与"份子钱"

以"份子钱"为例,作为出租车市场"经济租"的一种表现形式,"份子钱"在数量上并不完全对应于"经济租"。份子钱中有比较清晰的支出项,例如营业税,但亦有很多不够透明的支出项。理论上,出租车市场"经济租"应等于在"份子钱"中除去职工工资福利、车辆折旧、车辆保险等生产要素"影子价格"后剩余的部分。在 20 世纪八九十年代,出租车市场的"经济租"非常有限甚至可以忽略不计,而当前,"经济租"就非常可观了。这部分收益并不会全部流入出租车公司,而且,随着一个市场中出租车公司/集团/联盟数量的减少,出租车公司与其他部门或机构之间的交易成本也可得到降低,"经济租"变动和分摊的灵活性也有所提高。

"经济租"并不等于管制价格减去无管制时的市场均衡价格,而是要大于上述差值。而且,出租车司机和打车人共同支付了"经济租",双方承担的份额要视双方相对的价格弹性而定:弹性相对较小的一方会承担大部分的"经济租"。

【资料:北京出租车的"份子钱"】

起步于 20 世纪 80 年代初的出租车行业,起初只是游离于市场和公司化经营的一种特殊产物。"车不多,司机不多,谁想坐车得公司指派。"从事出租车行业 20 多年的老司机刘先生回忆,那时候没有所谓的"份儿钱",司机是公司的职工,每月从公司领死工资,有活儿才出车。20 世纪 80 年代末,当人们看到马路上越来越多的黄面的时,北京的出租车行业管理模式第一次改革基本完成。出租车不再等着指派工作,只要乘客有需要,招手就停。出租车公司与司机的关系由原来的公司对职工升级为服务方与承包人。出租车公司购买的车辆为司机提供服务,司机需要按月给出租车公司交承包费。当时各公司承包费并不统一。

到20世纪90年代初期,北京市出租车数量已经达到6万辆。最鼎盛时,北京有近1500家出租车公司。在利益的驱使下,一些出租车公司做起了卖车的"生意",将所购车辆卖给个人,个人每月只要交一定的管理费就可以运营。1996年,北京市出租汽车管理局下发《关于加强企业营运任务承包管理工作的通知》,规定出租汽车企业实行承包管理,应与其驾驶员签订营运任务承包合同;同时,车辆价值保证金和营运收入保证金的收缴,不得突破规定的比例数额,月承包金的收缴应严格控制在行业公布水平线的±15%以内。在许多司机看来,该文件彻底改变了出租车司机的命运。

1998年,北京市完成了出租车更新,代替"小面"的是红色夏利,后来补充了富康,完成了北京出租车换代。同时,新的承包方式也确定,单班司机每月需要支付4 300元到4 500元给公司,这笔承包费用仅包含了养路费、税费等。之后,政府开始鼓励大公司兼并小公司以提高管理的效果。2001年到2003年,北京的出租车公司减少到600家左右。2005年,北京出租车更新换代,单班承包费首次明确,每月5 175元。这个金额一直延续至今。"这数字为什么有零有整,其实是在夏利的4 500元份儿钱上浮了15%得出来的。"

(引自:郭超,汤旸《"份儿钱"进化史》,新京报,2013.4.17。)

3. 经济租的表现形式

需要说明的是,即使按照一些人士的呼吁取消了"份子钱",只要出租车市场的价格管制与运力管制不变,"经济租"就不会轻易消散,改变的只是"经济租"的表现形式和"经济租"分配时的交易成本。例如,假定"份子钱"一夜之间突然被取消,出租车公司也全部撤出(公司车辆全部交给私人车主),只要司机劳动力市场不出现阻碍,出租车司机的收入也不会出现大幅上涨。原理很简单,这些出租车的车主会利用管制下的市场优势攫取可观的"经济租":即使车主原来就是艰辛的出租车司机,他/她也很可能去招新的司机顶替自己的角色,而自己变身为"雇主"向其雇佣的司机发放工资(工资水平依旧与"份子钱"取消前相当)或向其雇佣的司机收取"抽头"(可视为"份子钱"的变体,而被雇用司机的工资水平依旧与"份子钱"取消前相近)。前后的区别在于:由于无须与其他部门或机构分享"经济租"(仅凭这一点就可反证该情形不会被允许出现),加之可以避免不少"公司"内部的管理成本,个体雇主的单车收益水平要高于原来的出租车公司。

简单地说,出租车市场的价格管制主要是为了给市场交易提供价格标杆,以减少信息不对称条件下的市场秩序混乱;出租车市场运力管制的出现是消费者支付能力上升和出租车司机劳动力价格下降大潮下的产物;控制出租车运力的另一作用,是鼓励部分"潜在"的出租车出行者转而使用私人小汽车出行,以获取更多经济回报;而依托出租车公司的牌照管制在全球得到推广,既有降低管理成本方面的考虑,也有以相对较低的管理成本获取"经济租"的目的。

在城市化进程较快的地区,消费需求、服务范围、竞争性交通方式的发展瞬息万变,加之汽柴油等生产要素价格的波动,出租车市场中协调一致的价格管制、运力管制和"经济租"的测算变得非常复杂,导致各类管制的调整难以及时跟上变化。面对滴滴、美团等新兴势力的强势竞争,传统出租车行业及其管制模式,都必须进行改变和调整,以适应市场需求和城市发展的需要。与此同时,滴滴、美团等也可能主动或被动地顺应当地政府的监管,以取得完全"合法化"的身份。

第 10 章

私人小汽车交通

本章分析了中国汽车产业的发展和私人小汽车交通的兴盛对国民经济和政府财政的巨大贡献;对比国外,指出了中国大城市中心城区道路系统和停车系统对小汽车交通给予的大力支持;分析了小汽车出行者在经济开支之外的隐性成本和社会约束;提出了应正确看待私人小汽车交通的建议。

10.1 汽车产业

1. 发展历程

新中国诞生的头 30 年里,出于意识形态的考虑,私人汽车作为资本主义的象征一直受到限制,直到 1966 年"文革"被彻底禁止。即使公务车,也严格按等级实行配给。当时中国的轿车千人保有量不足 0.5 辆,在全球 130 个国家和地区中排名垫底。到了 80 年代,私人汽车以"灰色"面目开始出现在极少数家庭。直到 1994 年,中国政府公布《汽车工业产业政策》,第一次从政策上正式认可了在中国私人购买汽车的合法性。2001 年,中国正式加入世界贸易组织。随着城市化的快速推进和购车门槛的降低,中国家庭被压抑多年的购车需求急剧释放,中国的私人汽车尤

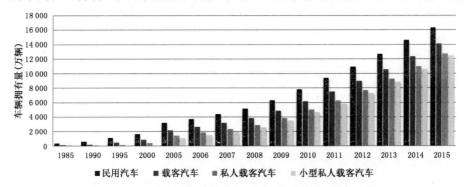

图 10-1　私家车在中国民用汽车拥有量中的比重逐渐增加
图片出处:本书作者绘制。数据来源:《2016 中国统计年鉴》。

其是私家车(私人小汽车)日益增多,并带动汽车产业成了中国国民经济的重要支柱产业(图10-1)。2016年,汽车行业实现主营业务收入80 185.8亿元,实现利润总额6 677.4亿元,汽车工业增加值约占全国GDP的2%左右。

2. 小汽车购买力

对于中国城市的购车人来说,近二十年来,小汽车的售价总体上一直呈下降趋势(2002年至2012年就下降了约40%),如图10-2所示。目前,中国市场占比最大的A级车的价格水平已与欧美诸国相当甚至更低;与此同时,中国城镇居民的收入水平一直在逐步上升(图10-3)。此消彼长,中国城市的普通市民对于小汽车的购买力大幅度上升(当然,还未达到发达国家人均年收入高于小汽车新车平均售价的程度)。

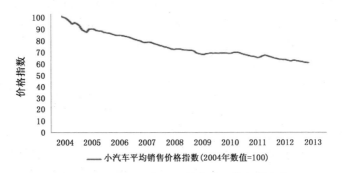

图10-2 中国小汽车平均销售价格指数的变化

图片出处:本书作者绘制。数据来源:Nomura research,中国汽车工业协会论坛,2013.

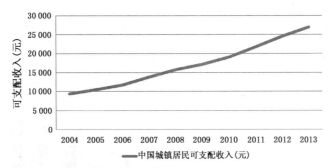

图10-3 中国城镇居民可支配收入的变化

图片出处:本书作者绘制。数据来源:《中国统计年鉴》。

其中的原因是多方面的:2001年中国加入WTO之后,小汽车及其零配件进口的关税税率有所降低;国外大型车辆制造企业纷纷通过合资的形式进入中国市场,不仅带来了中国小汽车生产制造技术的飞跃,也导致了愈发激烈的市场竞争;越来越多的民族品牌加入小汽车市场的争夺,进一步拉低了市场售价。

简言之,私人小汽车已经由20世纪80～90年代中国市场的"奢侈品",逐渐变成了中国城市很多家庭的"生活必需品",并带来了城市交通发展模式的巨大变革。需要注意的是,中国大城市的"机动化"是"城市化"的衍生品。即使没有私家车的繁荣,中国城市化的脚步也不可能停下,只是会更为缓慢和困难。

3. 社会经济影响

驾车人往往被认为是一个比较容易增加政府财政收入的目标群体。除了车辆的生产制造环节,私家车的购置、使用过程也给国民经济创造了巨额的税费和财富,产业的波及效益也给上游(原材料、机械设备)、下游(驾驶员培训、交通运输、维修保养、汽车装潢、金融、保险、旅游、餐饮等)相关产业带来众多的发展机遇和就业岗位(一般认为,汽车工业对辅助产业和相关产业的拉动效应为1∶7∶11,对相关服务业就业人数拉动比例为1∶6)。

2016年,中国私家车新增近2 000万辆,按照平均每辆12万元(2016年全国二手车平均成交价格亦接近8万元)估计,销售总收入达到24 000亿元;其中,车辆购置税约2 051亿元(24 000÷1.17×10%),车辆增值税约3 487亿元(24 000÷1.17×17%),消费税(与汽车排量有关)按4%估算为821亿元(24 000÷1.17×4%)。以1.46亿的全国私家车保有量,按照平均每辆车年燃油费5 000元估算,2016年燃油费总支出高达7 300亿元,其中,燃油中的税、费合计3 000亿元以上;按照平均每辆车年保险费3 500元估算,保险费总额约5 110亿元。2016年,全国收费公路通行费总收入为4 548.5亿元。此外,截至2017年一季度,中国驾培(驾驶人培训)机构接近1.7万家,教练员近90万人,教练车超过70万辆,年培训人数约3 000万人次;驾培学费按照5 000元/人估算,驾培市场学费年收入达到1 500亿元。粗略地估算,2016年私家车每年带来的直接经济价值就超过4万亿元(同年,全国GDP为74.4万亿元),缴纳的税费也超过1万亿元(同年,全国税收收入11.6万亿),可见其对国民经济的重要作用。

不同于欧美发达国家大城市车辆保有率低于市郊、卫星城甚至乡村的状况,由于收入水平的影响,中国的大城市是私家车购买和消费的主力。图10-4按照城市与所在国家(地区)家庭私家车拥有率(拥有私家车的家庭占家庭总数的比例)差异的大小,对比展示了欧美发达国家和中国的区别。同时,可以看得,虽然中国家庭私家车拥有率的全国平均水平远低于这些发达国家和地区,但是,中国大城市的家庭私家车拥有率正在接近欧美发达国家大城市的水平。

不应忽视,私家车在增加城市交通拥堵的同时,也为城市经济与政府财政做出了很大贡献。例如,上海市自20世纪末开始实施私家车牌照管制与拍卖制度,2016年投放私家车牌照约13.2万个,牌照拍卖的平均成交价为82 352至88 412元/辆,年牌照拍卖所得高达113.9亿元。上海外环线内,有超过2万个政府经营

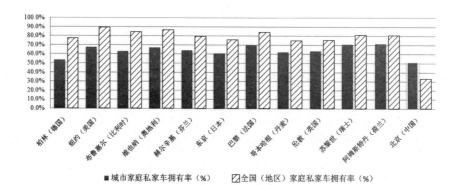

图10-4　与欧美发达国家不同，中国大城市的家庭私家车拥有率高于全国平均水平
图片出处：本书作者绘制

的路内停车泊位分布在 900 多个路段；此外，上海拥有经营性公共停车场（库）近 2 600 个，泊位数约 57 万个；加上数量巨大的未备案停车场、停车位（甚至有居民将门前空地开发成"收费停车场"），上海的私家车主每年向社会贡献的停车费就超过百亿元。

10.2　城市小汽车交通

10.2.1　车辆出行特征

1. 中心城区的私人小汽车运用

纵观欧美大城市的交通，其市中心/中心城区的小汽车出行方式分担率通常要远低于市郊。其原因主要在于：一是市中心的停车费太高，开车前往市中心，经济上难以支撑；二是市中心的道路宽度较窄，车辆限速较低（牺牲汽车的机动性，以保障行人和骑车人的安全），街区较小而信号灯、人行横道线较密集，导致小汽车交通耗时较长；三是市中心的公共交通和慢行交通服务水平较高，且市郊设有停车位较充足的免费 P＋R(Park and Ride)换乘停车场，驾车人可以选择在市郊开车换乘公共交通进出市中心。在上述三个方面，中国大城市均与其存在很大差别。

如图 10-5 所示，在伦敦市中心和内伦敦区域内部，小汽车出行方式分担率均较低（在伦敦市中心仅占约 3%），而步行的出行方式分担率极高；由外围区域（内伦敦、外伦敦）进出伦敦市中心的小汽车出行方式分担率极低，公共交通的出行方式分担率极高；在内伦敦至外伦敦（市郊）的交通方式中，小汽车所占比重较高，而在伦敦市郊，小汽车的出行方式分担率大大超过了所有公共交通方式的总和。这也是很多欧美国家大城市中心区与郊区出行方式分担率此消彼长的典型特征。

反观上海，中心城区小汽车的出行方式分担率要高于全市平均水平（也就意味

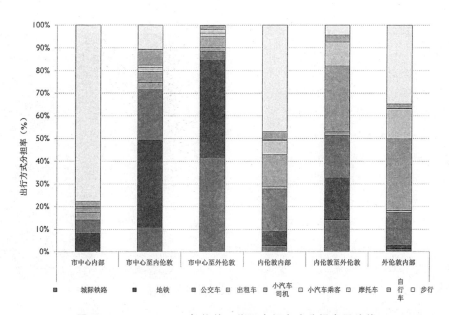

图 10-5　2012～2015 年伦敦工作日出行方式分担率平均值
图片出处：Transport for London，Travel in London，report 9，2016. 本书作者翻译

着要高于其在市郊的出行方式分担率）。中心城区分担率更高的小汽车与公共交通，一同替代了市郊更常用的自行车和摩托车。尽管这里的统计没有伦敦细致，但足以发现区别：中心城区内部和市郊进出中心城区的小汽车交通出行方式分担率较高，甚至高于市郊的水平，意味着中心城区的交通系统（道路、停车）并没有如欧美大城市那般对小汽车"不够友好"（图 10-6）。实际上，中国大城市中心城区甚至 CBD 的主干路，也常常肩负着交通"主动脉"的作用。

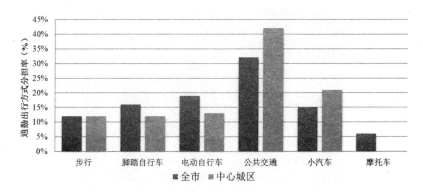

图 10-6　上海市中心城区与全市通勤出行方式分担率对比
图片出处：本书作者绘制。数据来源：《上海市第五次综合交通调查主要成果》

2. 中心城区道路系统的支持

21 世纪以来，随着小汽车（尤其是私家车）保有量和交通需求的快速增长，中

国大城市纷纷开展了对城市路网的大规模维护、改造和升级。简言之，在条件允许时尽量增加城市道路红线宽度；在条件不允许时，通过压缩绿化隔离带、非机动车道和人行道的空间，尽可能地增加路段尤其是交叉口的机动车道数量，目的均是为了使得机动车道的通行能力足以匹配预测中日益增加的交通需求。由于主要关注点是汽车的交通需求（大城市中心城区常常禁止摩托车通行），有时不得不刻意地减少非机动车尤其是行人的道路空间。例如，一度很流行的"人非共板"设计（图10-7），就是将非机动车"赶上"原来的人行道（行人不得不借道行道树或路边店铺门前的空间通行，或者与非机动车混行），从而将原来的非机动车道及机非隔离带用于新增机动车车道（或路内停车泊位）。

图 10-7　非机动车道改为与人行道"人非共板"设置

图片出处：http://paper.taizhou.cn/tzwb/html/2014-03/23/content_535706.htm

当人行道被挤压到极限（图10-8），《城市道路工程设计规范》中规定的人行道最小宽度（2 m）有时也无法得到保证；加之一些人行道也被停放的机动车所阻断，造成行人时常进入非机动车道甚至机动车道，降低了非机动车和机动车的交通效率并带来了一定的安全隐患。不便的步行环境也增加了通过步行衔接公共交通的困难，间接影响了公共交通的服务水平，同时，降低了街道对行人的吸引力（图10-9）。

图 10-8　为了扩展出更多的机动车道，这一路段的人行道被压缩至 0.5 m 宽

图片出处：http://picture.youth.cn/china/201505/t20150509_6623101.htm

此外，主要是为了减少行人和非机动车过街对机动车流的影响，中国《城市道

路工程设计规范》(2012)规定:人行横道间距宜为250～300 m;《城市道路交通设施设计规范》规定:快速路和主干路上人行过街设施的间距宜为300～500 m,次干路上人行过街设施的间距宜为150～300 m。现实中也普遍存在着行人过街设施间隔过远的情况。例如,南京市太平北路—北京东路交叉口的人行横道与其南侧的过街天桥,间距达到360 m(图10-10);闹市区汉中路(上海路至牌楼巷段)超过400 m无行人过街设施并在全路段设置中央隔离栏;龙蟠中路—北京东路交叉口的东西向人行横道距离南侧的人行横道超过750 m,中间无任何行人过街设施。过大的人行横道间距,不仅给行人带来不便,造成了街区的分割;由于部分行人在没有过街设施的地段强行横穿道路,也埋下了一定的安全隐患。

图10-9 虽然人行道的宽度达到了2 m的下限,但行道树形成了不小的阻碍

图片出处:本书作者拍摄

图10-10 太平北路与北京东路交叉口的人行横道与前方的过街天桥,间距达到360 m

图片出处:百度地图全景视角

反观欧美大城市,其主干路人行横道或其他过街设施通常设置的较为密集。例如巴黎最繁忙的主干路香榭丽舍大街,人行横道的平均间距不足100 m;芝加哥车流滚滚的主干路北密歇根大街,人行横道的平均间距甚至不到80 m(图10-11,图10-12)。

图 10-11　巴黎最繁忙的主干路香榭丽舍大街,人行横道的平均间距不足 100 m,两侧的人行道宽度达到 21 m

图片出处:http://m.zwbk.org/lemma/120756

图 10-12　芝加哥车流滚滚的主干路北密歇根大街,人行横道的平均间距甚至不到 80 m

图片出处:http://chicagolifemagazine.com/

10.2.2　出行成本与感受

1. 停车成本

对于私家车主来说,停车成本较高、困难较大的地方通常不是工作单位,而是在停车资源比较紧张或不太熟悉的地段,例如中心城区的三甲医院、繁忙时段的购物中心、第一次驾车前往的街边店铺。驾车人所停车的成本(代价)也不仅仅是停车费，而是包含着排队等待出入停车场、游弋寻找周边停车场或路内停车泊位，以及占道违停遭遇纠纷或被处罚等在内的金钱和时间损耗。实际上，很多时候，驾车人宁愿多支付费用以换取目的地的停车机会，但当前的停车供给模式往往没有提供这样的选项。同时，由于有些路段占道违停的期望处罚较低（执法不是太及时，且处罚金额较低），总有些心存侥幸或铤而走险的车主占道停车，甚至在路侧停成2列，而不管是否有碍他人的通行和交通安全。

2. 显性行驶成本

拥堵状态下，车辆的油耗会出现较大幅度的增加，车辆的故障率也会有所提高。即使在经济行驶车速下油耗能降为 5～6 L/100 km 的车辆，在拥堵的城市路况中，油耗也可能高达 10 L/100 km 以上。例如，北京市 2016 年交通高峰期的小汽车平均行程速度仅为 14.7 km/h（早高峰）和 15.1 km/h（晚高峰）。因此，估计北京市私家车的平均百千米油耗为 10 L/100 km。根据第五次北京城市交通综合调查的结果，2014 年私家车工作日平均行驶里程 41.5 km。按照汽油价格 7 元/L 推算，得出工作日平均燃油费支出为 29.1 元（41.5×10/100×7）。低于北京二类地区路内停车泊位 4 h（33 元）和一类地区路内停车泊位 2.5 h（32.5 元）的停车费，接近在一类地区路外露天停车场 3.5 h 的停车费用（28 元），在二类地区较为便宜的路外停车场也只能停放 5.5 h（27.5 元）。可见，即使在拥堵状态下的燃油费用，可能也比不上停车费对通勤驾车人的影响。只是在中国大城市普遍依靠单位停车或占道停车的现状下，停车费才没有如欧美发达国家一样，成为众多私家车主的重点考虑因素。

此外，由于交通拥堵，驾车人与车上乘客的时间消耗大大增加。乘客尚可做其他事情消磨时间，而驾驶人除了听听音乐或电台，注意力无法分散以做他用。需要说明的是，时间价值较低者，对交通拥堵的敏感程度也相对较低，因而面对常态化的交通拥堵也可能义无反顾地驱车出发（甚至会抱有侥幸心理）；而时间价值较高者，通常对拥堵较为敏感，由于无法容忍时间的损耗，会尽量设法避开常态性的交通拥堵。例如更早地出发、绕行收费公路、选择打车而非自驾、甚至购买/租用工作单位附近的居所。

3. 隐性行驶成本

（1）精力损耗

在中国大城市驾车，需要耗费更多的精力、体力和技术以应付复杂的路况：在交叉口、无机非隔离设施的道路（即使有机非隔离带或隔离栏，部分非机动车还是会借道机动车道行驶，一些行人也可能翻越障碍设施横穿道路）需要时刻保持警惕，以免与侵入机动车道或闯红灯的非机动车或行人发生碰撞；在公交站台、交叉口、快速路交织区甚至普遍道路，均要集中注意力应付挤靠、加塞、抢行与突然停车(准备左/右转进入单位或停车场)的车辆。在交通高峰期、太阳落山后的时段或是遇到雨、雪、雾、霾等天气,难度更是增加不少。即使是那些交通素质低、驾车水平高的驾车人,能够在走走停停的车流中占尽便宜,精力和体力的付出也在所难免。相反,在交通素质较高的城市,上述驾车的精力消耗可以大大降低(图10-13、图10-14)。

图 10-13　驾驶人需要耗费精力避免碰擦非机动车和行人
图片出处:http://news.sina.com.cn/o/2011-10-12/071023289827.shtml

图 10-14　驾驶人需要耗费精力时刻提防其他车辆的挤靠、加塞
图片出处:http://www.sxdaily.com.cn/n/2017/0220/c322-6118280-9.html

(2) 心理影响

除了精力和体力的付出,驾车人的心理也常常受到交通环境的影响。尤其是当遭遇预料之外的交通事件(例如由于前车毫无征兆地停车而不得不紧急制动)或者他人恶意的加塞、别车行为时,不满、愤怒、惊恐、焦虑、委屈、后悔、失望等情绪也会随之而来,影响剩余的驾车行程甚至之后的工作、生活。尤其在丛林规则盛行的区域,驾车人遵守规则的举动常常意味着吃亏,而谦让、克制等行为难以引起他人的赞许或反省,反倒可能遭到他人的不满和谩骂,甚至被交通素质较差的出行者当作可利用的弱点。反之,交通素质较差的驾车人,通过抢行、加塞、随意变道等不良驾驶行为,不仅能够节省自己的出行时间,心理上也常常能够获得满足感和成功

感。当然,代价是更多的人际冲突、更大的事故风险和更高的被处罚概率。

从数据上看,中国大城市轻微交通事故发生的概率较大。南京交管局《2015年交通事故大数据分析报告》显示,南京日均轻微道路交通事故 313 起,主要为车辆追尾、刮擦、碰撞事故。而车辆保有量更大、车辆年均行驶里程更高的美国芝加哥市,2015 年车辆追尾、同向/反向碰擦事故的数量为日均 108 起(Illinois DOT, 2016)。

需要说明的是,加塞、逆行、违停等不良驾驶行为并非总是零和博弈(一辆车受到的损失等于另一辆车的获利,从而保持社会总福利不变)。例如,一辆车加塞的过程,可能影响后续多辆车的行驶速度;如果形成车道阻碍甚至造成交通事故,后果则严重得多(图 10-15、图 10-16)。

图 10-15 试图加塞的车辆挡住了身后一排车辆的正常通行
图片出处:http://www.sohu.com/a/212554982_391708

图 10-16 由于大量车辆逆行,双向四车道的道路挤成了
单向四列车队,导致交通陷于瘫痪
图片出处:http://news.163.com/12/0930/08/8CKSKCP100014AEE.html

此外,由于道路通行权界定不够明晰,一些非机动车和行人的经济承受能力较弱,加之交管部门为了节省行政和执法成本,当发生私家车与非机动车和行人的交

通事故后,交警常常以"调解员"的身份出现,让私家车主"主动"承担更多责任比例,甚至"花钱消灾",进一步增加了驾车人的不公平感。有些地方甚至产生了职业"碰瓷"群体。

4. 社会指责

近年来,欧美一些国家和国内开始掀起一股"批判"私家车的风潮。认为私家车堵塞了交通、占据了城市空间、污染了空气、增加了噪声和事故风险,因此,需要限制私家车的购买与使用(限行、限牌、减少停车位)、增加私家车的税费(燃油税、路桥通行费、拥挤收费、环保税费)甚至局部禁止私家车的使用(增设步行街、提倡无车日)。似乎,只要遏制了私家车的使用,城市交通拥堵和环境污染就能够顺利地得到消除。其中一部分人是怀着"乌托邦"式的理想,希望通过将小汽车占用的交通资源让渡给绿色交通(公共交通、非机动车交通、步行)来提升城市生活品质。然而,也存在着试图借着舆论导向乘机盘剥私家车主以及争取更多补贴和优惠政策的动机。

诚然,中国城市的小汽车出行者们存在大量让他人反感的行为,占道停车、争道抢行、超速行驶……但是,这并不能成为反对甚至试图禁止一种交通方式的理由。按照上述思路,电动自行车由于乱闯红灯应该被禁、自行车由于乱停乱放也应被禁,所有民众都应该步行或去挤已经拥挤不堪的公共交通。这显然不是一种科学和理性的态度。

当然,私人小汽车的广泛使用带来了更多尾气排放和噪声污染。但是,并非所有的尾气和噪音都属于有害的"外部成本"。首先,多年以来,中国一直在通过油品和车辆技术升级来减少尾气中的有害物质排放水平,车主们在购买车辆和使用更"高级"的油品时,实际上已经支付了更高的"环境保护"费用;其次,由于中国大城市的路况远较发达国家城市复杂,大量的车辆鸣笛是为了安全行驶的需要,具有交通安全和秩序方面的积极作用;至于事故风险,车险的普及早已将很多这方面的外部性内部化了。综上所述,不能简单地将尾气排放、噪声和事故风险全部归为私人小汽车带来的"外部成本"。

5. 车辆限行限购

主要为了缓解道路交通拥堵,20世纪70~80年代,布宜诺斯艾利斯、加尔加斯、雅典和墨西哥城就引入了机动车尾号限行政策(一周中的每个工作日,按照尾号划分,约1/5的私家车禁止行驶)。在中国,2007年北京首先开始实施机动车尾号限行措施,此后,长春、兰州、贵阳和杭州等十多个城市先后跟进(杨雨等,2016)。

车辆尾号限行政策,在短期内具有较好的机动车交通疏解效果。因为,受到限制的车主将改用交通效率相对较高的公共交通、非机动车、拼车或专车出行,甚至减少受限日的出行次数。然而,随着城市中部分家庭陆续购入第二辆车,限行政策的效果会日益减弱。城市推行车辆限行政策的另一主要目的,是减少大量(办事或旅游的)外地牌照车辆(甚至本地郊区的车辆)占用本地尤其是中心城区的交通资源。毕竟,这些车辆并没有为本地缴纳足够的税费。

而新车限购政策,并不会对机动车交通拥堵产生明显的缓解作用。原因很简单,车辆限购政策影响的主要是增量而非存量,因此,城市交通压力并不会减少(只是增长的速度"放缓了")。此外,虽然上牌新车增加的速度得到了控制,然而,仍会有大量本地市民购买新车并申领外地牌照,因此,限购政策的效果会大打折扣。当然,使用"外牌"车辆的本地市民,也会一视同仁地受到"外牌"车辆限行甚至禁行政策的影响。综上所述,新车限购政策通常会配以"外牌"车辆限行或禁行政策,其最终影响,是缓解城市重点交通资源(例如高架桥或部分城区)的交通压力,而非缓解全市交通拥堵。

例如,上海市于20世纪90年代开始实施车牌限量竞拍政策。至2017年9月,最低成交价达到91 300元/副,中标率5.0%(上海市个人非营业性客车额度拍卖公告,2017)。高峰时段禁止外牌车驶入高架道路。由于高昂的拍牌费用,很多上海市民也选择租用上海车牌、购买外牌车或品质相对较差的新能源车辆(品牌、车型有限制)。据估计,有近100万辆外牌车长期在上海行驶,而上海牌照的私家车数量尚不足200万辆。

北京市的车辆限购限行政策在中国更具代表性(图10-17、图10-18)。北京于2010年推出了车辆限购(摇号)政策。2017年,小客车指标年度配额为15万个,其中普通指标额度9万个,示范应用新能源指标额度6万个。2017年末的摇号中签率仅为0.11%,相当于883人争抢一个指标。为何北京牌照如此吃香呢?这是因为,对于非北京牌照的车辆,进入六环需要定期办理进京证,进入五环内的区域行驶时段受到限制(早晚高峰禁行,同时按照尾号限行)。由于个人购车者的中签率极低(北京极低的车牌中签率与大量市民投机行为有关,部分暂时不需要买车的市民也会参与拍牌,以便在中签后通过签订私下协议将车牌转"租"给他人使用),一些急需用车的家庭不得不私下租用北京车牌或选择购入品质相对较差的新能源汽车。甚至出现了假结婚(真领证)以便过户车辆的灰色产业链。同时,也有很多北京市民(主要为郊区居民)购置"外牌车",日常在五环外使用。据北京市交管局统计,有约60万~70万辆外埠车长期在京使用。此外,在北京市内,悬挂假北京牌照或套用北京牌照的外地车也为数不少。

简言之,中国大城市的私家车保有率仍低于发达国家同类城市的整体水平,但在"小汽车友好型"的城市道路和单位/道路停车模式的支持下,中心城区的私家车保有率和出行分担率高于发达国家同类城市,加之交通管理和交通文明程度的差距,导致中心城区的道路以及中心城区与外围区域的联络线拥堵较为严重。

	尾号1和6停驶	尾号2和7停驶	尾号3和8停驶	尾号4和9停驶	尾号5和0停驶
2017年4月10日至 2017年7月9日	星期四	星期五	星期一	星期二	星期三
2017年7月10日至 2017年10月8日	星期五	星期一	星期二	星期三	星期四
2017年10月9日至 2018年1月7日	星期一	星期二	星期三	星期四	星期五
2018年1月8日至 2018年4月8日	星期二	星期三	星期四	星期五	星期一

图 10-17　北京市车辆尾号限行规则示例

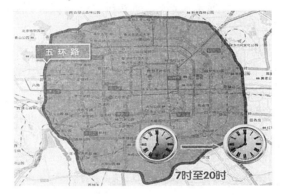

图 10-18　北京市民企与私人汽车尾号限行范围及时限
图片出处：北京市公安局公安交通管理局，2017.

10.3　应如何看待小汽车交通

小汽车，尤其是私家车，是一个充满矛盾的事物。在汽车广告里，拥有私家车，常常代表着激情澎湃、轻松愉快、其乐融融、丰富多彩的高品质生活方式。然而，在其他场合，又常常被方便地贴上"骄奢淫逸"甚至"坏蛋"的标签，要为城市的弊病（拥堵、污染、事故等）和城市发展给人带来的失望负责。那么，为何中国城市私家车数量的增速如此之快？未来"去私家车化"的前景又如何？

1. 小汽车逐渐普及的原因

前文已从小汽车购买和使用成本方面分析了小汽车逐渐普及的"供给侧"因素，这里梳理一下"需求侧"原因。

首先，是小汽车对大城市出行需求的位移特征更为匹配。正如本书第一章所述，随着中国大城市建成区的快速扩大、中心城区外围人口的快速增长和城市优势资源的向心集中，产生了大量中长距离交通需求。在这样的出行距离上，小汽车的速度、私密性、舒适性、整洁性、尊严感和便捷性优势是其他交通方式无法匹敌的。随着城市生活节奏的加快和居民需求层次的逐渐提高,小汽车相对于公共交通和非机动车的上述优势可能会进一步拉大。

其次,中国进入私家车时代的历史还很短。对于很多人来说,还是刚刚体验到拥有私家车的便利与满足感——"旅行的感觉""驾驭的乐趣""炫耀的资本""地位的象征"。加上汽车产业的立体式宣传和政府的鼓励,小汽车的消费与使用确实存在一定程度的"非理性"。未来,随着小汽车炫耀性消费的降温和"工具"属性的提升,人们购置和使用小汽车也会更为理性。

最后,即使是短距离出行,由于污染的空气和并不安全的慢行交通环境,小汽车出行也拥有了一定优势,尤其是对于接送老人和孩子的出行来说。

2. 没有私家车的城市是什么样的

不妨考虑一下,如果没有私家车,城市中会是什么样的场景?答案其实很简单:就像三四十年前的中国城市(图10-19~图10-21)。那时的中国城市,人们几乎全部使用目前备受推崇的"绿色交通方式"出行。这是否就是那些私家车反对者心中理想的交通呢?

实际上,如果没有私家车,中国城市与三四十年前交通的区别主要在于,步行的比例降低了,电动自行车代替了大部分脚踏自行车,大城市拥挤的地铁代替了部分长距离公交巴士,出租车/网约车更多且价格更亲民了……但是,这些足够应付出行总数、平均出行距离和出行时效性均大大增加的城市交通需求吗?

图 10-19 曾经的中国大城市,人们几乎全部使用"绿色交通方式"出行

图片出处:新浪微博,旧影阁

图 10-20 曾经的中国大城市,人们几乎全部使用"绿色交通方式"出行(一)

图片出处:http://www.virtualshanghai.net/References/Repository?ID=42

图 10-21 曾经的中国大城市,人们几乎全部使用"绿色交通方式"出行(二)

图片出处:https://marthakennedy.blog/2014/08/25/cities-time-and-maps

3. 应如何看待小汽车交通

现在的很多宣传都在关注私人小汽车的数量及其带来的"负面"影响,其中,混淆了很多概念。

首先,很多批评没有区分小汽车驾驶人的不良行为与小汽车交通方式之间的区别。出行者的行为问题,并不是这种交通方式固有的问题。我们需要引导、管理和监督交通参与者的不良行为,而不是解决交通方式本身。正如同大量非机动车骑车人和公共交通乘客也存在不文明交通行为一样,是否都应该被取缔或采取限制?

其次,认为小汽车交通导致城市空气严重污染,这是缺乏科学依据的。从实际情况来看,工作日的小汽车交通出行量波动不大,但空气污染程度的质变只需几小时。而小汽车出行量和使用强度远超过中国城市、小汽车排放标准也比较接近的美国洛杉矶,与中国大多数大城市相比,空气却更为洁净。

另外,批评小汽车的增多导致了公共交通和自行车出行方式分担率的下降。实际上,居民出行结构的变化,并不止是快速机动化造成的,同时也是城市高速扩张和经济社会的发展造成的,更是城市交通政策在居民出行上的投影。更重要的是,出行方式分担率本身没有优劣之分,每个城市都有自己独特的历程和诉求。

最后,是指责小汽车导致了交通拥堵。这是事实,但非常有趣的是,交通拥堵最大的受害者难道不是小汽车出行者自己吗?至于公共交通车厢内的拥挤,其实是城市交通运营者和管理者的安排,与小汽车没有直接的关系。限制小汽车就能够缓解地铁车厢或公交车内的拥挤?恐怕结果正相反。

综上所述,认为人为地限制甚至禁止使用私人小汽车就能缓解城市交通拥堵的观点,可能过于理想化了,也与当前中国城市发展的需求和城市出行者的需求不符。减少社会对小汽车的依赖可能是未来的一种发展趋势,但不可为了所谓的"远大目标"而不择手段。

第 11 章

非机动化交通

本章分析了脚踏自行车和电动自行车的使用特征,从经济学的角度解释了自行车停车管理和违章管理困难的原因;对比分析了中外城市公共自行车的运营模式和使用效率;分析了共享单车得以快速发展的原因及其在使用中存在的交通问题;分析了中国大城市步行交通系统存在的问题及其对街道经济价值的负面影响。

11.1 传统自行车交通

1. 自行车交通的发展

19 世纪末,自行车从西方传入中国,成为宫廷贵族的玩具。20 世纪 60、70 年代,自行车和缝纫机、手表一起成为年轻人结婚的三大件。到了 20 世纪 80 年代,由于其灵活方便、适应性强、经济耐用、便于维修、功能多等优势,自行车逐渐成为中国人最重要、最普及的代步工具,并造就了中国"自行车王国"的声誉(图 11-1)。我国城市居民出行中自行车的出行比例一度超过总出行量的 50% 以上。例如,北京市 1986 年自行车的出行比例高达 62.7%。

图 11-1　中国一度以"自行车王国"闻名于世
图片出处:http://k.sina.com.cn/article_3637088645_d8c99185001002fro.html

然而,对于自行车在中国城市交通系统中的地位、功能和作用,近十几年来却看法纷纭。面对急速机动化、城市化带来的交通问题,国内技术人员力图从发达国家交通工程与土地规划领域寻求设计与规划的变革之道;中国大街小巷受到了诸如美国《道路通行能力手册》中机动车服务水平的广泛检验与改造,大量慢行者的延误与风险却被主要服务于小汽车的道路评价、设计、管理体系排除在外,城市交通规划亦几乎被机动车交通规划所取代。21世纪,中国城市道路里程和面积的快速增长,并没有改善行人和骑自行车者的交通条件,甚至常常牺牲非机动车道和人行道的空间换取更多的机动车道和停车空间。在很多大城市,自行车被看作一种落后的交通方式,认为应该限制自行车的发展。部分学者甚至认为:自行车本身是一种绿色的交通工具,但在中国的机非混合交通条件下,自行车交通方式不再"绿色"。不过,近年来,自行车又因为其"绿色、低碳、环保、健康"的特点开始重新得到很多官员、学者和传媒的青睐(图11-2)。

图 11-2　昔日极为普通的非机动车道被重新包装为"绿色"通道
图片出处:http://news.sina.com.cn/c/2010-03-05/020117166478s.html

2. 车辆售价的影响

自行车是20世纪80年代老百姓心中衡量生活水平的标准之一。20世纪80年代,自行车的售价为180～300元一辆。考虑到80年代,城镇职工的月工资只有几十元,自行车在人们心里的位置很高,甚至不亚于当前私家车在大众心中的地位。除了代步,当时的自行车也是重要的运输工具(图11-3)。

到了20世纪90年代,自行车的角色逐渐转变成为大众化的交通工具。五颜六色、五花八门的自行车替代了曾经清一色的黑色自行车。时至今日,相对于人们的收入水

图 11-3　曾经"三大件"之一的脚踏自行车

平,通勤、通学用自行车的价格已经大为下降。

3. 对骑车人的要求

相对于机动车出行方式,自行车的骑行,对骑车人的体力和身体控制能力有一定的要求。20世纪下半叶,我国城市中居民的居住地与工作地和学校通常较近,通勤通学出行距离较短(一般在2~4 km范围内),这样的出行距离非常适合自行车出行。因此,自行车出行在中国的普及有其需求基础。

随着城市的扩张,居民职住分离特征日益明显,出行距离大幅度增加。受骑车人体力所限,传统自行车已无法适应较远距离的出行需求,自行车的出行分担率直线下降。例如,深圳市1995年(脚踏)自行车的交通分担率占21.8%,与机动化交通出行比例持平,2001年下降到14.3%,2005年进一步下降到4%,受到绿色低碳交通理念的影响2010年略微回升到6.22%(钱坤等,2012)。

骑车人体力无法跟上出行距离,催生了电动自行车和共享单车;前者通过电力代替人力,同时提高了行驶速度和持续骑行里程,弱点在于售价较人力自行车高以及由于车身较重不太适用于坡度大或通过性较差的路段;后者则较好地解决了停车保管问题,并极大地方便了自行车出行与公共交通的换乘。

4. 车辆保管的要求

首先,自行车有很高的失窃风险。例如,1986年,广州市民报失的自行车高达13 000多辆。据1995年《羊城晚报》对广州市6城区1 000户居民的调查,自行车失窃的家庭占80.6%,平均每户失窃自行车3.76辆。其中,仅有24.6%的家庭选择报案,在失窃的3 208辆自行车中,派出所仅找回13辆。汕头市城调队1998年对300户居民进行了随机抽样调查,结果发现3年内被偷盗过自行车的家庭占93.3%;按户计算平均每户失窃自行车4.1辆,按人口计算平均每人失窃自行车1.2辆;被盗车辆中新车及半新车占81.3%。由于自行车失窃率居高不下而找回的可能性微乎其微,居民降低了购买新车,尤其是高档自行车的意愿,导致自行车销量大大下降。同时,被盗居民转而购买盗贼销赃的旧车,其结果是形成了一个自行车失窃再售出的恶性循环。

此外,20世纪70~90年代,影剧院、歌舞厅、商场等人流较集中的区域,很多自行车停车场是收费看管的(图11-4)。每次收费0.05~0.5元。进入90年代之后,由于自行车保管费相对较低(骑车人也不愿支付较高的费用),很多公共场所如医院、市场、商店、餐馆等地方只设摩托车寄放点,而取消了自行车寄放点,因而自行车在公共场所的失窃率较高。住宅小区同样存在偏重摩托车存车,忽视自行车存车点的问题,居民只得见缝插针,停靠在楼梯门口或楼道内,使盗车者有机可乘。

上述问题产生的原因之一,在于自行车价格相对于居民收入的大幅度降低。

图 11-4　20 世纪 70～80 年代的自行车停车收费红红火火
图片出处：http://www.g-photography.net/old/oldphoto/news_11364.html

　　一方面，人们不愿意为价值数百甚至数十元（二手市场的价格）的车辆支付较高的停车保管费用，因此，非繁华地段的停车规模不足以招觅到管理人员；而繁华地段虽然停车需求集中，但用地的机会成本也较高，建成摩托车、助力车停车场的经济收益要高于传统自行车，甚至非机动车停车收费停车场直接被挪走或取消。简言之，骑车人支付自行车停车管理费的意愿不足以支撑其获得足够的空间资源和人力资源。

　　另一方面，传统自行车较低的价格导致警力（或其他人力资源）用于找回失窃车辆的机会成本过高，因为，即使抓住窃贼找到赃物，往往也会由于价值不足而无法量刑（在我国，盗窃不足一千元，构不成盗窃罪，仅按治安案件处罚），而大量人力物力付出与回报（找回失窃的价值数百元甚至只有数十元的自行车）不成比例。简言之，找回失窃自行车的回报不足以支撑相关公共资源的投入。

　　综上，传统自行车的所有者常常无法通过购买获得车辆看管和找回的社会资源，因此，有时不得不放弃对车辆所有权的行驶。表现为：在内将车辆停放在楼道或家中，在外将车辆停放在人流较密集的场所而非出行最便利之处，失窃后自认倒霉，甚至干脆购买外观不佳的旧车以避免引起窃贼的注意。代价是使用品质较差的车辆、增加步行距离、减少自行车出行频率、占用楼道和家庭空间。可见，传统自行车的使用进入了一种效率较低的状态。直至 21 世纪初电动自行车的出现和发展，克服了传统自行车骑行距离受限、舒适性较差及整车被盗的问题（电动自行车自重较大，被盗的通常是电池组而非整车）。

11.2 电动自行车交通

11.2.1 电动自行车市场

1. 电动自行车的优势

电动自行车的市场化销售始于20世纪80年代初的日本,但直到21世纪初,技术和成本对市场的阻碍才被打破。电池和发动机的技术改进、组件模块化以及规模经济的改善,意味着电动自行车的行驶里程更长、骑行速度更快、载人或载货能力更强,并且价格变得可以接受。

与传统的脚踏自行车相比,电动自行车适用的出行距离更远、行驶速度更快(电动自行车的平均行驶速度比脚踏自行车快40%~50%)、座椅更宽大舒适、骑行更省力,节省了出行者的时间和体力消耗。同时,发展之初也不受许多城市禁摩政策的限制。从出行距离来看,5~15 km是自行车的极限范围,却是电动自行车的优势范围;出行距离在5~10 km时电动自行车与公交车的竞争比较明显,超过10 km后和公交也存在竞争。

2017年,中国电动自行车社会保有量达2.5亿辆,电动三轮车社会保有量达5 000万辆(国家自行车电动自行车质量监督检验中心,2017)。中国已成为世界上最大的电动自行车生产和消费国(图11-5)。

图11-5 中国已成为"电动自行车王国"
图片出处:http://www.sohu.com/a/156340237_394184

电动自行车的购置成本也较低,新车价格在2 000元至4 000元,二手车辆甚至仅需300元至400元。相比较而言,在欧美发达国家,由于涉及电池环保等问题,电动自行车的价格并不便宜。美国的售价为600至数千美元1辆,英国的售价大多为500~2 000英镑1辆,相比小型摩托车(Scooter)的价格优势并不明显,因此,并没有取得很好的销量。

2. 电动自行车的销售与使用

以上海市为例,截至2014年底,全市拥有注册脚踏自行车1 090万辆、注册电动自行车437万辆、电动自行车临牌车辆306万辆。从实际使用情况来看,上海脚踏自行车的日均使用规模为155万辆,较2009年下降70%左右;而电动自行车的日均使用规模为441万辆,较2009年增加68%。脚踏自行车出行正在向电动自行车转移。从出行方式结构来看,电动自行车的出行方式分担率为20.2%,较2009年上升3.9个百分点;脚踏自行车和摩托车的出行比重分别为7.2%和1.5%,较2009年分别下降6.9和2.6个百分点,下降幅度较大(上海市城乡建设和交通发展研究院,2015)。

从使用目的来看,通勤是电动自行车使用者的第一目的,上海市高峰时段83%的电动自行车出行者为通勤出行;但另一方面,工作出行也占了不少比例,上海市非高峰时段有36%的电动自行车出行是为工作出行,很多个体商户进货、家政服务者上门服务、快递人员等选择电动自行车作为交通工具,甚至有些地区的民警出勤也选择电动自行车作为交通工具,还配备了专门的警车标志。

从地域分布来看,电动自行车在中国南北方市场发展差异明显。华北、东北和西南市场不温不火,受北方气候条件和西南地形以及失窃率高和居民购买力较弱等因素制约,发展较慢;苏浙沪和南方市场竞争激烈,由于气候温暖、地势平坦,居民消费能力较强,因此发展较快。

3. 电动自行车的不足

相对于传统自行车,电动自行车的售价较高;电池容易被盗;由于车辆重量相对较大,在翻越较高的障碍物时或上下较大坡度的道路时没有传统自行车方便(搬起);由于尺寸和体积相对较大,电动自行车停放和通行对空间的要求较高;由于电动自行车骑行速度较快且骑车人身体运动相对较少,在寒冷天气下的体感温度要低于骑行传统自行车时的感觉(图11-6)。

图11-6 在寒冷天气下,骑行电动自行车的体感温度要低于骑行传统自行车

4. 电动自行车的骑行特征

电动自行车使用者的交通素质与脚踏自行车骑车人并无显著差别。与自行车相似,电动自行车转向灵活、易造成蛇形骑车而偏离原行驶车道。与自行车不同的是,电动自行车车体较大,占用的空间较多。同时,电动自行车速度较快有助于提升平衡性并更为迅速地通过道路交叉口,但由于启动和加速快,电动自行车在车流中穿插空当、在绿灯起亮前开始穿越停车线甚至闯红灯进入交叉口等现象也较为常见(图 11-7~图 11-9)。

图 11-7 电动自行车在机动车流中穿插空当的现象较为常见
图片出处:http://view.news.qq.com/original/intouchtoday/n3278.html

图 11-8 电动自行车闯红灯进入交叉口的行为也较为常见
图片出处:http://news.china.com/news100/11038989/20170627/30844535.html

一些研究发现,中国电动自行车与脚踏自行车骑行行为有相似之处。例如,两者闯红灯的比例都比较高。有研究在苏州各种类型的道路交叉口对 1.8 万名电动自行车用户进行了观测,以找寻不安全的骑行行为。调查者注意到不少主流的不安全行为(即使这些行为还没有被列入相关法规),包括骑行时打电话、不正确佩戴头盔、驾驶方式错误、在自行车道以外行驶及闯红灯等。结果发现这类不安全行为

图 11-9 与脚踏自行车相比,电动自行车体型较大,停车占用空间较多
图片出处:http://js.news.163.com/17/0505/11/CJLUL2N804248E9B.html

发生的概率比较高,1/4 的人会在通过交叉口时选择不遵守交通规则,这与传统自行车的行为一致。2017 年 1 月至 11 月中旬,上海公安交警就查获非机动车各类交通违法行为 384 万起,其中,闯红灯 7.6 万起,逆向行驶 18 万起,未在非机动车道行驶 100 万起,违法载人 132 万起,扣车 36 万辆(上海法制报,2017)。

另一些调查发现,电动自行车与人力自行车在信号交叉口的穿越行为存在显著差异。首先,电动自行车骑行者的等待忍耐时间显著低于人力自行车骑行者,电动自行车骑行者中风险喜好者或不等待的比例(20%)明显高于人力自行车(13%),电动自行车骑行者表现得更不耐烦,其等待位置更接近冲突车流。其次,电动自行车的违规率(46%)明显高于人力自行车(32%),而且电动自行车骑行者具有更高的二次穿越行为偏好或在远侧左转相位时实施违规的偏好,这容易增大他们与机动车发生碰撞的风险。再次,在穿越轨迹方面,电动自行车骑行者的斜向和曲线穿越行为显著高于人力自行车,加之电动自行车骑行过程中噪声小,这种穿越轨迹也会增大他们与其他车辆发生冲突的可能性(环梅,2014)。

据交管部门统计,上海市 2015 年发生 158 起涉及电动自行车的交通事故,造成 96 人死亡;2016 年发生 108 起,死亡 95 人,电动自行车交通事故死亡率由 2015 年的 60% 上升至 2016 年的 88%(新闻晨报,2017)。2017 年上半年,上海平均每 2.5 天就有 1 名(骑电动自行车的)外卖送餐员因交通事故伤亡,而南京平均每天发生与(骑电动自行车的)外卖送餐员有关的交通事故 18 起(北京晨报,2017)。

5. 电动自行车发展的阻力

面对电动自行车带来的交通问题和安全隐患,近年来,中国不少城市开始实施针对电动自行车的限制甚至取缔政策。例如,2005 年,《珠海经济特区道路交通安全管理条例》修订,新增了禁止电动车上路的规定;2006 年 11 月 15 日,广州市在对电动自行车能否上路进行多次听证后,做出了禁止电动自行车上路行驶的决定;2007 年 8 月 15 日,东莞市开始"禁电"……

这些城市限制甚至禁止电动自行车的出发点主要有三个方面：一是为了降低交通事故发生率；二是为了缓解道路交通拥挤；三是为了打击非法营运。同时，电动自行车的身份问题（究竟属于"非机动车"还是类似轻型摩托车的"机动车"范畴）也一直是社会关注的热点之一，因为这涉及管辖权和相关法律法规的适用性问题。

11.2.2 电动自行车问题的经济学解释

1. 电动自行车出行的外部性

电动自行车市场更关键是外部成本和路权问题：前者影响外部成本和管理成本；后者影响交通效率和公平。

相对于传统的人力自行车（后文简称自行车），电动自行车更好的动力性能和较大的尺寸带来了更高的交通干扰和事故风险，特别是对于交通素质和道德修养较低的人群来说（这又与电动自行车的使用人群交叉较多）。这些干扰和风险常常是作为"外部成本"存在的。因为很多电动自行车带来的"外部成本"无法有效地内部化/市场化——许多电动车驾驶人为逃避赔偿和处罚，要么不承认违章或侵权的事实、要么逃逸，或者无力支付，使得受害人损失难以得到赔偿、相关处罚难以落实。对于保险公司和执法管理部门来说，相关的交易成本十分高昂——搜寻当事人的成本、事故鉴定的成本、执法处罚的成本、落实赔偿的成本……

2. 电动自行车违章执法的交易成本

如果在某交叉口临时设点对违章（闯红灯、逆行、占用机动车道、超速、私自改装车辆、营运送客等）的电动自行车进行拦截和处罚：

- 在众多骑行者中"少数"被"抓"的骑车人往往会认为自己运气不好，而不会由于被处罚而改变自己的交通行为，执法的教育作用非常有限；
- 在部分违章骑车人被拦截之后，后续的骑车人会更容易察觉执法行为并暂时隐藏自己的违章动机（例如，违章载客的骑车人会），加之电动自行车的灵活性远高于机动车，即使违章行为被发现，只要不是无路可走，部分车辆仍然可以迅速改变方向甚至掉头进行规避；
- 从执法成本的角度来说，执法过程需要消耗一定的人力物力，在执法资源有限的情况下，执法的机会成本更是非常高昂（相同的执法资源如果转用于疏导交通或进行机动车执法等其他任务，社会收益可能更高）；
- 从执法处罚的经济收益来看，电动自行车的单车处罚数额通常在几元、几十元，如果设置得太高，会由于阻碍执法和暴力抗法而增加执法成本（据报道，深圳市的禁摩限电整治行动遭受暴力抗法率已达到 80%，几乎没有车主愿意配合执法，执法过程必须使用强制手段。深圳市交管局近年因禁摩限电整治受伤人员为 320 人，各分局、派出所、交警大队因禁摩限电执法冲突造成对方当事人受伤赔偿

金额约380万元),骑车人甚至会放弃自己的电动自行车以免遭罚款(毕竟,重新买一辆二手车的代价只有小几百元);

- 最后,由于缺乏车牌等车辆相关信息,利用摄像头等适用于机动车执法的常态手段暂时也无法被移植到电动自行车执法中(图11-10)。

图 11-10　针对电动自行车的执法绝非易事
图片出处:http://fj.qq.com/a/20160816/009867.htm? qqcom_pgv_from=aio

因此,以减少电动自行车违章来缓解其对交通流的干扰并降低事故风险的事前执法成本高、收效低,很难持续。与之相比,面向所有(或大部分)电动自行车的执法处罚,由于可以较大地增加车辆捕获率和处罚收益,因此更容易做到常态管理。这也是广州、深圳等城市可以连续实施多年电动自行车限行、禁行政策的经济学基础。

3. 电动自行车事故处理的交易成本

再分析电动自行车涉及交通事故的"外部成本"。电动自行车由于行驶稳定性较差、车速较高、刹车性能差、防护措施少,一旦发生和机动车的相撞事故,由于碰撞双方质量悬殊,电动车方处于明显弱势,伤亡率很高;如果和自行车或行人发生相撞事故,则电动自行车由于质量较大、速度较快,往往会占据优势并造成后者一定的伤亡率;城市中发生更多的是电动自行车与其他车辆的碰擦事故,损失通常不是很大。

更关键的是事故发生之后的处理和赔偿问题。由于电动自行车一般没有牌照(由于前述的执法困难,即使设立电动自行车牌照制度也很难落实),事故发生后,肇事者如果选择逃逸,会极大地增加事故处理的成本。现实中确实有很多电动自行车肇事者选择了事后逃逸。同时,目前大部分电动自行车没有购买保险(实际上,许多保险公司为了避免承担对事故发生率较大的电动车的赔偿责任,往往以电动车不属交强险的承保范围为由拒绝为其承保),骑车人多数来自中低收入阶层,损失赔偿能力有限。一旦发生事故,在赔偿金额方面极易产生纠纷。加之中低收入阶层的时间价值较低,在耗时耗力的讨价还价、调解、诉讼甚至逃逸等潜在威胁下,机动车驾驶人即使是受害人,也常常主动、被诱导甚至被迫承担事故的主要甚至全部责任,并通过机动车保险缓减少事故的损失。从经济上看,不少电动自行车驾驶人成功地将交通事故的风险转嫁给了机动车车主/驾驶人和机动车保险公司，这显然属于社会"外部成本"的范畴。

4. 电动自行车的环境外部性

另外，常被忽略的一点是，尽管其他类型的电池（如锂电池）近年来陆续进入了市场，中国90%以上的电动自行车（大多为踏板式电动自行车）使用的仍然是铅酸电池。电动自行车很大程度上导致了中国铅消费量不断增长并影响到相关种类电池的生产、回收和报废——这一过程被视为产生环境污染的主要来源。

5. 电动自行车限制政策的经济解释

综上所述，尽管电动自行车的市场巨大，对于提升使用人群的交通福祉也非常有效，但该交通方式的"外部成本"很高，并由于高昂的交易成本难以市场化。即使将部分"超标"电动自行车划入机动车的范畴并得到与机动车相似的监管，监管（牌照管理、驾照管理、交通违法行为监管）和事后处理（处罚、定责、理赔）的交易成本仍然会十分高昂。因此，部分城市选择默认电动自行车的"外部成本"（当然，也会进行短期的运动式专项整治），至少可以避免大量低效的执法支出；而另一些城市则实施了严格的电动自行车限行禁行政策，至少这样做可以从经济上维持常态的执法处罚（例如深圳市自2012年4月实施"限电"政策以来，公安机关2013年和2014年每年查扣的涉摩涉电车辆就达到40万辆）；而长期进行电动自行车违章整治的城市却非常罕见。

另一方面，电动自行车的主要竞争对手主要是公共交通和人力自行车/三轮车。限行禁行后，虽然对于原电动自行车出行者来说，短期内很难找到满意的替代品，但从地面交通的角度来看，可以获得一定的效果——无论原电动车的使用者改用公共交通还是人力自行车——并降低当量交通量和停车压力。原理很简单，电动自行车对道路交通资源的人均占用水平虽低于小汽车，但要高于公交车、地铁和自行车，对停车资源的占用水平要高于自行车，而受限后电动自行车的骑车人绝大部分会转由公共交通或其他慢行交通出行，因此，总体的道路交通资源使用效率会提高。但是，这还不足以判断社会交通的整体福祉是否会得到提升，因为电动自行车出行者如果被迫改由其他交通方式出行，他们的交通福祉肯定是下降的；限行禁行电动自行车也会造成快递物流业等行业成本的增加；其他出行者的交通福祉是否能够得到更大的提升是个较复杂的问题，另外这里还牵涉交通出行的公平性问题——电动自行车的所有权和路权问题。总而言之，有助于缓解城市交通拥堵，也是部分城市趋向于限行或禁行电动自行车的重要原因之一。

简单地说，电动自行车的出现是交通工具制造技术发展下的产物。在无须搬起自行车上下台阶的场合，电动自行车在机动性和便捷性方面几乎完胜脚踏自行车，在拥堵的城市道路甚至可以击败机动车，因此在气候和地理条件合适的区域出现了蓬勃的发展。然而,如果电动自行车使用人群的交通素质和道德风险问题较为突出,会造成极大的社会"外部成本"。在找到能有效降低这些外部性的方法之前,必须在忍受这些外部成本和降低电动自行车出行者福祉之间进行权衡和取舍,城市管理者须做出更适合城市需求和多数居民意愿的选择(杭文,2016)。

11.3 公共自行车交通

根据永安公共自行车2015年大数据(2016),截止到2015年底,我国一次投放公共自行车系统大于500辆的县市共有296个,累计投放公共自行车100万辆。其中,有6个城市的公共自行车投放数量超过3万辆。

需要注意的是,在分析公共自行车的使用效率时,不应单纯地将其与私人小汽车等交通方式进行比较并简单地得到"公共自行车低碳环保因而需要鼓励发展"的结论。道理很简单,公共自行车相对于其他交通方式的几乎所有优点,都能通过私人自行车获得。下文主要从消费者和城市管理者的角度,比较公共自行车与私人自行车在经济方面的短长。

11.3.1 消费者视角的分析

1. 公共自行车的优势

(1) 可以"免费"使用车辆

在中国,对于大部分公共自行车的使用者来说,得到的服务是"免费"的。众多城市的公共自行车收费标准规定了前 1~2 h 不收费,而由于自行车交通方式自身的特点,出行者很少长时间的骑行,因此,"免费"时长足以让绝大部分使用者完成单次出行,也给公众带来了公共自行车"免费"的感受(图 11-11)。

图 11-11 对于众多国内的公共自行车使用者来说,
得到的服务是"免费"的
图片出处:http://www.myhz.com/? p=21

严格地说,即使如国内大城市的收费形式,公共自行车的使用也不是完全免费的;由于公共自行车服务常常是通过地方财政进行补贴,因此,使用者通过支付税费,实际上已经支付了公共自行车使用的部分费用;可见,公共自行车财政补贴属于一类交叉补贴——不使用公共自行车的居民补贴了使用公共自行车的出行者。另外,部分城市对于公共自行车的使用者会收取押金,押金的资金成本——利息也是公共自行车供给的收入来源之一,尽管这部分收入并不算太多。

(2) 减少了车辆管理成本

公共自行车统一的外形、亮丽的颜色、较坚固的停车桩以及较低的骑行品质,均大大降低了车辆的失窃率。因为,试图出售失窃公共自行车的卖家,不仅要承担更高的被举报或被识破风险,也需要支付高昂的换色和改装成本,才能向买家提供品质堪比私人自行车的产品。

实际上,较高的被盗风险是私人自行车使用中一类重要的成本。由于自行车被盗后往往难以找回,为了防止车辆被盗,使用者需要慎重地选择停车场地和停车时间。即便如此,据统计,全国每年仍有超过 400 万辆自行车失窃。

(3) 便于非基家的自行车出行

尤其方便家庭和单位以外的起讫点与公共交通站点(地铁站、公交站)间的衔接,缓解由于公共交通站点密度不足导致"最后一千米"步行距离过长的问题。出于担心车辆被盗和节省费用的考虑,亦有一部分出行者在"基家出行"(家庭是起讫点中的一个)时也选择公共自行车。

2. 公共自行车的不足

(1) 难以提供真正"门到门"的交通

公共自行车的租借点常常分布在城市道路或旅游景区道路两侧的人行道和公共交通站台区域,站点间距通常在 300 m 以上,导致使用者常常需要配合借、还车两端的步行来完成全部交通行程。相对于私人自行车可以直接行使并停放在住宅、单位楼下来说,公共自行车难以提供真正的"门到门"交通服务。

(2) 骑行更费力,舒适度不如私人自行车

目前,很多国内城市的公共自行车采用的是实心轮胎,骑行起来比充气胎要费劲。原因主要有两点,一是因为实心胎比充气胎要重,从而摩擦力较大;另外,实心轮胎比较容易受重量和温度影响而变形,车轮不圆也会使骑车人感觉很累,同时颠簸也更加严重。

而公共自行车为何放弃使用充气轮胎,主要是由于维修成本和人力成本较高。据某市公共自行车管理中心经理反映,使用充气胎的那批公共自行车,内胎平均每个月就有 50% 的更换率,99% 的自行车每天都要充气。相比较,实心轮胎更加耐用、维修率低且不易爆胎,也间接降低了车辆被盗的风险。

(3) 车辆使用功能单一

由于公共自行车没有安装后货架，载货能力大打折扣，亦无法载人。虽然公共自行车普遍安装有前车篓以提供一定的载货能力，但同时也增加了车辆控制与转向的难度。

(4) 可能遇到租借点"空桩"或"满桩"问题

租借点"空桩"指的是某一时刻某一租借点的车辆全部被取走的情形，与之相反，"满桩"意指租借点的停车桩位全部被占满的状态。"空桩"时潜在的需求者无法得到服务，"满桩"时消费者需要费时费力地原地等待或更换租借点。当然，这属于供需不平衡时的规划和运营问题，并非公共自行车体系的必然，也可以通过车辆/停车桩数量的合理布设和及时的车辆调度加以缓解。

简言之，公共自行车的使用者以较低的显性费用获取了一类需要消耗较多体力和舒适性且具有更多使用空间限制的自行车租借服务。相对于私人自行车，公共自行车的主要优势在于其降低了自行车的购置成本、停车成本和失窃的风险。

11.3.2 城市管理者视角的分析

1. 公共自行车的优势

(1) 提高城市交通效率

公共自行车的人均使用次数较高，一般为4~6次/日，要高于私人自行车（通常被认为低于3次/日），因而在一定程度上提高了自行车和自行车公共停车空间的使用效率。同时，通过公共自行车与公共交通的换乘，为很多中长距离的出行者提供了便利，减少了一定的私人自行车（含电动自行车）乃至私人小汽车中长距离出行。这些都有助于节约道路交通资源并缓解地面交通拥堵。

(2) 提升城市形象

统一、整齐、有序的公共自行车系统，有助于塑造城市低碳、环保、健康的良好形象。与之相比，显得拥挤、杂乱的私人自行车停车场地，往往被认为有损于城市形象。

(3) 降低非机动车的社会管理成本

公共自行车的被盗率要低于私人自行车（这一点对于公共交通站点及其附近的非机动车停车点来说尤为显著），从而降低了全社会的非机动车停车保管成本和失窃执法成本。

2. 公共自行车的不足

(1) 车辆购置及停车设施供给成本较高

据报道，公共自行车及其租借点设备设施的供给成本较高，每套高达数千元。与之相比，私人自行车的购置费用往往低于500元，新增停车设施的单位成本也较为低廉。

【案例：公共自行车的购置成本】

通过扬州政府采购网，有质疑者发现，2014年3月，扬州市用480万元购买了1000辆自行车及配套服务，平均一辆自行车就要花4800元；然而五个月后，扬州市采购中心又以平均每辆车8530元的价格，增购了五千辆同款自行车及配套服务。不足半年的时间，为什么自行车价格"疯涨"了近一倍？为什么"一辆自行车"需要八千多元？面对这样的质疑声，有关部门回应：扬州的公共自行车去年总共采购了1万辆，5年的费用一共是8700万元，这个单车价格8700元在全省都是最便宜的。而且，平均8700元不是一辆车的价格，还包括锁车桩、场地平整费用、手续维护费用等。

引自：扬州公共自行车两次采购价格悬殊 官方回应质疑，央广网

(2) 车辆维护成本较高

公共自行车的运营维护成本较高，据统计，一辆公共自行车的运营成本一般位于1000~2000元/年的区间。一方面，是由于公共自行车需要调度以缓解供需不平衡的矛盾。更重要的是，使用者很难像对待自身财物一样地爱护公共自行车，加之自行车道路交通基础设施存在的不足，造成了大量公共自行车被"无意"甚至"有意"地损坏。

【案例：公共自行车的维护成本】

2014年12月2日（北京）每辆公共自行车平均每天借骑3~4次，极大地便利了市民。然而，踹碎挡泥板、偷走脚镫子、卸走铃铛、刀划烟烫车座子、卸走车尾反光灯……为市民提供短途接驳便利的公共自行车，如今被人为恶意损坏的情况几乎每天都会发生，负责维修的部门每天都得修两辆。平均算下来，每辆公共自行车的运维成本每月约为200元。

引自：北京公共自行车频遭"恶搞" 平均每天修两辆，北京晚报

11.3.3 公共自行车的使用效率

1. 公共自行车的规模

中国公共自行车发展的代表城市杭州，拥有公共自行车8.41万辆，3504个服务点（截至2015年底）。作为比较，法国巴黎拥有公共自行车2.36万辆，1800个服务点（截至2017年9月）。美国纽约市拥有公共自行车1万辆，600个服务点（截至2017年9月）。美国芝加哥的公共自行车公司（Divvy）拥有5800台车，580座租借点（截至2017年9月）。如图11-12所示。

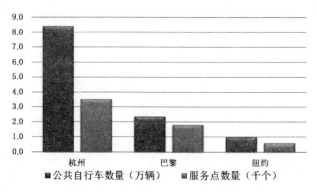

图 11-12　公共自行车服务规模对比

图片出处:本书作者绘制

可见,杭州市的公共自行车规模,无论是车辆数、服务点数量还是每个服务点平均车辆数,均远超巴黎市和纽约市。

2. 公共自行车的收费

(1) 中国模式

中国大城市普遍采用类似于杭州市的公共自行车收费模式,只是费率或租金数额略有差异。杭州市公共自行车的收费标准为押金 200 元,使用次数不限,单次用车不足 60 分钟免费,超过则需加收费用:

- 60 min:免费
- 60 min～120 min:1 元
- 120 min～180 min:2 元
- 180 min 以上:每小时 3 元

相比较,国外城市诸如法国巴黎、里昂、美国纽约等的公共自行车系统,免费时段通常只有借车后的前 30 min(图 11-13)。

图 11-13　国外大城市的公共自行车使用者需要付费才能得到服务,且费用不低

图片出处:http://www.eachturn.com/? p=374

(2) 法国巴黎

巴黎公共自行车的收费标准为单日 1.7 欧元、7 日 8.0 欧元或一年 29 欧元(成年人,青少年学生只需 19 欧元一年),使用次数不限,单次用车超过 30 min 需加收费用:

- 30 min(特殊卡用户 45 min)之内:不加收费用;
- 31 min~60 min:加收 1.0 欧元;
- 60 min~90 min:再加收 2.0 欧元;
- 91 min 及以上:每增加半小时加收 4.0 欧元。

(3) 美国芝加哥

芝加哥公共自行车公司的收费标准为单日 9.95 美元(不含税)或一年 99 美元(不含税),使用次数不限,单次用车超过 30 min 需加收费用:

- 30 min 之内还车到任一租赁点:不加收费用;
- 31 min~60 min:一次加 2 美元(意即多次使用中某次时间超过 30 min,则该次加收 2 美元);
- 60 min~90 min:再加收 6 美元;
- 91 min 及以上:每增加半小时加收 8 美元。

(4) 美国纽约

纽约的公共自行车公司收费标准为单日 12 美元、3 日 24 美元或一年 163 美元,使用次数不限,单次用车超过 30 min 需加收费用:

- 30 min 之内还车到任一租赁点:不加收费用;
- 30 min 以上:每增加 15 min 加收 4 美元。

(5) 中外城市的对比

如果不考虑押金的资金时间价值,杭州市公共自行车的收费费率与巴黎、芝加哥和纽约市相比几乎可以忽略不计。鉴于庞大的供给规模,依靠(欧美同行广泛采用的)租借收费的模式,根本不足以支持杭州市公共自行车的发展。实际上,杭州市公共自行车的初期投入,依靠的是政府补贴(市民缴纳的税费),在后期运营中,依靠的是广告收入和模式输出收入(向中国其他城市推广和复制杭州模式的回报)。中外公共自行车单日租金对比和单次计时收费对比如图 11-14、图 11-15 所示。

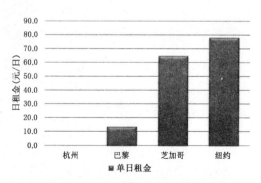

图 11-14 中外公共自行车单日租金对比
图片出处:本书作者绘制

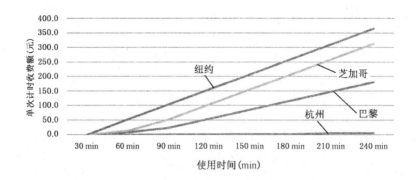

图 11-15　中外公共自行车单次计时收费对比
图片出处：本书作者绘制

从另一个角度来看，"杭州模式"的车辆单次免费使用时限为 60 min，远远高于欧美同行普遍采用的 30 min，同时，对于车辆超时使用的"惩罚性"收费亦很低。这种计费方式无助于提高公共自行车这种政府补贴交通资源的周转效率。

3. 公共自行车的效率

杭州的公共自行车数量充足、收费低廉，不过，在单车使用效率上却不及巴黎、纽约、台北等城市（图 11-16）。由于杭州并不存在收费过高影响需求的可能，因此，可以判断，杭州市的公共自行车存在一定的供给过剩问题；同时，免费骑行时长过大和车辆调配不够及时也可能是车辆周转效率较低的原因。

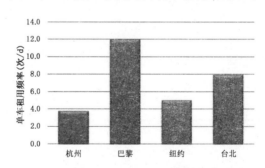

图 11-16　中外公共自行车单日租用频次对比
图片出处：本书作者绘制

简言之，公共自行车的出现是现代城市空间尺度扩展和"职住分离"潮流下的产物，而在全国得到如此迅速的普及推广，有市场之外的因素。至于高昂的供给成本是否值得，不可一概而论。相信每个城市的管理者和决策者会有更为准确的判断。

近年来，受到共享单车大潮的冲击，公共自行车的定位显得愈发尴尬。2017 年 11 月 25 日，武汉停止了公共自行车的运营。虽然自 2009 年开始，武汉就耗资数亿元在全市密集建设公共自行车服务系统,最高峰时拥有数千个租赁点,近10万辆自行车,近100万办卡用户,但在近70万共享单车的冲击下,公共自行车项目最终还是无力回天(长江日报,2017)。

11.4 共享单车

1. 共享单车的发展

共享单车,是一种借助信息化手段提供单车(脚踏自行车)分时租赁的商业模式。车辆由公司投放,没有停车桩,不用办借车卡。消费者下载共享单车APP,交纳押金(通常为99～299元)后再预存一定数额的车辆使用费,之后便可通过手机扫二维码解锁使用车辆。同时,骑车人在出发前即可使用手机APP即可查看附近的车辆位置甚至提前预约选中的车辆,使用完毕可以在任意合法停车空间停车,系统按用车时间自动扣除租借费用(通常每小时0.5～1元,不足半小时按半小时计算),非常便利(图11-17)。

2016年,中国的共享单车市场突然火爆起来(图11-18)。除了较早起步的摩拜单车和ofo,又有近30个共享单车品牌汹涌入局。仿佛一夜之间,各大城市的共享单车已经到了"泛滥"的地步。截至2016年底,中国共享单车市场用户数量已达到1 886万(中国产业信息,2017)。

图11-17 可以使用APP寻找最近的共享单车,再通过手机扫码解锁车辆
图片出处:http://www.tmtpost.com/2572186.html

至2017年下半年,全国共享单车累计投放量超过1 600万辆。其中,杭州的共享单车接近42万辆(其公共自行车8.7有万辆),南京超过45万辆(拥有公共自行车7万辆),广州有70万辆(公共自行车3.5万辆),在共享单车起步最早的上海,单车数量已达到150万辆(公共自行车2.8万辆)。在经历了爆发期后,共享单车市场开始出现过剩的迹象。先后有3家小型共享单车企业宣布倒闭,规模较大的第二梯队企业也不时传出押金难退等问题。陆续有十多个大城市暂停了共享单车的新增投放(南方网,2017)。

2. 共享单车的优势

与公共自行车类似,共享单车借助统一的涂装(不同的共享单车品牌会选用某一特定的颜色来涂装车辆)和样式,减少了车辆被偷盗的风险,降低了停车管理成

图 11-18　五颜六色的共享单车似乎一夜之间就
充斥了中国城市的街头巷尾

图片出处：http://www.chinanews.com/cj/2017/07-14/8278198.shtml

本。同时，租借点与车辆众多，便于骑车人在城市的各个角落使用车辆。

与公共自行车不同的是，共享单车的取、停车方式和盈利模式。

（1）取、停车方式

共享单车"无桩"的取、停车方式，与"有桩"的公共自行车相比，借还车更方便（还车没有"满桩"的顾虑），取车前与还车后的步行距离常常更少，因而给骑车人带来了更大的便利。百度地图调查了北京、上海、广州、深圳四城市公共交通站点的覆盖盲区（常住人口居住区周边500 m没有公交、地铁站点的区域）和共享单车的活动区域，发现共享单车对公共交通站点覆盖盲区起到了很好的交通补充作用。

（2）盈利模式

与公共自行车主要依靠政府投入建设且车辆租借收入极低的发展模式相比，共享单车的市场盈利能力可谓形同霄壤。除了更高的押金和预存费用（共享单车的用户更多，预存费用也更高）和车辆租借收费（公共自行车单次使用不足 60 min 通常免费，共享单车使用即需付费），共享单车开拓了更多更新的盈利途径：

- 强大的融资能力，例如，2017年6月摩拜单车宣布完成E轮超6亿美元的融资，7月 ofo 小黄车宣布完成一轮超过7亿美元的融资（王蒙，2017）。
- 可以用巨额的押金和预存费用做理财投资。
- 借助获取的大量用户信息（用户注册通常需要实名认证和绑定手机，并借助支付宝或微信付费，从而将大量个人信息透露给了共享单车运营商）和海量的骑行细节数据，通过大数据出售和分析获得收入。
- 利用共享单车的车身和APP投放广告，充当其他线下商店、旅店、酒店、电商平台等的信息入口，从而收取回报。

3. 共享单车的问题

共享单车既不像公共自行车需要通过固定而有限的停车桩存放车辆,也不像私人自行车需要顾虑偷盗或损坏的风险,因而停车(即还车)空间极为灵活。这既为共享单车带来了独特的优势,也造成了严重的公共空间占用问题。一些单车的使用者将车辆随意停放在道路、车站等公共空间,影响了他人的通行和停车(图11-19、图11-20)。

图11-19 共享单车的随意停放,影响了本已十分紧张的步行空间

图片出处:黄浦江边的渔夫2018,新浪微博,2018.4.26.

此外,共享单车的火爆,干扰了部分市民的生活空间,更影响了很多集团(例如出租车、黑车、摩的,甚至公共自行车)的既得利益。加之缺少管理和执法部门的全力支持,在很多城市均出现了大量共享单车被人为损坏甚至丢弃的现象(图11-21、图11-22)。同时,也有不少个人非法占用、挪用甚至盗窃共享单车(整车或部件)的行为(图11-23~图11-25)。

图11-20 共享单车的随意停放,也影响了并不宽裕的道路空间

图11-21 大量共享单车被人为损坏

图片出处:https://www.xinwenkuaiche.com/news/168714.html

图 11-22　大量共享单车遭到人为丢弃
图片出处:http://www.ctoutiao.com/126318.html

图 11-23　为了占为己有,给共享单车私自加锁
图片出处:http://tech.qq.com/a/20170224/010833.html

图 11-24　用共享单车的车身拼凑成自己的车辆
图片出处:http://tech.sina.com.cn/i/2017-02-15/doc-ifyamkra7550999.html

简言之,共享单车是一种通过攫取公共空间和用户信息来获取利益的商业运作模式,虽然起家于提供便利的单车出行服务,其经济价值已经远远超出了交通领域。不过,除了用户个人信息和出行信息在传播和销售上的合法性问题,在城市管

理方面，也存在着共享单车是否有权占用公共空间的产权界定问题。此外，由于市场追责体系的漏洞，一旦企业经营运作不善，大量用户将面临无法取回押金的风险；甚至有部分共享单车企业及其合作者试图通过这一商业模式欺诈消费者和投资人，骗取押金、预存费用和其他融资。

图 11-25　集中堆放被损坏和遗弃的共享单车
图片出处：https://www.hk01.com

11.5　步行

1. 步行交通系统存在的问题

除了步行街（例如北京王府井步行街、上海南京路步行街、南京新街口步行街），中国大城市中心城区的很多道路，也存在人行道宽度不足以及人行道被机动车、非机动车、行道树、路灯杆、电线杆甚至垃圾箱等公共设施占用的问题。下述图片均拍摄自南京市中心城区（图 11-26～图 11-29）。

图 11-26　人行道被改成了停车场
图片出处：http://nanjing.auto.sohu.com/20121026/n355764289.html

图 11-27　人行道被行道树占据了大半宽度

图 11-28　小汽车与公共自行车占据了人行道的空间

图片出处:http://news.sinmeng.com/html/201606/18/279069.html

图 11-29　0.6 m 宽的人行道上设有交通指示牌、路灯杆、垃圾箱

图片出处:http://www.njgb.com/2013/?a=detail&doid=63688

此外,与欧美大城市相比,中国大城市中心城区的行人过街设施间距较大,间接导致行人在无人行横道的路段横穿道路(图 11-30),不仅影响车辆通行效率,也带来了安全隐患。而在一些机动车道较多的路段,行人过街信号灯的绿灯相位时

图 11-30　行人过街设施间距较大间接导致行人
　　　　　　在路段中部横穿道路

图片出处:http://ms.longhoo.net/data/attachment/portal/201304/09

间较短，导致行人没有足够的时间一次过街，不得不在道路中央的安全岛上耗费较长的时间等待下一次绿灯。

当然，即使在有信号灯控制的交叉口，也或多或少的存在行人和非机动车闯红灯横穿道路的行为。为了防止"中国式过马路"影响交通，一些城市在交叉口采取了设置人为障碍设施、搭人墙等手段（图11-31～图11-33）。

图11-31　人行横道自动拉绳系统

图片出处：https://item.btime.com/37reoor5n3u99c98n1thekqio6f

图11-32　人行横道闸机

图片出处：http://news.163.com/photoview/00AP0001/

图11-33　人行横道前的武警人墙

图片出处：http://www.thepaper.cn/newsDetail_forward_1538059

2. 步行环境的影响

近年来,完全街道、宜步行街道等方案与实践在世界各大城市频频出现。然而,在中国大城市,机动车常常在实际上占据着路权(图11-34～图11-36)。

步行交通环境的恶化,一定程度地降低了公共交通的服务水平、促使了更多小汽车出行。同时,在中国大城市一些以往很繁华的地段,为了尽量提升机动车通行能力,步行空间受到诸多限制,加之小汽车停车不便,街道的商业价值开始下降。尤其是街道两侧的临街店铺,由于无法吸引足够的客流,档次逐渐下降,辐射范围逐渐降低;而众多商业店铺(主力店、专卖店、餐饮、娱乐等)纷纷入驻大型商场、购物中心或城市商业综合体,进一步导致"城市商业综合体配以小汽车停车"模式的兴盛和传统"步行扫街"模式的日益凋敝。

图11-34　沿街商业非常繁华的香港街道
图片出处:http://wallpaper.desktx.com/scenery/66510.html

图11-35　沿街遍布商铺的纽约第五大道
图片出处:https://news.zing.vn/10-thien-duong-mua-sam-cua-the-gioi-post313581.html

图 11-36　让位于机动车交通的南京市中心道路
　　图片出处:百度地图全景截图

第12章

弱势群体的城市交通

本章对比分析了中外面向社会性弱势群体的交通政策,指出中国城市老年人优惠和免费乘坐公共交通的政策,诱增了大量低经济效率的公交出行;对比分析了中外面向生理性弱势群体的交通政策和具体做法;对比分析了中外城市方式性弱势群体的事故率差异和面向这一群体的交通改善技术。

12.1 社会性弱势群体

1. 相关政策

社会性弱势群体,主要是从收入的角度着眼,认为收入较低的交通出行者与收入较高的出行者相比属于弱势群体。通常,世界各大城市均会给予儿童、学生和残障人士公共交通优惠购票甚至免费乘坐的政策。区别在于如何对待老年人和低收入人群。

中国很多城市均予以老年人公共交通乘车优惠甚至免费的政策,例如:北京65周岁以上老人免费乘坐公交巴士(乘坐轨道交通无优惠);南京60~69周岁老年人享受半价优惠,70周岁以上老人免费乘坐城市公共汽车和地铁。特例是上海,自2016年6月26日开始,上海市取消了沪籍老人免费交通制度,老人乘坐公共交通也需购买全价票,不过,作为补偿,上海同时开始实施老年综合津贴制度。

世界各国的相关政策千差万别,主要可分为以下四类:

• 免费。伦敦60岁以上的老年居民,可以凭卡免费乘坐伦敦的地铁、有轨电车和部分(有特殊标记的)公交巴士,并可在周末全天和工作日9:30之后免费乘坐国铁。芝加哥为参与老年人福利准入计划的65岁以上居民(并非所有65岁以上的居民)提供免费的固定线路公共交通服务。

• 全天半价或较高的折扣。纽约市65岁以上的老年人可以半折票价乘坐公共交通。东京70岁以上的老年人可以申请银卡(有效期一年,低收入者可以极低的价格购买)乘坐公共交通。新加坡60岁以上的老年人可以7折票价刷卡(付现无法享受折扣)乘坐公共交通。

● 非高峰期折扣。旧金山 65 岁以上的老年人只能在早 7 点前和晚 9 点后获得接近半折的折扣,其他时段需全价购票。

● 无折扣。巴黎和法国的很多城市,均不提供面向老人的公共交通票价折扣。

此外,欧美很多城市也为低收入人群提供公共交通票价折扣。旧金山低收入者可以申请半折的月票(38 美元一个月);洛杉矶为低收入员工提供公共交通年票折扣;伦敦的低收入者,可以申请折扣卡,以半折的票价乘坐公交巴士和有轨电车。而中国似乎并没有城市推出类似的优惠政策。

2. 政策分析

(1) 老年人的交通需求

根据北京市第五次居民出行调查(2014 年),北京 60 岁以上的老年人与 18~59 岁的中青年人相比,日均出行频率略高,但平均出行距离不及后者的一半。同时,由于机动化出行比例较低,老年人的出行速度(6.76 km/h)低于中青年人(10.77 km/h)。如图 12-1 所示。

表 12-1　北京市老年人与中青年人出行特征对比

出行特征	老年人	中青年人
平均出行频率(次/日)	2.83	2.51
平均出行距离(km)	3.2	7.0
平均出行时长(min)	28.4	39.0

数据来源:北京市第五次居民出行调查,2014

对比出行目的,北京市老年人的其他出行(购物、餐饮、求医、访友、健身和娱乐)比重明显高于中青年人(图 12-1)。

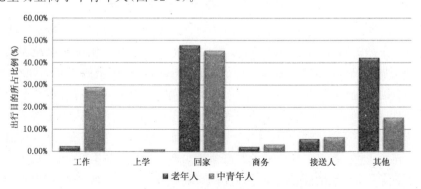

图 12-1　北京市老年人与中青年人出行目的对比
图片出处:本书作者绘制。数据来源:Wenzhi Liu 等,2017。

而据北京市2013年的一次调查,(除了回家)北京老年人出行的主要目的是体育锻炼、休闲娱乐和购物(图12-2)。

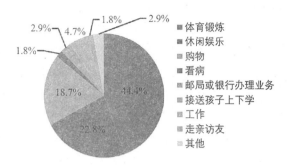

图 12-2　北京市老年人的出行目的分布
图片出处:夏晓敬,关宏志,2013.

对比出行方式,北京市老年人的步行比例明显高于中青年人,而小汽车和地铁出行比例远低于中青年人(图12-3)。

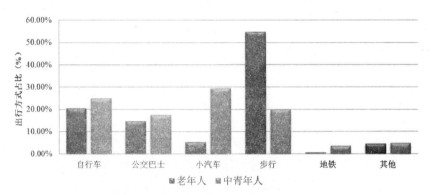

图 12-3　北京市老年人与中青年人出行方式对比
图片出处:本书作者绘制。数据来源:Wenzhi Liu 等,2017.

从出行时间来看,中国城市的很多老年人去菜场或超市买菜、接送孙辈上学、去公园健身的时间段位于交通高峰期。由于公共交通票价优惠甚至免费,不少原本骑车或步行的出行被公交巴士所取代。相比较,欧美城市的老年人很少选择在交通高峰期乘坐公共交通出行。其一,因为欧美很多老年人拥有驾照(只要健康允许,他们可以终身驾车),使用公共交通的比例不高;其二,跟国内的老年人不同,欧美的老年人通常不需要负责买菜照顾孙子之类的家务活,他们在出行时间的安排上相对较为灵活,通常会自觉避免在高峰期出行。如图12-4所示,与伦敦、纽约和鹿特丹的老人相比,北京老人的家庭小汽车拥有率和小汽车出行比例要低得多,而步行出行比例远超对手,导致平均出行距离不到欧美同龄人的一半。这也是中外城市推出相似公交福利政策的不同背景。

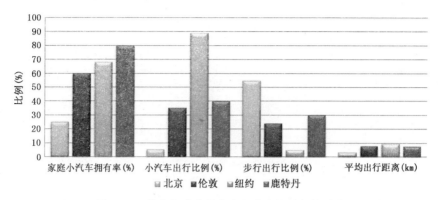

图 12-4　北京与欧美城市老年人交通特征的对比
图片出处：本书作者绘制。数据来源：Wenzhi Liu 等，2017.

(2) 老年人的收入水平

在不同的国家，甚至在不同的城市，各年龄人群的平均收入水平是不尽相同的。总体而言，青少年和老年人的收入水平要显著低于中青年人，这也是很多城市给予老年人和青少年公共交通优惠的出发点。图 12-5 为美国不同年龄收入的中值（又称中位数，一组数据中间位置上的代表值）与平均值。需要注意的是，收入数据的中值与平均值存在较大差异。原因在于各年龄段均有人数较少的收入极高者而广大的收入一般者，对于这般具有偏态分布的数据，中值的代表性比均值好。

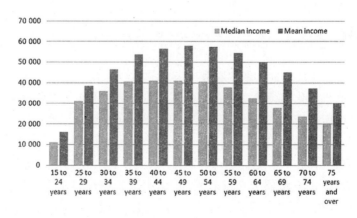

图 12-5　2016 年美国不同年龄收入（美元）的中值（浅色）与平均值（深色）
图片出处：https://www.statista.com

北京市第五次居民出行调查（2014 年）的结果表明，北京市老年人低收入的比例略高于中青年人，而中高收入的比例略低于中青年人，老年人与中青年人的收入差距没有美国数据那般显著（图 12-6）。

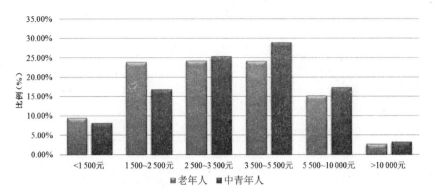

图 12-6 北京市老年人与中青年人月收入水平对比
图片出处:本书作者绘制。数据来源:北京市第五次居民出行调查,2014.

2016年,南京城镇非私营单位从业人员年平均工资(税前)是87 559元,折合7 294元/月;南京城镇私营单位从业人员平均工资(税前)是48 257元,折合4 021元/月(现代快报,2017)。同年,南京市企业退休人员人均月养老金水平为2 659元(南京老龄人口总数约130万,其中,企业退休人员约75万人),属于收入较低的人群,而机关事业单位离退休人员的养老金水平要高于企业退休人员和城镇私营单位从业人员。相比较,2017年北京市企业退休人员基本养老金平均水平已提高到每月3 770元,机关事业单位离退休人员的收入更高。可见,在收入方面,中国大城市中相当比例的老年人似乎并不属于"弱势群体"。实际上,这也是东京和芝加哥等城市的公交优惠政策并不面向所有老年人,而只是针对低收入老年人的主要原因。

(3) 老年人公交票价优惠的效果

老年人的机动化出行频率通常要低于中青年人,但在公共交通优惠政策下却并非如此。以南京市为例,据统计,南京市2013年(60~70岁的)老年人刷卡半价乘坐公共交通工具如公交、轮渡、地铁等约0.76亿人次,占全市刷卡总量的7.25%,财政补贴约0.93亿元。(70岁及以上的)老年人免费乘坐公共交通工具约1.02亿人次,占全市刷卡总量的9.78%,财政补贴约为1.95亿元(南京日报,2014)。半价与免费乘坐的老人卡出行合计(1.78亿人次)占全市轨道交通和公交巴士客运总量(15.23亿人次,含刷卡和投币付费)的11.7%。其中,60~70岁的老年人,人均刷卡104次/年;70岁及以上的老年人,人均刷卡竟高达176次/年,远高于更年轻的60~70岁人群。考虑到70岁以上有更多腿脚不方便的老人实际上极少乘坐公共交通,可以乘坐公共交通工具出行的70岁以上老人的人均刷卡频率实际更高。可见免费乘坐公交政策的影响是如此巨大。

实际上,出现这样的结果,是符合经济学规律的。公共交通票价优惠和免费政策,在建成区人口密度普遍较高、公交覆盖率较高且老年人驾照持有率极低的中国大城市,对老年人的公交出行频率有着较欧美城市强得多的促进作用。例如,南京市 2013 年为 130 万 60 岁以上的老年人补贴了 2.88 亿元的公共交通费用,平均每人补贴 222 元/年。2015—2016 年,伦敦为约 220 万 60 岁以上的老人和残障人士提供了 7 500 万英镑(约合 6.6 亿人民币)的公共交通补贴,平均每人补贴约 300 元人民币/年。考虑到伦敦公共交通的基础票价是南京的 7 倍以上,通过计算可以判断,南京老年人乘坐公共交通的频率大概是伦敦同龄人的 6.7 倍。

加上老年人在公交巴士上拥有就座的"优先权",很多老年人选择在高峰时段乘坐公交出行也是顺理成章的结果(图 12-7)。受之影响,不少上班族开始抱怨公交老年卡政策增加了高峰期公共交通的拥挤程度,并大大降低了自己有座的概率。对于公交公司一方尤其是公交司机来说,虽然政府财政对老年人乘坐进行了票价补贴,但是,更多的老年乘客,增加了车辆进出站的时间消耗(老年人上、下车动作较慢,在其上车后直至落座的过程中,司机也无法急加速,否则容易造成老人跌倒),也增加了公交运营中意外事故发生的风险。同时,一些老人将乘车卡转交他人使用,造成让座、查证纠纷增加,增加了公交管理的难度,消耗了公交资源。

图 12-7　高峰时段,部分公交巴士线路的老年乘客比例较高
图片出处:http://www.readmeok.com/2016-6/28_49476.html

简言之,与发达国家的城市相比,中国城市老年人优惠和免费乘坐公共交通的政策,对老年人公共交通(尤其是公交巴士)出行的诱增作用强烈得多,并因此带来了大量低经济效率(出行价值低于出行的社会成本)的公交出行。由此,增加了中青年人乘坐公交不舒适度(即使车内乘客密度不变,中青年人有座的概率也大大降低),并一定程度地降低了公共交通系统的运行效率。当然,该政策也可能存在多项正面作用:

- 一是体现了政府和社会对老年群体的照顾和关怀;
- 二是增加了公共交通的出行方式分担率,有助于城市通过"公交都市"考核

评价之类的上级考核；

- 三是减少了老人骑行和步行的比例，一定程度地提高了地面交通效率，并降低了交通事故的风险。

12.2 生理性弱势群体

1. 生理性弱势群体的交通出行特点

生理性弱势群体，即老、弱、病、孕等体力较弱甚至具有一定生理缺陷的出行主体（2006年第二次全国残疾人抽样调查显示，中国残疾人总数已达8 296万人，占全国总人口的6.34％；据中国残疾人联合会统计，2017年中国残疾人总数已超过8 500万人），在交通出行的生理能力上与普通健全人相比属于弱势群体。生理性弱势群体多会选择对体能要求较低的出行方式。较为年轻的老年人多会选择步行、公共交通等方式，残障人士多会选择出租车、残障人士三轮车等。与发达国家的生理性弱势群体常常选择私人小汽车方式出行不同，中国大部分老年人在年轻时并没有具备驾驶技能，很难在年老后选择这一出行方式；而残障人士普遍经济情况较差，在没有社会力量帮助的情况下，常常无力承担小汽车出行的费用（宿凤鸣，2014）。

生理性弱势群体的平均出行次数通常低于普通健全人。一方面是由于这一群体大部分不需要进行生产性出行；另一方面是由于收入较低、出行困难等原因抑制其出行需求。同时，这一群体的平均出行距离也低于普通健全人的正常水平，一是由于该群体的主要活动目的包括家庭购物或是接送孩子上学等，这些活动区域距离一般不会太远；二是由于出行困难，出行距离会有所缩短。

2. 考虑生理性弱势群体的交通基础设施

总体而言，中国城市针对生理性弱势群体的无障碍交通基础设施，数量不足、质量不高，不能很好地满足生理性弱势群体出行需求。例如，人行道较窄或经常被停放车辆占用，地砖有很多损坏的部分；盲道铺设虽有一定数量，但很多情况下出现中断或被阻挡，导致盲人无法连续依赖盲道行走，而且很多盲道的铺设并不科学；公交车站路缘石高度与车辆第一层踏板高度不一致，加之很多公交巴士并不紧靠路缘石停靠站，给有行走困难的人群造成了上下车的障碍；城市中平面过街设施较少、间距较远，而天桥和地下通道的坡度较大、台阶较多；在一些机动车道较多的宽阔路面，行人信号灯的绿灯时间较短，导致生理性弱势群体过街困难；很多交通信号灯没有设置盲人提示；停车场极少设置残障人士停车位（图12-8～图12-10）。

第 12 章
弱势群体的城市交通

图 12-8　由于盲道过于危险,盲人宁可选择在机动车道行走
图片出处:网络

图 12-9　将自行车坡道布设在扶手旁的设计,
导致雨雪天气下的行走非常危险
图片出处:https://read01.com/zh-tw/BeyzkK.html#.Wj931N-WZQA

图 12-10　在欧美等发达国家,行动不便人士驾乘车辆(需放置行动不便
人士停车证)的专享停车位,均位于停车场最方便的位置
图片出处:https://pavementstencil.com/category/retail-chains

3. 面向生理性弱势群体的交通技术装备

中国城市中,为生理性弱势群体提供的无障碍交通技术装备水平也不高。例如,无障碍的公共交通车辆较少。仅有极少量校车和出租车能够提供无障碍服务。不少地铁车站也无法为轮椅使用者提供全程无障碍服务(图12-11~图12-15)。

图12-11 配备无障碍踏板的公交巴士

图片出处:https://www.liciwang.com/tupian

图12-12 配有可伸缩踏板,可降至与站台地面平齐以方便轮椅进出

图片出处:http://www.mobilitynetworks.ro/produse

图12-13 巴士上的轮椅位

图片出处:http://www.uptoutiao.com/archives/11031.html

图 12-14 无障碍校车
图片出处:http://archive.tcpalm.com/news

图 12-15 无障碍出租车
图片出处:http://gzcankao.com/news/detail? nid=11153

需要说明的是,在世界各大城市,很多公交巴士和地铁车辆均设有老弱病残孕专座,老、幼、病、残、孕及抱小孩的出行者大都会得到同车乘客的照顾和礼让(让座、搀扶)。因此,生理性弱势群体在乘坐公共交通工具时通常并不会居于弱势地位,真正的困难在于进、出站和上、下车的过程。在让座这一环节,中外的差别在于,发达国家的一些老人觉得被让座是别人认为自己衰弱的表现,因此会婉言谢绝。反观中国一些身体比较健康的"老年人",上车后会主动要求他人给自己让座,甚至为争抢座位与他人争执甚至动粗,产生了不良的社会影响。

除了乘坐公共交通,由于生理性弱势群体难以稳定地驾驭自行车,常常会选择三轮车出行(图12-16)。近年来,中国城市中出现了尺寸类似于微型

图 12-16 小型三轮车骑行比较稳定,装载能力也较强
图片出处:网络

汽车的电动"老年代步车",其合法性与交通法规的适用性还有待确定(图12-17)。

图 12-17 城市道路上日益增多的老年代步车
图片出处:新浪微博,PRND21

12.3 方式性弱势群体

1. 方式性弱势群体的交通问题

方式性弱势群体,主要是指步行、自行车等非机动化交通方式,在安全性上相比机动车交通方式属于弱势群体;具体到交通工具,步行者相对于自行车和电动自行车,属于方式性弱势群体;小汽车相对于公交车、货车和渣土车,亦属于方式性弱势群体。

以发达国家中交通事故率较高的美国作为对比。2015年,美国有35 092人在交通事故中丧生,事故死亡率10.9人/10万人(按汽车保有量2.64亿平均,为13.3人/10万车)。其中,共有5 376名行人(1.68人/10万人)和818名自行车骑车人(0.25人/10万人)在与机动车的交通事故中丧生,占全美年交通死亡人数的17.7%。其中,73%的行人和71%的骑车人死亡事故发生在城市区域;26%的行人和20%的骑车人死亡事故发生在下午6点至9点期间;行人和骑车人的平均死亡年龄分别为47岁和45岁;34%的行人和19%的骑车人死亡者饮酒过度;14%的驾车撞死行人者饮酒过度,35%的驾车撞死骑车人事故中,驾车人或骑车人有一方饮酒过度。同年,有约7万名行人受伤,其中的12%是由于受到汽车撞击;4.5万名自行车骑车人受伤,其中29%是由于受到汽车撞击导致(National Highway Traffic Safety Administration, 2016)。

具体到纽约市的行人死亡交通事故统计数据(New York City Department of Health and Mental Hygiene, 2017),2012~2014年纽约市交通事故死亡人数为889人(7.0人/10万人),其中,497人为行人,占交通死亡人数的56%,死亡比例远高于全美15.3%的平均水平。10万人死亡率如图12-18所示,易见:男性死亡率是女性的2倍;65岁以上老年人的死亡率远远高于中青年人和青少年;亚裔和拉丁裔的死亡率高于黑人和白人。纽约65岁以上老年人占总人口的13%,却占到行人死亡人数的37%。其中,老年男性行人死亡率达到7.5人/10万人,女性为4.5人/10万人;亚裔老年男性行人的死亡率高达9.0人/10万人。

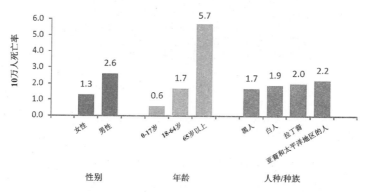

图12-18　2012—2014年纽约市行人死亡交通事故统计
图片出处:New York City Department of Health and Mental Hygiene, 2017.

根据世界卫生组织(WHO, 2016)的估计,2015年,中国有近26万人死于交通事故,死亡率约18.9人/10万人,较美国高出73%;按汽车保有量1.72亿平均,为151.2人/10万车,是美国数值的11.4倍。其中,中国60%的交通事故死亡者是行人、自行车或摩托车驾乘人员,占比是美国的3倍以上。在中国大城市中,交通方式性弱势群体的事故率和伤亡率一直居高不下。2007年,北京市二环内发生了257起涉及交通弱势群体受伤或死亡的交通事故,其中,因交通弱势群体违法造成事故136起,占53%。违法行为中最为突出的、造成严重伤亡人数最多的是违章穿越车行道,造成了30%以上的死伤事故。2015年,上海市仅因电动自行车肇事就造成道路交通事故158起,造成96人死亡;2016年发生108起,造成95人死亡。根据江苏省公安交警2016年公布的数据,在交通死亡事故中涉及电动自行车比例为36%,涉及电动自行车的交通事故数呈逐年上升的趋势。可见,中国方式性弱势群体的交通安全问题非常严重。

除了安全性,非机动化交通方式相对于机动车,在雨雪等恶劣天气的防护方面属于弱势群体;步行、自行车和公交巴士,在空气污染的防护方面相对于带有车载空气过滤装置的小汽车来说也属于弱势群体(图12-19)。

图 12-19　雾霾天气中,步行、自行车和公交巴士出行者,均属于弱势群体

图片出处:河北北京现雾霾天气 能见度小于 200 m,新华网,2013.2.28.

2. 对待方式性弱势群体的做法

欧美发达国家为了提高方式性弱势群体的安全性,推出了很多交通工程改善技术。例如,特意抬高人行横道的高度,让横穿马路的行人更容易被驾驶员发现;为避免车辆在居民区里超速行驶,特意将居民区的道路建造得弯曲甚至路面不平;为了避免驾驶员看不见行人,而挤压行人站立或行走空间,就特地将人行道深入路口车行道;为了避免车辆在公交站快速通行或超车,将公交站台设置在车行道上,压缩车行道空间以规范特殊区域的行车(郭敏,2018)(图 12-20)。

图 12-20　采用缘石延伸形成凸起候车区的公交站台

图片出处:郭敏,2018.

而中国大城市在交通规划、设计、建设和管理方面偏向于方式性强势群体,例如为了增加机动车道和交叉口进口车道挤压非机动车道和人行道的空间,为减少机非干扰、保证车流的连续性而维持较大的人行横道间距,道路绿化常常忽视出行者视野是否收到阻碍,对于经常超速且乱闯信号灯的渣土车管理不够严格,等等;

而在交通法规制定和事故处理方面偏向于方式性弱势群体,例如,要求机动车驾驶人在交叉口减速通过、起步慢行,在机动车与非机动车发生交通事故后增加机动车一方的责任比例或赔偿金额,甚至将违法行人或非机动车的责任"推"到守法司机身上,等等(图12-21、图12-22)。

图12-21　成年人做出翻越中央隔离带的行为,通常是权衡了风险和收益之后的决定

图片出处:https://kknews.cc/zh-mo/news/2vzn9zy.html

图12-22　在双向12车道中央设置无信控人行横道和这样的"行人等待区",是十分危险的

图片出处:http://hainanjj.gov.cn/page.php?xuh=33167

其中的经济逻辑是,为了城市经济的发展和整体交通效率的提升,在基础设施规划、设计、建设和管理方面需要偏向行驶速度高、经济回报高的机动车一方。而在发生交通事故后,为了降低管理成本和事故处理成本(包括调解、定责、行政、判决、赔偿、执行等成本),同时安抚广大的弱势群体,又需要适时地偏向非机动车和行人一方。

这样以安全换取空间的做法,无疑有利于降低城市的管理成本,可能也降低了城市交通运行的总成本,但无助于降低较高的交通方式弱势群体的交通事故率和

图 12-23　没有一处落脚点足够安全

图片出处：http://www.hainanjj.gov.cn/page.php?xuh=33167

图 12-24　在一些设计者和管理者眼中，这种较为安全的
设置方法挤压了机动车道的空间

图片出处：https://nacto.org/publication/urban-street-design-guide/streets/boulevard

伤亡率（图 12-23）。受到挤压的交通空间（非机动车道和人行道），逼迫部分骑车人和行人走上机动车道（图 12-24）；间隔过大、设置不合理的行人过街设施以及绿灯时长过短的过街信号灯，增加了骑车人/行人（尤其是生理性弱势群体）过街的困难，这些均直接或间接地提高了骑车人和行人与机动车相冲突的风险。而对骑车人和行人交通违章行为的"容忍"，将前述骑车人和行人在交通基础设施和管理中面对的困难引向了骑车人/行人与机动车的更多冲突。最后，在交通事故处理中对骑车人和行人的"偏护"，将事故的经济后果和法律责任推向了经济承担能力较强且管理相对容易的机动车一方，虽然有助于降低事故处理成本并推卸交通建设和

管理中的责任,但却将风险继续留在了城市之中。

更重要的是,上述做法对于这一模式的初衷——提高城市的交通效率和交通安全水平——弊大于利。因为:机动车交通流(包括私家车和公交巴士)的整体运行速度因非机动车和行人被动或主动的干扰而大受限制(并加重了驾驶人压力、车辆磨损和污染排放);"礼让行人"政策既增加了机动车与慢行交通出行者碰擦的风险,也引发了更多斑马线前的车辆追尾事故;较高的交通事故率导致城市道路网的交通运行非常脆弱,间接加重了城市交通拥堵程度。

第三篇　展望篇
——士不可以不弘毅，任重而道远

第13章

交通需求管理

本章分析了中外城市土地利用的差异对交通需求管理的影响;指出了交通诱导信息的作用与局限性;提出了中国大城市轨道交通票价和"热门单位"停车费调整的必要性和可行性;从交通影响和经济影响的角度,探讨了中国大城市道路拥挤收费的实质、分类与实施前景。

13.1　交通需求管理概述

1. 交通需求管理的原理

城市交通资源是一种时空资源,而不仅仅是空间资源。交通拥堵在本质上是城市交通资源竞争的一种形态,其表现形式通常为某一路段的在某一时刻由于车流量超过通行能力而出现拥挤缓行。直观地看,缓解交通拥堵的方法,既可以是扩大道路通行能力,也可以是减小车流量。交通需求管理(TDM)针对的就是后者。

TDM诞生于20世纪70年代,其基本原理是利用节省时间、节省费用、减少压力或提高便利性等激励手段影响人们的出行选择,从而将高峰时段的出行分散至非高峰时段,将拥挤路段的车流分流至不拥挤路段,将小汽车出行转移至绿色交通出行,合并甚至取消部分交通需求,以实现道路交通资源的高效利用并提升出行者群体的长期福祉。简言之,TDM试图通过政策或策略影响交通需求的产生、方式选择及时空分布。

2. 交通需求管理的手段

交通需求管理的手段众多,例如:土地利用规划,鼓励错峰出行、弹性工作制、远程会议或车辆合乘(包括商务车合乘),开通高占有率(HOV)车道,实施动态交通管理,推行交通稳静化设计或小汽车—轨道交通换乘模式,推出汽车共享服务,设置步行街、公交专用道或匝道信号灯,等等。

需要说明的是,现实中的很多安排,虽然经常被纳入交通需求管理的范畴之中,但其本意或初衷并非是出于缓解交通压力为目的。例如,商场或购物中心通常开门较晚,这并非是为了刻意减少高峰时段的员工出行,而是因为顾客们很少这么早前来消费。人们使用电子邮件代替纸质信函,主要目的不是为了减少快递员的出行,而是因为电子邮件的便利性和交流速度本身就远超纸质信函而已。市中心高昂的停车费是为了弥补停车占用空间较高的机会成本,其初衷并非是为了限制小汽车出行。更确切地说,高停车费率抑制了市中心的私家车出行只是附带的结果。

另外,交通需求管理也并非单向地越来越严格。例如,伦敦于2007年2月将交通拥挤收费的区域扩大至西区,但2011年又取消西区的拥挤收费,将收费范围恢复至初始的22 km^2。雅加达于2003年开始实施世界上最严格的车辆合乘政策,要求私家车在限制区域干道行驶时需承载至少3人(雅加达的政策是限制了整条道路,而不是像很多其他城市仅将1~2条车道设置为HOV车道,而且,其他城市的HOV车道仅要求车上达到2人);然而该项交通政策的效果却不尽如人意,交通拥堵状况没有得到有效的改善,反而催生了一个新的职业——"乘士"(一些人向乘客不足的司机收费并上车"合乘",以便司机合法驶入要求三人合乘的限制区域);2016年4月,雅加达突然取消了HOV政策。

3. 交通需求管理的国内外差异

由于城市运作的差别,发达国家在交通需求管理方面的一些行之有效的做法,到了中国大城市却出现了水土不服。

例如,小汽车—轨道交通换乘停车模式。在欧美大城市人口密度较低的市郊(尤其是远郊),由于土地成本较低,换乘停车场的停车位较充裕且停车费用极低甚至免费。而中国大城市郊区的人口密度常常数倍甚至十余倍于欧美大城市的市郊。市郊用地的紧张导致小汽车—轨道交通换乘停车场的空间非常有限。实际上,一些并不乘坐轨道交通的驾车人,也会将车辆停放在换乘停车场,进一步降低了小汽车—轨道交通换乘的吸引力。

又如车辆合乘(Carpool和Vanpool)。意指私人通过合乘小汽车甚至商务车,以节省燃油费等驾车成本。由于有助于减少高峰期小汽车出行量,得到了很多国外城市的鼓励。然而,在中国城市,运管部门往往并不允许小汽车合乘,原因在于这种交通模式涉嫌非法营运。实际上,营利性的网约"拼车"或"顺风车"与成本分摊的小汽车合乘从利益分配或交通效率上看均比较接近,也有助于减少高峰期的小汽车出行量。然而,由于"私家网约车"极大地触动了传统出租车行业的利益,一直处于管理部门的打压之下。于是,车辆合乘模式也受到了牵连。中外城市对待"私家网约车"的态度之所以存在差别,重要的原因在于中国大城市市郊建成区的人口密度较高,出租车服务较为普遍;而欧美大城市郊区的人口密度较低,出租车出行需求原本就很低,因此,"私家网约车"和车辆合乘在其市郊(尤其是远郊)的发展并不会严重地影响出租车行业的利益。

此外，中国大城市也拥有发达国家城市无法做到的交通需求管理手段——人口疏解。由于一直存在的二元户籍制度，近二十年来涌入大城市的大量外来人口，大多未获得城市户籍。因此，他们更像是城市的临时居民，当遇到人口疏解政策时，往往首当其冲地被迫迁出中心城区甚至城市范围。

13.2 交通诱导

1. 交通信息的作用

当前正处在交通信息革命的起步阶段，导航设备和导航软件日益流行，并且与实时交通信息结合的越来越紧密。仅就导航功能而言，对交通就有十分重要的影响。研究显示，司机行驶在不熟悉的道路上时，效率要比平时低大约25%。如果能为他们指出最佳路线，其行车总里程就可以减少2%。UPS 快递公司以及其他一些卡车车队在使用物流软件缩短运输时间，降低燃油消耗，方法包括尽可能地寻找可以避免左转的路线，因为那样会消耗更长时间（汤姆·范德比尔特，2017）。此外，当司机被告之前方发生了交通事故时，手持或车载设备会给他们另寻其他路线以节省行程时间（图13-1）。

图13-1 诸多车载和手机导航软件能够支持实时路况显示，并可以根据路况计算最优线路

图片出处：高德地图截图

从理论上来说，当人们可以掌握更准确、及时的交通信息时，将有助于提高交通系统的效率。尤其是当遇到偶发性拥堵时，实时交通信息及路线引导是最有价值的。例如，某条路平时车流量并不大，因突发车祸而出现拥堵，这时，改换哪条路会更快对司机来说是十分有用的信息。即使对于无法变更道路的"不幸的"司机，告诉他们可能要等待多长时间，也是有好处的。

2. 交通诱导信息的局限性

对常发性拥堵来说，替代路线早已被其他司机盯上，可能根本不存在什么"捷径"。因此实时交通信息的价值非常有限。但是，即使是对于偶发性交通拥堵信息，事情也没有这么简单（图13-2）。

首先，实时数据并不名副其实。虽然交通信息供应商的数据收集渠道极为广泛，从道路上的感应线圈到商务车辆探测器，从突发的交通事故到历史数据，再对收集到的数据按照观测的准确度和时效性进行加权，但是，客户并不是"实时"得到信息反馈。人们得到的"实时"数据,其实是"3~5 min 之前"的情况。时间差距看似不大,但考虑到道路交通状况瞬息万变,这个延迟的影响已经足够大了(受其影响的司机可能已经进入"歧途"而再也更改不了路线了)。

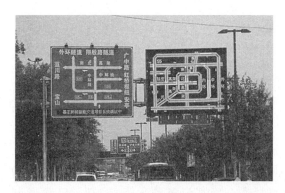

图 13-2 相对于手机导航软件,交通诱导屏提供的信息极为有限
图片出处:https://www.shine.cn/archive/district/jiading/Roadworks-aiming-to-reduce-congestion

另一个问题在于如何利用这些信息,或者根据这些信息我们应该给司机们提出怎样的建议,甚至是否要让司机们了解全部信息。例如,如果某天人们得到一条准确的交通信息,说某条道路发生堵车,大家便会纷纷转向另一条路,结果导致那条路也出现拥堵。因此,要达到理想的状态,似乎需要让一部分人转到某条路上,而让另一部分人留在原来的路上。

这就产生了一个疑问:总体而言,交通信息对司机或整个交通系统真的有帮助吗?麻省理工学院的摩西·本—阿基瓦认为,交通预报是一个"鸡生蛋还是蛋生鸡的问题":人们一旦获得预报,就会做出相应的反应,因此,要使预报精确,必须将人们可能对预报做出的反应考虑在内(汤姆·范德比尔特,2017)。

目前,由于交通信息的精确程度和实时程度仍然有限,而且实际获得这些信息的人只占少数,上述问题尚不明显。获得道路拥堵信息的司机中,有一部分会退出拥堵的道路,于是,完全不知情的司机也能从中获益——拥堵道路上的车变少了。然而,随着获得信息的人数增多,实时信息给每位司机带来的益处会逐渐减少。届时,从本质上来说,"捷径"已不复存在。可以随时获悉"最佳路线"的人越多,存在车辆稀少、畅通无阻道路的可能性就越小。这对所有司机或交通系统来说可能是好事,但是,对部分人(例如那些摸透路况的出租车司机或目前使用实时交通信息导航的司机)就没那么好了。

对于中国大城市的驾车人来说,由于城市路网密度较低(尤其是进出中心城区的道路数量非常有限),很多时候并没有多少选择去"绕开"交通拥堵路段。甚至此时每一条可通向目的地的快速路或主干道都处在较严重的交通拥堵中,至于走哪一条路会稍快一点,恐怕只是运气好坏的问题了。

13.3 高峰时段定价

13.3.1 轨道交通票价

1. 轨道交通出行的时空特征

中国大城市不少轨道交通线路的高峰小时断面客流量都达到了较高水平,最大满载率都超过了100%(即处在超载运行状态)。2016年,北京地铁10号线的日最高客流量已达195万人次,与上海轨道交通2号线(190万人次/日)持平,成为中国客流量最高的地铁线路之一。

从时间分布特征来看,一些大城市轨道交通高峰小时系数(一天内客流集中的某一个小时的流量占全天客流量的比重)较高。以北京市2013年数据为例(图13-3),工作日巨大的通勤出行导致早高峰小时系数普遍较高,各线都在12.8%以上,全网为13.61%。各线比较,郊区线特征明显的13号线最高,达到16.07%,中心区环线2号线最低。晚高峰小时系数全网为12.18%,略低于早高峰。周末则没有明显的早晚高峰(王凯,2014)。2013年北京地铁各线平日早、晚高峰小时系数表,如表13-1所示。

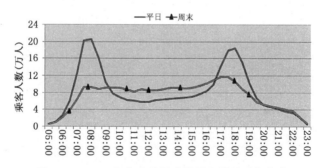

图 13-3　2013 年北京地铁全网乘客进站时间分布
图片出处:王凯.北京地铁客流特征分析.管理科学与工程,2014.

表 13-1　2013 年北京地铁各线平日早、晚高峰小时系数表

	早高峰(7:30~8:30)			晚高峰(17:30~18:30)		
	早高峰进站客流量	全日进站客流量	早高峰系数	晚高峰进站客流量	全日进站客流量	晚高峰系数
1号线	128 657	1 002 144	12.84%	117 654	1 002 144	11.74%
2号线	119 849	933 709	12.84%	112 086	933 709	12.00%
5号线	68 255	479 415	14.24%	59 123	479 415	12.330 70
13号线	64 963	404 206	16.07%	56 831	404 206	14.060 70

续表

	早高峰(7:30～8:30)			晚高峰(17:30～18:30)		
	早高峰进站客流量	全日进站客流量	早高峰系数	晚高峰进站客流量	全日进站客流量	晚高峰系数
八通线	27 346	185 177	14.77%	20 162	185 177	10.89%
全网	409 070	3 004 651	13.61%	365 856	3 004 651	12.18%

数据来源:王凯,北京地铁客流特征分析,管理科学与工程,2014.

从空间分布特征来看,诸多大城市轨道交通平均出行里程较高,方向不均衡明显。同时,高峰小时各站乘降量差别较大,部分线路断面流量较高。从2016年上海市轨道交通早高峰拥挤度分布图(图13-4、图13-5)可以看出,市郊前往的中心城区的线段拥挤程度较高,这与上海市职住分离的空间分布特征一致。

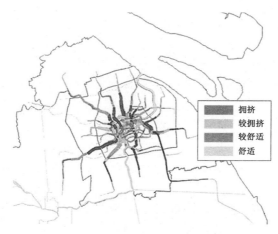

图13-4 2016年上海市轨道交通早高峰拥挤度(越深越拥挤)
图片出处:《2016年上海市综合交通运行年报》

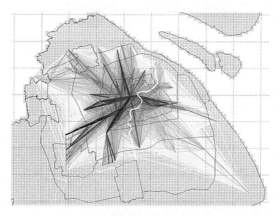

图13-5 2016年上海市早高峰轨道交通出行OD(起止点)
图片出处:城市数据团,2016.

2. 轨道交通高峰定价的效果

由于部分地铁线路和车站的客流量极大,超过了地铁的运输能力。例如北京地铁 10 号线,于 2015 年将高峰时段的列车最小间隔由 2 min 15 s 缩短至 2 min,在不升级列车编组形式与基础设施的情况下,已无法继续提高运输能力,类似的问题相当普遍。2017 年 5 月,北京地铁公司所辖 15 条线路(北京共拥有轨道交通线路 19 条)全部实施限流措施,常态化限流车站达到 74 座(占北京地铁车站总数的 21%),限流时段最早从早晨 6:30 开始。大量地铁出行者只得在地铁站外排队等候进站,北京地铁系统陷入了一种"拼时间"的低效率平衡。

从长期来看,如果轨道交通出行需求持续居高不下,地铁运营者应当设法通过列车编组形式(例如从 6B 升级为 8B)和站台的升级提高运力。但是,从短期来看,更有效的方法是(参考伦敦、华盛顿等发达城市的做法)实施高峰时段定价。即在工作日的高峰时段(例如 6:30～9:00 和 16:00～19:00)票价较高,而在节假日和工作日的其他时段票价较低(甚至可以低于当前的票价水平)。当然,具体的票价水平和高峰时段的确定,需要经过科学的调查与全面的评估。简言之,是以差别定价为手段,将高峰时段的轨道交通出行需求"分流"至非高峰时段,从而缓解高峰时段的拥挤程度(图 13-6)。

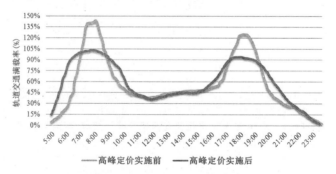

图 13-6 实施高峰定价前后轨道交通满载率的变化
图片出处:本书作者绘制

此时,支付了较高票价的乘客,由于高峰时段客流的减少,可以"享受"较为舒适的出行环境;而不愿支付更多费用的乘客,可以提前(代价是需要更早出发)或推迟出行,以避开"昂贵"的高峰时段;地铁运营者则可以获得更多的收益并用以继续提升服务水平。

更重要但现状数据中无法显示的是,部分因地铁服务水平较差而不得不使用小汽车出行的人,在高峰期地铁服务水平大幅提升后,会转回使用地铁出行。因此,地铁的高峰定价有助于减少小汽车出行量并缓解道路交通拥堵。

13.3.2 停车费

从经济学的视角来看,交通量并不等同于交通需求,实际上,交通量只是交通需求曲线上的一些点。准确地讲,交通量代表了某一价格水平下的"出行意愿"或"停车意愿"。交通资源的使用价格发生变化,交通量或停车量也会随之改变。

1. 低费率影响交通的机理

在发达国家的大城市,停车费较好地体现了城市空间的机会成本。在停车需求密集的市中心,停车费率较高;而在人口分散的市郊,停车费率极低。不过,借助于较高的停车费率,其市中心也"激活"了大量零散用地和部分建筑空间用以设置停车场。因此,停车"贵"(相对于市民的收入水平,其实没有那么夸张)缓解了"停车难"的问题。在中国城市,即使是在中心城区,由于大量"专用停车场"的存在,"停车难"的问题实际上远没有媒体报道的那样严重。真正的"停车难"现象多发生于"热门单位"(例如大型医院、高层写字楼、繁华商业区、热门旅游景点等)及其周边。

由于停车费率管制的存在,"热门单位"及其周边公共停车场的收费并不高。一方面,考虑到停车空间的经济回报较低,"热门单位"常常只是按照管理部门要求的下限提供车位,以减少建设投资或而将空间"节省"下来用作运营。另一方面,低收费模式难免出现高峰时段停车供大于求的问题。部分小汽车司机宁可长时间在进口处以及场外的城市道路上等待有限的停车位(并顺带回避等待时间内的停车费),从而影响了道路交通。从停车场管理者的角度,维持单位进口处的排队秩序是分内的事,但对于在场外城市道路上排队甚至争抢的车辆,并无足够的动机和权限进行管理。

对于城市的道路交通管理部门来说,也缺乏足够的资源(人力、预算)和动机对每一处热门停车场外的道路进行管理。其中,交管部门缺乏动机的原因之一,在于医院和购物中心等商业场所对于场外道路上的排队车辆也是怀着欢迎的态度。以购物中心为例,即使高峰时段停车场车位已满或非常紧张,但在停车场通道内游弋寻找车位的车辆和在场外排队等候的车辆,基本上都已经被确定为当天消费的顾客。司机损耗的停车时间,通常并不影响其消费的高低。因此,停车排队行为,相当于扩大了停车场的有效面积(在原有标准停车位的基础上,增加了停车场通道和场外的城市道路)。而购物中心需额外支付的只有少量管理成本,例如多安排保安或邀请交警在停车场内外疏导交通。

简言之,"热门单位"的配建停车场在地产开发完成后就已定型,很难继续提高场内的停车供给。大型医院和购物中心似乎不愿因为过高的停车费"吓跑"顾客(毕竟从顾客消费中能够获得更大的收益),于是,形成了其利用城市道路扩大停车空间的"乱象"(图13-7)。受地方利益的驱使,当地的交通管理者也在配合这样的停车模式。只是,由于交通受到阻碍,为此买单的是过往的车辆。

图13-7 "热门单位"的停车饱和问题常常造成周边道路的拥堵
图片出处:http://hebei.news.163.com/14/0311/10/9N24UIB702790AB4_all.html

2. 提高"热门单位"停车费的效果

为了消除"热门单位"停车对道路交通的不良影响,最简单也最有效的做法就是提高这些"热门单位"的停车费率标准(使其在高峰时段也应保有10%～15%的停车场空置率)并适当放开社会兴办停车场的管制。

从短期来看,停车费上涨会产生一些"副作用"。例如:"热门单位"停车费的大幅上涨,会导致部分(时间价值较低的)驾车顾客选择在周边道路违章停车以节省停车开支。此时,城市交通管理者有必要加大对违停车辆的巡查力度并提高违停处罚,这就必然增加执法管理成本。当然,这些管理成本,完全可以从停车收费费率增加带来的收益增加中获得(例如,参照美国的管理模式,收取"停车税")。

从长期来看,停车费上涨,会促使更多单位(例如购物中心附近的事业单位)向社会开放内部停车场(至少是部分空间和部分时段),并激励更多的楼宇、零散用地甚至"大院"和"小区"开辟出新的停车空间(前提是城市管理者放松管制)。这些都有助于缓解市中心"停车难"的问题并减少停车环节对道路交通的负面影响。

13.4 道路拥挤收费

13.4.1 道路拥挤收费的机理

经济学认为,为了实现对稀缺资源的有效利用,价格应该等于所提供产品或服务的机会成本(对于道路基础设施来说,即短期边际成本)。对于城市道路上的机动车出行者来说,每次出行,除了支付燃油费、车辆维护费、车辆折旧、固定税费和自己驾车时间的成本,还应当承担道路交通基础设施的维护费用以及他/她所引起的其他驾车人的时间损失(这些损失并不是驾车人自己的实际花费,而是由于车速降低给社会带来的)。最优道路价格(即道路拥挤收费),反映的正是出行者的私人边际成本和社会边际成本之间的差异。

图 13-8 显示了道路拥挤收费的原理。在不考虑拥挤收费的情况下,对每位驾车人而言出行量(交通量)就是图中需求曲线 D 与边际私人成本曲线 MPC 交点 b 所决定的 Q,该交通量对应的出行费用是 P_oQ 大于社会最优的交通量 Q^*,这说明由于驾车人没有按照边际社会成本支付费用,因此产生了无效率,导致过多资源投入(高峰时段有过多的车辆驶向高峰路段)而引起拥挤。如果每辆车的最优道路价格是 RP(即对驾车人征收相当于图中 RP 的道路拥挤费),便可以把车辆数减少到 Q^* 的水平并使对道路空间资源的需求等于边际社会成本曲线 MSC。对于驾车人而言,如果出行时会被征收拥挤费,他们感受到的边际私人成本曲线便由 MPC 移动到了 MPC^*,此时,那些对自己这趟行程的时间价值估计最低的人,对交通拥挤的损失估计也最低,也最不愿意支付拥挤费用;而在不征收拥挤收费的情况下,这些人实际上又是最不怕被堵在拥挤道路上的。一旦开始征收拥挤费用,对时间价值估计较低的人就会因选择不交费而放弃在道路上占据空间,留下的那些认为此趟行程快速驾驶十分重要的人则能更有效率地使用道路。从图上看,由于拥挤收费的出现,需求曲线与边际私人成本曲线的交点便由 b 移动至与边际社会成本曲线的交点 a,社会效率目标得以实现(杭文,2016)。

在交通量水平 Q^* 上,车辆的行驶速度可以大为加快,拥挤收费产生了福利收益($P^*ade - P^*abP$),这是因为交通流量下降了($Q-Q^*$);同时,道路拥挤收费阻止了一些汽车使用者使用道路,损失了消费者剩余 abc;此外,道路交通管理部门征收了 aP^*de 的收入,这个收入并不全是社会收益,其中的一部分(等于 P^*acP)是道路使用者以额外收入的形式转移给道路交通管理部门的消费者剩余。如果需求曲线的相关部分有一定程度的弹性,那么

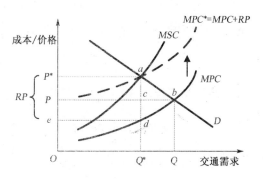

图 13-8 道路拥挤收费原理示意图
图片出处:杭文.运输经济学(第二版).东南大学出版社,2016.11.

($Pcde-abc$)为正值,道路拥挤收费增加了社会剩余。应当指出的是,该计划的直接受益者是交通管理部门或城市运营者而不是道路使用者。当然,征收的费用(在扣除拥挤收费的实施和管理成本后)可以通过某些分配机制返还给驾车人或公众。

简言之,道路拥挤收费与轨道交通高峰定价、"热门单位"停车费涨价的作用原

理相似,都是通过价格机制,对在"高峰时空"有出行需求的出行者给予经济刺激,"驱离"对此次出行的时间估价较低者,留下对此次出行的时间估价较高者,从而将部分出行需求转移至"非高峰时空"。从交通工程的视角来看,交通拥堵水平将随着出行者的减少(主要是转移了)而得到一定程度的缓解(不是消除)。

13.4.2 中国大城市道路拥挤收费的前景

1. 道路拥挤收费的实质

道路拥挤收费只是一种手段,不是目的本身;收费改变的不仅是交通的现象,更是出行者的资源支付/竞争结构与城市资源的再分配。道路拥挤收费实施后,原本依靠行为和时间获得高峰期道路使用权的竞争模式,被人为地改成了依靠支付更多费用以获得高峰期道路使用权的竞争模式。表面上看,交通量和拥堵程度均因收费得到了下降,更深入地看,是高峰期出行者的群体特征和道路交通资源分配模式发生了变化。部分原本能够忍受拥堵的出行者,由于不愿付费被迫改变了出行时间(提前或推迟出发)、出行线路、出行方式甚至取消了出行;而原来高峰期出行者中支付能力较强的小汽车出行者(例如雇用了职业司机的人),加上部分原本不能忍受拥堵(而改变了出行时间、出行线路、出行方式甚至取消出行)的出行者,通过支付拥挤费获得了高峰期道路较好的服务。

从道路交通资源分配或竞争的角度来看,道路拥挤收费的实质是:对高峰期时间估价更高的机动车出行者通过支付费用,将对高峰期时间估价更低的竞争者驱逐出高峰时段,从而获得了高峰期的道路使用权(图13-9)。

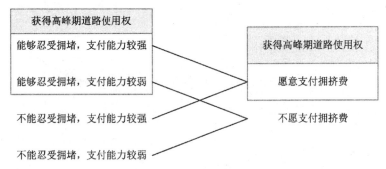

图13-9 道路拥挤收费对高峰期出行者结构的影响
图片出处:本书作者绘制

那么,这样的制度安排是否有效呢?需要具体分析。举个极端点的例子,如果某个地方的居民,都能够忍受拥挤的公交巴士,都宁愿挤在车厢里动弹不得也不愿再花时间等下一班车,也不愿多付费增加公交班次,那么,我们又何必借着乘车舒适性的理由强行阻止其中的一部分乘客上车并向剩余的乘客多收费呢?

除了上述复杂性,道路拥挤收费的实施还存在社会资源再分配的问题。毕竟,收费本身也需要相当的实施成本,包括:收费模式的设计与授权成本、收费设施建设运营成本、设备和信息成本、人员成本、管理成本、由于收费设施造成的时间损失(例如收费站前的排队)等等。例如伦敦市,其道路拥挤收费的总支出接近总收入的50%。此外,道路拥挤收费亦涉及收费净收入的使用(去向)问题和道路系统的网络性带来的连带性交通影响,因此,道路拥挤收费的设计和实施需要非常慎重地权衡利弊。

为了分析的方便,从缓堵对象的空间层面,可以将道路拥挤收费分为片区型和通道型两类。前者主要是为了缓解某一片区内的交通拥堵,后者是为了缓解某一条道路的交通拥堵。当然,严格地讲,如果对进出某一片区的所有道路均实施通道型拥挤收费,就等同于片区型拥挤收费了。

2. 片区型道路拥挤收费

世界上有多个城市实施了片区型道路拥挤收费,例如英国伦敦、新加坡、瑞典斯德哥尔摩、意大利米兰与罗马……其实施区域均为城市的中央商务区(CBD)或保留有大量狭窄老街道的市中心。从范围上看,这些城市交通拥挤收费区的面积通常较小,斯德哥尔摩拥挤收费区面积29.8 km²、伦敦收费区约22 km²、意大利米兰为8.2 km²,新加坡的拥堵收费区面积为7.2 km²,意大利罗马的三块拥堵收费区面积合计仅有4.2 km²(维基百科)。

与上述发达国家大城市不同的是,中国大城市通常并没有功能非常集中的CBD,而是拥有多个较为分散的商业(例如王府井)、商务(例如国贸)和公务中心(例如国家级、省市级和区级的党务、行政机关及职能部门)。同时,中国大城市的市中心也没有如欧洲大城市那般充满了大量狭窄的老街道。

实际上,中国大城市的市中心通常较大。例如,北京的首都功能核心区(包括东城区和西城区)面积92.4 km²,五环内面积达到667 km²;上海的市中心——内环内面积约114 km²,外环内的面积达到664 km²。更重要的是,虽然中国大城市市中心的部分道路较为拥堵,但受益于相对较高的道路供给水平(例如,更多、更宽的道路,更好的交通管理与控制),整体交通拥堵状况并不是非常严重(尤其是对于早高峰来说)。简言之,中国大城市的交通高峰,在时间上较为集中,但在空间上却较为分散。由于市中心并非拥堵最严重的区域,面向市中心区域实时道路拥挤收费的理由并不充分。

那么,仅针对部分街区(例如北京国贸CBD)实时小范围的道路拥挤收费是否可行呢?欧美数量众多的大城市并没有考虑实施CBD或市中心的拥挤收费,是因为,其市中心较高的停车费率实际上已经"超额"实现了道路拥挤收费的目的——不仅高峰期进入市中心的车辆较少,其他非高峰时段也不多。反观中国大城市,市中心的大量单位、大院、小区及其周边支路,不仅没有对小汽车出行者给予应有的经济"刺激",反倒提供了低廉甚至免费的停车空间。因此,如果中国大城市实施小范围的片区型道路拥挤收费,必然有助于缓解收费区内部高峰时段的交通拥堵。

但是,这并不意味着小范围收费会收到很好的全局效果。因为,与发达国家城市不同的是,中国大城市中心区路网的主要功能是交通性而非欧美城市的服务性,部分干路常常承担着交通动脉的作用(例如北京国贸CBD内的东三环中路、上海内环内的延安路高架和南北高架),如果实施拥挤收费,相当于浪费了收费区内这些交通动脉道路的通行能力,而大量的通过性车流如果被转移至拥挤收费区周边的干路,会造成这些路段乃至片区更严重的拥堵;同时,欲进入收费区内部的部分驾车人,会提早出发以便在拥挤收费开始时间之前进入收费区,或者选择在收费区边缘停车再转用其他交通方式完成"最后一千米",从而将交通压力变相转移至了收费区外围。更重要的是,较小的收费区外还有大量的交通拥堵路段,而拥挤收费对其和全局几乎没有影响。

综上所述,中国大城市实施片区型道路拥挤收费的理由可能并不充分。

3. 通道型道路拥挤收费

相对较为可行的做法,是对中心城区边缘或市郊的部分拥堵道路(例如,连接中心城区与郊区的桥梁、隧道、高快速路的主城连接线)实施道路拥挤收费。从形式上看,这和路桥通行费的收取非常相似,区别在于拥挤收费只针对工作日高峰时段,而路桥通行费式是全天性收费。

这在技术上不难实现,也比较容易取得缓解拥堵的局部效果,但很难获得城市运营者的首肯。因为,实施道路拥挤收费,会增加市郊进出中心城区的交通成本,进而影响市郊开发(例如房地产开发)乃至全市的发展。

即使对于已经完全成熟的城市开发方向,也需要考虑实施拥挤收费的投入—产出。收费的成本不言而喻,收入方面却有着较高的风险。如果某个通道的机动车出行者,大多支付能力较弱,实施拥挤收费后,如果费率太高,就可能出现人们集中在收费时段开始前通过收费路段的局面。对于高峰时段(收费时段)通行的车辆来说,这当然是好事,但对于收费管理者来说就是财务灾难了(因为缴费的车辆太少)。同时,付了费的驾车人也未必满意。毕竟,从市郊进入中心城区,一路上会遇到多个交通瓶颈;即使拥挤收费解决了进出城通道上的这一处,还是无法避免中心城区内部的交通拥堵。而如果拥挤费费率制定的太低,虽然能够留下更多的通行车辆,但较低的总收入也会导致入不敷出。简言之,该通道出行者的需求特征,可能导致无论制定何种收费费率,都不会实现较好的财务绩效。

综上所述,中国大城市实施通道型道路拥挤收费的可行性相对较高,但具体的实施时机和实施方案需要系统、深入地研究。

第 14 章
中国大城市缓解交通拥堵的近期策略

本章预判了中国大城市发展的近期情景；从城市运营者的视角，提出了在价值观层面进行反思、提高已有交通资源使用效率的交通拥堵缓解思路；从交通运营管理者的视角，提出了在方法论层面、道路交通管理层面和公共交通领域的交通拥堵缓解策略和具体措施。

14.1 情景预判

1. 城市扩张速度放缓

大城市的建设用地缓慢增长，主要通过推进用地集约化和功能混合来提升土地利用绩效。城市街区尺度与结构基本不变。中心城区人口继续向外围和市郊疏解，城市总人口受到严格控制甚至出现减少。

2. 城市功能疏解

大城市的中心城区继续强化高端商务区和各类配套生活设施建设，部分教育、医疗和商业功能外迁至市郊或卫星城。市郊的部分工业和商业功能迁出城市。

3. 优质资源

医疗、教育、公务、高端商业等优质资源依然集中于中心城区。

4. 汽车产业

小汽车购买与使用的限制增多，但城市的车辆保有量继续增长。新能源汽车的发展继续受到鼓励。

5. 交通科技

大数据、云计算、物联网、车联网、移动互联网、智能收费系统、高级车辆辅助驾驶技术（变道辅助、自适应巡航、自动泊车等）、自动感应控制等新技术得到越来越多的使用。类似于多式联运的城市交通"一站式"服务得到发展。例如，集成车辆导航与停车场停车位预约的私家车出行辅助服务，集成出租车或专车服务与高铁车票购买的出行链服务。

6. 交通文明

大城市居民的交通文明程度出现提升,但未出现质变。

14.2 城市运营者视角

1. 价值观层面的反思

如本书第一章所述,对于中国城市来说,在计划经济时代,"宽道路—稀路网"与"大院制—大街区"是相互匹配的。在转型期,"宽道路—稀路网"和"大院制—大街区"依然符合"土地财政"和快速城市化的需要。然而,在居民收入逐渐提高、"职住分离"日益显著的城市发展背景下,以私人小汽车为代表的"机动化"大潮对"宽道路—大街区—稀路网"格局产生了较大的冲击,其表现形式便是严重的交通拥堵和"停车难"。居民交通文明程度的滞后和城市交通资源市场配置机制的缺失,更是加重了上述困难。

由于城市土地利用与路网结构在数年甚至数十年内都无法得到实质性改变,城市运营者对很多单位、小区内部的停车空间也没有管理权,因此,大城市近期缓解交通拥堵的重点,在于对出行者交通行为的管理和深入开展城市交通资源的市场化配置。而这些行动的最大阻力,在于城市运营中的价值观。

长期以来,我们过于看重一些宏观数据,例如新修了多少里程的快速路、新建了多少座立交桥、新开通了多少条地铁线路、新辟了多少千米的公交专用道、公共交通的出行总量和出行方式分担率达到了多少⋯⋯而对这些指标背后的"效率"与"公平性"关注的不够。

例如,新建了一座立交桥,我们似乎更关注交通量达到了多少、能够缓解哪些路段的交通压力,甚至投入了多少建设经费。但是,对于这座立交桥在以什么样的方式运作——具体哪些位置成了或即将成为新的交通瓶颈?又有哪些驾车人在行经时获得了竞争优势?是不是存在设计或管理问题?我们了解的还太少。看似这些属于这一立交桥系统的自组织过程——司机们总能自己解决问题,不行还有交警可以介入,无须多虑。但是,立交桥交通效率的客观损失和对驾车人心理的负面影响是实实在在的,并且会影响到更大的路网范围,这些,都是城市运作效率的损失。

又如,为了"便民"和扩大公共交通的出行方式分担率,我们依靠大量的财政补贴,维持了较低的公交票价,甚至对部分人群实施免费供给。然而,从城市资源使用的效率上来看,并非所有的交通"需要"都应该得到满足。低票价和免费模式,诱增了大量低效率(出行的价值低于出行的机会成本)的出行——只要稍微提高票价,这些出行者就会改变出行时间甚至放弃本次出行。而这些低效率的出行,挤占了本已十分紧张的城市交通资源,对高价值的出行带来了严重的负面影响(当然,这从短期来看,是符合城市运作的经济利益的)。"交通公平性"并不是充分的理由:一方面,相对于交通,在温饱和居住方面似乎更应该体现对弱势群体的关怀;另一方面,交通中的"公平性"完全可以通过其他形式获得——例如,给目前受到"照顾"的人群直接发放交通现金补贴。

此外,我们在城市交通管理与执法中,仍过于偏重经济效率。实际上,很多管理与执法行为本身,机会成本确实较高(例如,有限的交通警力,往往被用于已经形成拥堵的路段或节点而无暇他顾),也不会带来财务上的净收益,但是,非常有助于维护城市交通的秩序并提升居民的交通文明程度,利在长远。

2. 提高城市交通资源的使用效率

城市中的很多交通资源,例如单位、大院和住宅小区的内部道路和停车场,并不对社会车辆开放,城市运营者在近期内也难以通过行政命令直接支配。但是,借助"价格机制"这一市场手段,城市运营者可以间接地激活上述内部道路和停车场的社会服务功能,并提高其使用效率。

城市运营者可以调整、提高"热门单位"及其周边区域公共停车场和路内停车泊位的停车费率。实际上,这不仅有助于从交通需求管理的角度减少"热门单位"的小汽车出行比例,也有利于激活周边单位、大院和住宅小区的内部道路、停车场甚至其他空间的社会交通服务功能。

例如,市中心的某一热门医院,在现有的停车收费标准(通常由市政管理部门和物价局制定)下,经常出现停车位供不应求、车辆排队延伸至医院外道路上的情况。而医院周边的几个住宅小区,虽然工作日的白天拥有很多空闲的停车位,但并没有向社会车辆开放(因为涉及管理成本和产生矛盾纠纷的风险)。当医院的停车收费标准大幅度提高后,虽然医院自身没有增加停车位,但是,周边住宅小区的物业和部分停车位拥有者在更强的经济刺激下,很可能会出让工作日白天时段的停车位以供租用。道理很简单,假定原来出租一个车位平均只能收到15元/天,可能不足以支付管理成本(例如通过物业雇佣专人看管车位和引导停车);而随着医院停车费的上涨,周边小区停车位的日出租收入也水涨船高至30元/天,于是,这样的交易变就得可以实现了(除了日常管理成本,甚至足以支付停车人违约时的拖车费用)。

从技术上看,这种"停车位错时租赁"或"共享车位"的信息平台早已出现,推广中最主要的困难在于车位出租的收入较低,无法抵消管理成本、安全成本和纠纷的处理成本。信息与交易技术上的改进并不能解决上述困难。

简言之,更高且更灵活的停车收费标准,可以促使"热门单位"周边(在部分时段)闲置的停车资源得到更充分地释放。从城市运营者的视角来看,城市交通资源的使用效率得到了提高。当然,更高的停车收费标准,也提高了驾车人违章停车的动机,需要城市交通管理者加大处罚力度与巡查频率,这就会增加执法管理成本。当然,这些管理成本,完全可以从停车收费费率增加带来的收益增加中获得。例如,参照美国的管理模式,在公共停车场的停车收入中收取"停车税"(纽约曼哈顿的停车税率高达18.375%)。在存量停车资源得到更多利用的同时,如果能允许"热门单位"周边的部分建筑或空地改建和兴建营利性停车设施,则可进一步扩大停车供给,缓解局部"停车难"的问题,并减少路边停车对于道路交通的负面影响。

14.3 交通运营管理者视角

14.3.1 方法论层面

1. 正确地宣传引导

城市交通是为城市服务的,而不同城市的形态、布局与运作模式可能大相径庭,因此,很难仅通过少量指标的横向比较就判断城市交通孰优孰劣。同时,"治堵"不是"治理社会",我们不应将其他诸多的愿望和诉求,都与治堵等同起来,甚至置于治堵之上。目前,一些宣传中甚至充斥着错误的数据和分析,对公众和管理部门产生了误导。

例如,一些媒体宣传香港的公共交通分担率高达90%,实际上,香港公共交通的全方式出行分担率不到60%。可能是香港公共交通在机动化交通内部的占比接近90%,被误传为了全方式出行分担率。由此,甚至衍生出了大陆城市的公共交通出行分担率还有很大提升空间、公共交通出行分担率越高越好的误解。

又如,对发达国家城市中汽车普遍"礼让"行人的宣传,与实际也有较大出入。实际上,在发达国家城市中,车流量较大道路上的人行横道基本全部覆盖了信号灯。行人和机动车均是按照信号控制轮流通行,而非通过"礼让"机制确定路权。真正频繁出现机动车"礼让"行人的场合,是车流量较小的支路、停车场内部道路或小区/学校内部道路(在这些缺少斑马线的场合,国内媒体对机动车"礼让"行人的宣传反而较少)。可见,机动车斑马线"礼让"行人的宣传存在偷换概念甚至颠倒场景的问题。近年来,"礼让斑马线"成了中国很多大城市都在推动的交通文明行动,也确实为社会带来了一丝文明新风。然而,各方将注意力过多集中在"礼让"与否的道德评判和经济处罚上,却疏忽了在较高车速环境下宽马路无信控过街的风险,以及零散的过街行人对交通流的干扰。一些大城市在车流量较大、车速较快的主干路也保留了无信控人行横道,甚至在信控人行横道的行人红灯周期,也要求机动车无条件地"礼让"行人,与上述宣传不无关系。

2. 反思交通规划与设计模式

城市交通涉及千千万万出行者的利益与感受，事关城市资源的竞争与分配，绝不仅仅是工程领域内部的问题。传统的交通规划与设计模式，过于依赖工程计算与历史经验（甚至不可移植的国外"经验"），过于看重机动车的需要而弱化了车内车外"人"的身心感受，在城市居民需求层次不断提升的今天，已显得力不从心。因此，未来的城市交通规划不能仅依赖交通工程领域的专家，也应重视交通经济专家、大数据专家和互联网专家的作用。

3. 重视交通瓶颈

对于同时到达某交通高峰空间的出行者来说，由于经验和行为的差异，所用的时间也相距甚远。例如在快速路的出口匝道，晚并线甚至故意在导流线处加塞的车辆，较依次排队的车辆，能"节省"数分钟甚至更长的时间；逆着下车人流挤进地铁车厢的人，也能"节省"下不少排队候车的时间；当然，对于老老实实排队的人或车辆来说，延误要超过平均水平。可见，排队长度或延误等交通参数的平均值未必能够表明某一交通瓶颈效率和公平程度的高低。

因此，交通管理者与研究者应重视"瓶颈路段""限流站点""高峰方向"与"热门单位"等高峰时空交通参数的极值，不能习惯性地仅仅使用累计值、平均值而将真正的瓶颈或出行的不公平性淹没在数据海洋之中。毕竟，城市交通管理者与研究者的真正使命，是解决城市出行者的实际困难，不是制作看似漂亮的统计报表。

4. 正视先进的信息技术

当前，城市与交通规划界非常热衷于获取"大数据"，运用"人工智能"进行数据处理和预测，并使用"可视化"工具进行表达。这从信息数据的丰富性、计算算法的先进性和人际沟通的可视性等方面来看是很大的进步。不过，我们也应当注意，数据、图像、算法只是途径与工具，而不是思想。无论是通过手机、车载设备、公交IC卡、无人机、遥感还是监控摄像机，获取的都是路径依赖下的历史和现状信息。单纯地搜集数据资料，并不是规划设计；对这些现状信息的加工处理，也只是规划设计的第一步，并不能自然地得出城市交通的未来解决方案（这需要真正有智识的专业人士）。

此外，不应将运用"传统"技术手段解决交通问题的成果，全部归功于"大数据"或"人工智能"。例如，"杭州城市数据大脑"（简称"城市大脑"）以智慧信号灯为切入点，使其与交通监控连接，调节城市交通运行。系统上线测试运行后，据称可将试点 22 km 高架路平均延误降低 15.3%，出行节省时间 4.6 min，地面主干路的平均延误降低了 8.5%，出行节省时间 1 min。实际上，杭州城市大脑"发现"交通瓶颈的过程及随后的治理方法，并没有超出"传统"交通科学的范畴，对试点路段的管理甚至没有超出一名优秀交警的能力范围。也有观点认为，互联网公司瞄准信号灯,并非只为解决交通拥堵,而是试图从信号灯开始,逐步切入并分享城市里的海量数据(例如道路上实时发生的事故情况、路段上准确的实时车辆数和速度、人流情况、城市经济活力等),目前这些数据由于条块分割并不容易获得。

综上,不宜过分夸大甚至"神话"交通大数据、人工智能、可视化等先进信息技术在交通规划与管理中的作用。

14.3.2 道路交通管理层面

1. 交通管理

加强快速路合流区与交织区、大型单位门前道路、重要交叉口等城市交通堵点的秩序建立和行为监管。常规性地(而非"运动式"地)严格管理这些地点的不良驾驶行为(加塞、蛇形穿插、违章停车、违章左转或掉头、蜗行、逆向行驶等),切实推行合流区的"轮流"通行规则,科学地选用匝道信号灯、监控探头等管理工具。

加强主干路路段左转、掉头车辆的管理与引导。应科学、合理地安排车辆左转和掉头空间(因地制宜地在道路中央设置左转等待区或在下游交叉口设置掉头车道)并在上游路段提前做好提示。

严格管理主干路交通困难路段的违章临时停车行为。对次干路和支路的路缘空间实施精细化、弹性化管理,科学设置公交车站、临时上落客车位、(有停车时长限制的)路内停车泊位和装卸货区。明确路内停车泊位的产权和收益权。

更细致、合理地设计和改造行人与非机动车过街设施,选择合适的路权划分(如信号灯)和安全保障手段。

更科学、细致地设计无信控交叉口的路权划分规则,借助停车让行标志等手段明确路权划分,并通过广泛的宣传和严格的执法树立和维护这些规则。

更科学、细致地结合道路线形、功能与交通实际设置车辆限速,而不应简单套用规范甚至较随意地设定苛刻的限速值。同时,设置通行条件良好时高速公路与快速路不同车道的车速下限并加强管理。

试点向为员工提供停车位的单位和企业征收"工作场所停车税"。

逐步推进公共交通有序候车与上下车,加强对公交出行者的宣传、管理与处罚。可以从地铁和部分单一线路的公交站台(例如市郊的首末站)开始试点。

具体做法可以参考发达国家城市的经验和教训。

2. 交通执法

开展常规性而非运动式的执法。

借助视频监控探头、车载记录仪和手持拍摄设备等加强事故认定的科学性和准确性。

有条件的城市,可以推行市民监督举报交通违法行为的有偿鼓励机制,以及通过传统媒体或网络平台曝光不良交通行为及出行者/车辆的机制(甚至推出相关的综艺节目),打造网络上的"熟人社会",促使出行者加强自律。

更为重要的是,面对交通出行者的违法行为和出行者之间的矛盾冲突,执法有情感因素,但更是法律问题。在交通执法中不应为了节省管理成本和行政成本而"偏袒"肇事车辆、非机动车或行人,更不应空泛地宣传大道德或一面倒地偏袒某种交通方式。执法管理者应针对具体案例,带头做到对路权和交通规则的尊重,保护守法市民,打击交通暴力与欺诈行为。这不仅有利于缓解交通拥堵程度,也有助于缓和交通出行者之间的竞争情绪与对立行为,促进社会和谐。

3. 信号控制

科学、合理地选用定时控制、感应控制或自适应控制信号灯,减少由于信号周期设置不当造成的交通延误。有条件的城市可以尝试基于交通摄像头和信号灯等数据融合计算,以数据大脑为核心,实时监控分析道路车流量,依据动态的交通数据,自动切换和调配信号灯时间。

合理地设置行人过街设施的密度和形式,并在车速较快、车流量和人流量均较大的"斑马线"处设置过街信号灯(根据具体情况选择触摸式、感应式或固定周期式),以便行人较集中地过街(以减少行人连续过街对交通流的随机干扰)和车辆及时、统一地减速(以减少过街行人面对的风险),而不是在"礼让"的口号下不作为并任由司机和行人背负风险。此外,应重申行人和机动车均需按照信号灯通行,闯红灯造成交通事故的一方(无论是机动车还是行人)要承担相应的法律责任。

同时,改为在车流量较小、车速较慢的支路、停车场或单位/小区内部道路,鼓励机动车"礼让"行人(未必局限于斑马线处)。

4. 交通标志标线

在高峰期车流量较大的交叉口的上游路段,提前(目前已有很多交叉口提前设置了提示,但位置还是过于接近停止线)通过指示牌或车道标线等形式告知交叉口入口道的线形与具体布置,避免由于地面标线被排队车流遮挡导致驾车人驶近停止线才发现走错车道的问题。在此基础上,加强对交叉口入口道加塞、插队行为的严格管理。

更密集地设置道路限速指示牌,以便驾车人保持安全且高效的车速——既不能明显超速,也不能故意低速行驶。

增加用以明确路权的交通指示牌(例如停车让行标志和减速让行标志),同时加强宣传和执法示范。

14.3.3 公共交通领域

1. 调整发展目标和评价指标

不再盲目追求更高的公共交通客流量与出行方式分担率,增加对公共交通出行质量和效率的关注。

不再盲目增加公交专用道。对拟新增和已有的公交专用道进行交通经济评估，不在未通过评估的路段新增公交专用道，同时，取消部分交通和经济效率极低的公交专用道。

2. 提供高服务水平公交

放开部分公交服务方式的价格管制、线路管制与车型管制。近年来，很多城市都推出了定制公交（商务班车）、快速直达专线、高峰巴士、社区巴士等公交服务和（利用旅游公司闲置大巴的）共享巴士服务。但与普通公交相似的定价机制与其他管制，削弱了公交企业的供给意愿与积极性（表现之一，是公交企业缺乏持续宣传新服务模式的动力）。

交通运营管理者应当放权和让渡部分利益，激活企业的活力与创造力，开发出更灵活、经济效率更高的公交服务产品。由高补贴、低票价的传统公交提供面向低需求层次人群的基础服务；由低补贴（甚至无补贴）、高票价的高服务水平公交提供面向高需求层次人群的升级服务，从而形成城市公共交通的差异化服务模式。这不仅有利于公交企业和公交出行者，更重要的是，有助于吸引（被较差的公交服务水平"驱赶"致使用）小汽车的出行者。如能将一定数量的小汽车出行者吸引至公交出行，地面交通的整体压力将出现下降，转乘高服务水平公交的原小汽车出行者、继续使用小汽车的出行者、甚至继续使用低服务水平公交的出行者均能够从中获益。

此外，应继续推进公共交通信息化，通过互联网或手机APP告知出行者某一站台下一辆车即将到达的时间，以便出行者安排出行时间，减少候车时间损耗。

3. 调整公共交通票价

对于传统公交服务模式，也可以进行定价机制的创新。

对于轨道交通运营负荷较大的城市甚至城市中的部分轨道交通线路，可以考虑实施轨道交通高峰定价，运用价格机制将高峰时段出行的部分客流分流至非高峰时段。

此外，可以考虑调整老年人公交票价优惠政策。一种选择是取消高峰时段公交出行的老人卡优惠，但维持其他时段的乘车刷卡补贴。另一种选择是参照上海市2016年6月开始实行的做法——老年综合津贴制度，将给予公交公司的老人卡计次补贴转换成现金补贴直接发放给老年群体（上海市民政局，2016）。即使老人将交通现金补贴转作他用，也是经济上相对更有效率的做法。毕竟，资金流向了更有经济价值的领域。

第 15 章
中国大城市缓解交通拥堵的远期策略

本章预判了中国大城市发展的远期情景；从城市运营者的视角，提出了在价值观层面进行转变、改进交通评价体系和推进协商与制衡机制的交通拥堵缓解思路；从交通运营管理者的视角，提出了在方法论层面、道路交通管理层面、公共交通领域和迎接新技术革命层面的交通拥堵缓解策略和具体措施。

15.1 情景预判

1. 城市的有机疏散

生活农村化，城市虚拟化。伴随着建成区向市郊的扩大，城市总人口缓慢增长，市郊的人口密度逐渐下降。公共服务更好的卫星城逐渐兴盛，并与大城市的建成区相连，形成都市圈。

2. 人口老龄化

城市中的老年人口比例较高，城市步入老龄化社会。在自动驾驶等先进科技的支持下，大量老年人依然可以独自依靠私人机动化交通方式出行。

3. 优质资源

医疗、教育、高端商业等优质资源向城市郊区与卫星城分散。

4. 交通科技

自动驾驶技术逐渐成熟并开始民用。人工智能的运用深入到城市交通控制与管理的诸多方面。人流密集区域增添自动步道（类似于机场和香港中环的设备）与垂直电梯，出现更多立体化（利用天空或地下管廊）的快速交通运输工具（例如接送快递包裹的无人机）。

5. 交通文明

大城市居民的交通素质得到普遍提升，接近发达国家同类城市水平。交通规划、设计与管理领域的智力供应较为充足。

15.2 城市运营者视角

1. 价值观层面的转变

车辆交通拥堵,是一种现象,更重要的是探寻交通拥堵背后的城市运作与资源流转机制。交通拥堵,是人们为了工作与生活,通过时间损耗来竞争使用城市资源的一种形式。中国大城市优质资源在中心城区的集中,致使越来越多的人参与到对优质资源的竞争中;而"大街区—宽道路—稀路网"的城市空间格局、大量"职住分离"出行者较低的需求层次,以及"丛林法则"盛行的交通环境,又将交通拥堵的严重性和波动性加以放大。

本书第14章提出的近期缓堵策略,主要是基于对城市存量交通资源的有效利用,包括对之前一些观念和做法的纠正。城市交通本质上的升华,还需经过数十年的不懈努力。

美国建筑师伊利尔·沙里宁(1943)认为,拥挤的大城市终究难以维持良好的状态,更无法达到它的主要目的——给居民提供物质上与精神上健全的生活场所。很多人之所以对熙来攘往、汽车飞驰、密集拥挤的大城市感到自豪,主要是因为城市规模的巨大。这是一种虚假的自豪,因为,把许多房屋密集、混乱地挤在一起,并不是什么光荣的事迹,也不需特殊的才能,这只是对时代的趋附而已。可是,要在越来越多的居民中,建立具有功能和适于生活的秩序,将是真正出色的成绩。而这,需要明智的领导/城市运营者。

2. 改进对交通的评价

评价城市交通拥堵(以及评价城市交通系统),不仅要关注交通工具在道路上的"客观"拥堵,更需要全面地考虑出行"人"的真实感受。治理交通拥堵,不仅要考虑控制某种交通方式的出行量或出行比重,也要尊重当时的居民对生活方式的选择和对生活品质的追求。

伊利尔·沙里宁(1943)认为,正是由于喧闹、纷扰以及那种紧张的忙乱,城市生活中许多最美好的事物被扭曲了。也正是由于喧闹、纷扰以及那种紧张的忙乱,人类天性中许多丑恶的东西暴露了出来。城市的改进和进一步发展,应当把生活的安宁与平静作为所有目标中的核心,因此,必须从解决住宅及其居住环境的问题开始。

对于城市交通来说,也是如此——交通也应追求安宁、平静与必要的私人空间。在这一方面,小汽车显然具有先天的优势。而对于公共交通和慢行交通出行者来说,是否得到良好的服务,交通感受的差别可谓大相径庭。因此,在对城市交通进行评价时,仅考虑客观的交通参数,以及象征性地将人们的主观感受归纳为一些抽样调查指标的平均值,是远远不够的。

例如,在评价"公交优先"政策时,不能仅罗列公共交通客运量、万人公交拥有率、公交专用道长度、地铁线路长度、甚至平均满载率等指标,也要关注公交候车、乘车时的时间损失与有序程度,公共交通车厢内的拥挤程度、温度、噪音甚至气味。这样的评价机制对于实践将更具导向意义:公交企业不仅会设法提高公交车的通路段行车速度与单车容量(甚至会通过增加座椅数量降低单车核载人数),也会尽力弥补公共交通等候、换乘以及车内服务水平的"短板"。

3. 推进协商与制衡

真正的"以人为本",不是少数精英根据自己的想象来判断人们在交通出行中需要什么,而应赋予城市交通的各类出行者一定的话语权。在一项交通政策或措施出台之前,城市运营者应安排专业人士进行周密细致的调查(随着信息技术的发展,交通调查成本已大为降低),并通过举行公开听证会等形式,广泛听取来自社会各界的声音。举行听证会的目的不是让市民投票表决,而是让与会代表充分表达不同利益群体的关切与诉求,并集思广益,建言献策,从而有助于制定更加合理的政策。

需要注意的是,有些城市交通问题没有绝对的对错之分(例如行人过街设施的形式与样式),需要的是利益相关者通过合适的渠道进行沟通与协商,并在管理部门和专业人士的协调下,按照民主机制进行取舍、妥协和制衡。

15.3 交通运营管理者视角

15.3.1 方法论层面

1. 以人为本

联合国城市规划专家顾问小组首席专家彼得·卡尔索普认为,当前中国城市规划的一个主要问题,是忽视了以人为本的原则。在做设计的时候,很多是为了满足政府的需求,为了满足开发商的需求,而忘掉整个规划设计的根本——人。随着中国慢慢从第二产业向第三产业转变,更多的城市会步入从量变到质变的阶段,人们对于城市生活的质量会有更高的诉求(蔡如鹏,2017)。不应忽视不同阶层出行者的声音。北京清华同衡规划设计研究院副总规划师黄伟(2017)也认为,交通规划师往往习惯于自上而下的主观思维,总是忽视市场和资本的力量。

鉴于远期中国大城市居民需求层次的普遍提升和人口老龄化,交通运营管理者应将工作重心从偏重交通的工具属性转到偏重出行者感受上来。以人为出发点对交通基础设施(例如无障碍道路)和交通工具进行规划、设计(例如运用人体工程学设计公交巴士座椅与校车座椅)和改造。

2. 重视长远的规划

科技的发展日新月异，新的交通工具（例如个人飞行载具和飞行汽车）与交通运行形式（例如自动驾驶的"共享"车辆）在不久的将来可能得到普及。因此，城市运营者与交通规划者应当将眼光放长远一些。在设计当前的城市空间时，为明天留有余地（至少是在纸面上）。例如，结合城市中的带状绿地或空间较大的建筑物顶部平台，设计并预留飞行器起降的场地；调整现有法规或出台新的法规，在法理上为自动驾驶车辆的行为准则与事故责任归属（涉及是驾驶员在干预还是完全由自动驾驶系统在操作）规则进行准备（图15-1）。

图15-1 在不久的将来，自动驾驶汽车将投入民用；与之前交通科技的突破类似，最先享受的是收入较高的人群
图片出处：http://www.lavanguardia.com/r/GODO/LV/p3/WebSite/2016/09/20/Recortada

15.3.2 道路交通管理层面

1. 注重道路网的有机性

城市道路系统可以类比于人体的血管，高/快速路类似于主动脉，主干路、次干路类似于中、小动脉，支路和单位内部道路类似于毛细血管。理想的城市道路级配结构与空间布局，也应与血管的运作原则有相同之处：输送物被直接送达目的地，而没有通过与之无关的其他器官；流通渠道的宽窄，是按运动量的多少而定。对于中国大城市来说，在条件成熟时应着力于打通部分单位或小区的院墙（即使仍限制单位/小区外部车辆进出），也可以通过增加出入口数量增强单位内外部道路的联系），使得道路网络能够更有效地相互联系，交通流能够更高效地运行。

从另一角度来看，人体的主血管分为动脉和静脉。两者看似只是方向相反，但功能却不相同：动脉负责输送新鲜血液离开心脏，血液压力较高，流速较快；静脉负责将用过的血液送回心脏，血液压力较低，流速较慢。与之相似，中心城区类似于心脏，早高峰进入中心城区的车流，类似于静脉中的血液，应平稳有序（因为此时中心城区内部也存在密集的交通出行,若迅速注入大量外部交通,由于无法"吸收"必然导致淤塞);而离开中心城区的车流(尤其是晚高峰时段),类似于动脉中的血液,应当迅速高效(迅速向城郊疏散走部分车流,将非常有利于傍晚时段中心城区内部的交通运行)。鉴于此,我们可以突破道路设计与运营中上、下行方向完全对称的模式。通过差异化的车道和交叉口设置(例如出城方向的车道数多于进城方向)以及差异化的交通管理的手段(例如上、下行方向不同的限速,在道路的进城方向实施高峰时段拥堵收费),控制高峰时段进城车流的车速与交通量,提升出城方向的车速与交通量(图15-2、图15-3)。

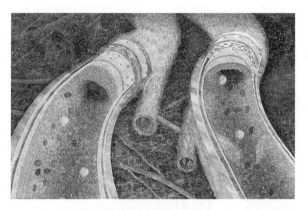

图15-2　人们常把干路系统比作动脉,实际上,是不是有些道路的作用更类似于静脉呢?

图片出处:http://www.gettyimages.com/detail/illustration

图15-3　非对称的城市道路横断面设计,目前仅见于局部路段

2. 交通稳静化

交通稳静化,意指通过交通系统的硬件(物理措施)和软件(政策、立法、技术标准)控制机动车车速并减少鲁莽驾驶行为,从而降低机动车对居民生活质量及环境

的负效应,改善行人及非机动车交通环境。从城市视角看,交通稳静化有助于提高交通安全性、可行走性和可居住性,更重要的是提升街区和社区活力。

交通稳静化的手段有很多,包括设置路拱、减速平台,增加迷你环岛,局部缩窄街道,缩小交叉口,使用不同的铺装、纹理和颜色凸出自行车道与人行横道等。主要用于城市支路、单位或小区内部道路、商业区和公园道路等区域。

15.3.3 公共交通领域

1. 服务水平的全面提升

通过增加发车频率和选用大型化运输工具(例如双层公交巴士或车长 14 m 左右的长大公交巴士)增加运输能力,降低公共交通热门线路的车内乘客密度。有条件的线路,地铁列车可以由 B 型车 6 列编组升级为 B 型车 8 列编组,同时,对站台等基础设施进行相应改造。

通过定时到、发车与车辆位置显示技术以及"如约"地自组织公交运营模式,减少公共交通冷门线路的等候时间。

提高公交车内的"座位数与站立人数比",并适当降低车辆核载人数。

更换座椅和坐垫材质,提高车辆的乘坐舒适性。

管理和维护车站及车内秩序,对严重干扰司机或其他乘客的出行者采取干预和处罚措施。

2. 促进与其他交通方式的有机结合

发展市郊的停车换乘(P+R)设施,通过小汽车换乘公共交通的方式,减少市郊小汽车直接进出中心城区的出行量。

发展中心城区的非机动车停车换乘(B+R)设施(综合考虑私人自行车、公共自行车与共享单车的停车空间),通过自行车换乘公共交通的方式,缓解公共交通

图 15-4 车头安装自行车支架的公交巴士
图片出处:http://www.3487.com/html/6/18054

的"最后 1 km"问题。

有条件的轨道交通线路,可以指定时段允许乘客携带便携式自行车。有条件的公交巴士线路,可以在车头增加自行车支架(图 15-4)。

增加无障碍公交巴士、校车和出租车的比例。

15.3.4 迎接新技术革命

1. 自动驾驶

随着未来自动驾驶技术的成熟与普及,道路行车秩序和交通安全状况将出现进一步改观。更重要的是,部分驾车人得以从开车这种较为繁重的体力和脑力劳动中解脱出来,这就极大地降低了小汽车自驾的综合成本,并提高了驾车人对行程时间的利用效率。简言之,堵在路上变得不那么可怕了。

同时,得益于自动驾驶技术的发展,未来的"共享汽车"将不同于现在的"分时租赁汽车",而更类似当前的出租车或网约车。由于无须职业司机驾驶,不仅节省了人力成本(但出行费用未必下降),也突破了司机准驾车型的限制,使得提供的车型更加灵活,也更便于提供全天候、全时段的服务。

新技术从来都是双刃剑。自动驾驶技术尽管存在上述便利,也暗藏着一定的使用风险,例如自动驾驶操作不当、与行人和骑车人难以交流、导航失误、车辆控制系统受到损坏(例如由于颠簸或车辆碰擦)或干扰、被人为地甚至由 AI 有意地操控以实现其他目的。而自动驾驶车辆服务的提供商,也会通过各种途径规避责任,将责任和成本转嫁至用户一方。因此,城市交通管理者需要适度超前地开展立法和监管的准备工作。同时,自动驾驶技术一方面有助于提升道路通行能力和使用效率,另一方面又会刺激诱增出行需求,因此,对于交通拥堵的综合作用并非当前宣传的那般美好。

2. 虚拟现实技术

虚拟现实(VR)技术的发展,将使得大量的人际交流得以远距离实现,并导致人们商务、办公、购物、求医等目的的出行需求出现下降。这对于道路交通拥堵的缓解具有积极作用。当然,幸福不会从天降,我们不能被动地等待交通拥堵在未来出现自发的缓解。

3. 人工智能

在不久的将来,自动化与人工智能(AI)将逐步取代部分行业的人力资源。麦肯锡公司(2017)预测,与 2016 年相比,2030 年中国总劳动人口中将有 16%(中速自动化情景)至 31%(高速自动化情景)被自动化生产或服务所取代,最高将有 13% 的劳动人口不得不更换职业(相对于车辆驾驶,那些重复性强、缺少创造性的工种实际上更容易被 AI 控制的自动化机器所取代)。城市的就业结构和通勤出行量将受到极大的影响。更重要的是,这会改变"城市"这一人类文明形态的方方面面(例如城市产业结构、居住区的空间分布),甚至影响人类文明的延续形式。

或许有一天,人们关注和研究的将不再是城市交通拥堵,而是人类"太空殖民地"的交通拥堵与星际旅行的交通拥挤……

结　语

　　本书综合运用交通工程学、心理学、经济学理论进行逻辑推导，形成的主要观点包括：

- 交通拥堵，不仅意指交通基础设施的"客观"拥堵，也包含交通工具内部拥挤和交通体验不佳导致的"主观"拥堵感受。
- 交通拥堵，是人们为了工作与生活，通过时间损耗来竞争使用城市道路交通资源的一种形式。这种竞争，在众多优质资源集中于中心城区且"职住分离"现象日益突出的中国大城市显得尤其普遍。加之停车空间供给与公共交通价格的反市场化，其结果是大量对时间消耗不敏感者成功取得了高峰时段城市交通资源的使用权。
- 在发展势头良好的大城市，交通拥堵不可避免，不应将消除城市交通拥堵作为终极目标。实际上，出于经济层面的考虑，城市运营者和城市交通管理者不一定会真正关心城市中所有路段的交通拥堵治理。
- 在计划经济时代，"宽道路—稀路网"与"大院制—大街区"是相互匹配的；时至今日，"宽道路—高架桥—稀路网"与"大院制—大街区"亦符合转型期中国城市运作的需要，这一个特征总体上不会以交通行业的意志为转移。
- 中国城市出行者需求层次的差异化和"丛林法则"盛行的交通环境，将交通拥堵的波动性与主观感受上的严重性加以放大。
- 中国大城市建成区较高的居住密度，使得城市公共交通的发展具有先天的成本优势。为了提高服务水平吸引小汽车出行者，当前单一的"高补贴、低票价"公共交通运作模式应当向差异化公交服务模式转变。
- 对交通瓶颈的治理，有助于缓解交通拥堵的程度或改变交通拥堵的形式。即使只改变了交通拥堵的形式，对于出行者的主观感受也是非常有益的。

　　除了上述"价值观"层面的结论，本书亦引用了大量较新的案例和数据，给出了"方法论"层面的思考，主要包括：

- 在交通拥堵客观测算中纳入主观感受的思路与方法；

- 路权划分的规则与方法；
- 不同等级城市道路的设计与管理方法；
- 差异化公共交通服务模式的发展思路；
- 停车场系统高峰空间定价的思路；
- 轨道交通高峰时间定价的思路；
- 道路拥挤收费模式的选择思路。

"运用之妙，存乎一心"，希望本书对视角不同的各位读者都能起到一定的启发作用。最后，衷心祝愿中国城市交通的明天更高效、更公平、更美好！

参 考 文 献

[1] BOARNET M,KIM E,PARKANY E,1998. Measuring Traffic Congestion [J]. Transportation Research Record,1634(1):93-99.

[2] Department for Transport statistics,2017. Road lengths in Great Britain: 2016 [R].

[3] Federal Highway Administration (FHWA),2017. Urban Congestion Reports[R/OL]. https://ops.fhwa.dot.gov/perf_measurement/ucr/.

[4] IBM,2010. Global Commuter Pain Survey[R].

[5] IBM,2011. Global Commuter Pain Survey:Traffic Congestion Down,Pain Way Up[R].

[6] IBM,2011. Global Parking Survey:Drivers Share Worldwide Parking Woes[R].

[7] Illinois DOT,2016. Texas Peace Officer's Crash Report 2015 [R]. Chicago:Illinois Department of Transportation.

[8] INRIX,2017. Global Traffic Scorecard [EB/OL]. (2017-01-01). http://scorecard.inrix.com/scorecard.

[9] ITDP(交通与发展政策研究所)中国,2015. 北京停车研究报告[R].

[10] LIU W Z,LU H P,SUN Z Y,et al,2017. Elderly's Travel Patterns and Trends:The EmpiricalAnalysis of Beijing [J]. Sustainability(9).

[11] LOMAX T,MARGIOTTA R,TURNER S,2007. Monitoring Urban Freeways in 2003:Current Conditions and Trends from Archived Operations Data [J]. Mobility(1):32-48.

[12] MASLOWA H,1943. A theory of human motivation[J]. Psychological Review,50(4):370-96.

[13] Mckinsey Global Institute,2017. Jobs Lost Jobs Gained:Workforce Transitions in a Time of Automation [R].

[14] National Highway Traffic Safety Administration,2016. Traffic Safety Facts [R].

[15] New York City Department of Health and Mental Hygiene,2017. Pedestrian Fatalities in New York City [R].

[16] NYC Department of City Planning,2010. Transportation Division,Modal Split by Borough for NYC Residents [R].

[17] ROSE E,2017. Citymapper launches' smart buses' in London in bid to reinvent bus service [N]. London Evening Standard,2017-05-08.

[18] SCHRANK D L,LOMAX T J,1997. Urban Roadway Congestion:1982 to 1994[J]. Mobility(1):20-41.

[19] SHAN Juan,2016. WHO: 260,000 die in China as a result of road accidents[EB/OL]. (2016-05-24). http://www.chinadaily.com.cn/china/2016-05/24/content_25442984.htm.

[20] TAYLOR B D,邵玲,2011. 交通拥堵反思[J]. 城市交通,9(6): 86-90.

[21] Texas A&M Transportation Institute, The Texas A&M University System, 2012. TTI's 2012 Urban Mobility Report Powered by INRIX Traffic Data[R].

[22] The Texas A&M Transportation Institute and INRIX,2015. 2015 Urban Mobility Scorecard[R/OL]. http://mobility.tamu.edu/ums.

[23] TomTomInternational BV,2017. TomTom TRAFFIC INDEX[EB/OL]. (2017-01-01). http://www.tomtom.com/en_gb/trafficindex.

[24] Transportation Research Board (TRB),2010. Highway Capacity Manual[R]. The National Academy of Sciences.

[25] UK Department for Transport (DfT),2016. Bus services: grants and funding[R].

[26] ZHAO G L,ZHENG X Q,YUAN Z Y,et al,2017. Spatial and Temporal Characteristics of RoadNetworks and Urban Expansion[J]. Land,6(30).

[27] 百度地图,2017. 2017 年第二季度中国城市研究报告[EB/OL]. (2017-08-14). https://www.sohu.com/a/164568097_472878.

[28] 百度地图,2018. 2017 年第四季度中国城市研究报告[EB/OL]. (2018-01-23). http://huiyan.baidu.com/reports/2017Q4_niandu.html.

[29] 北京交通发展研究院,2016. 2016 北京市交通发展年度报告[R].

[30] 北京市发展和改革委员会,北京市交通委员会,北京市住房和城乡建设委员会,2015. 京发改〔2015〕2688 号 关于本市停车收费管理有关问题的通知[S].

[31] 北京市公安局公安交通管理局,2017. 车辆按尾号限行交管措施解读[EB/OL]. http://www.bjjtgl.gov.cn/zhuanti/10weihao/index.html

[32] 北京市交通委员会运输管理局,2017. 2016 年第四季度停车场备案汇总数表[EB/OL]. (2017-01-20). http://www.bjysj.gov.cn/xxgk/hygl/tcssgl/201701/t20170120_166146.html.

[33] 北京市人民政府,2013. 北京市机动车停车管理办法[S].

[34] 北京市统计局,国家统计局北京调查总队,2016. 2016 北京统计年鉴[R].

[35] 北京市质量技术监督局,2011. 城市道路交通运行评价指标体系[S].

[36] 蔡如鹏,2017. 联合国专家:中国城市规划对人很不友好[J]. 中国新闻周刊(12).

[37] 陈欢,薛美根,2016. 大数据环境下上海市综合交通特征分析[J]. 城市交通,14 (1):24-29.

[38] 城市数据团,2016. 在上海上下班高峰期什么出行方式和出行策略最快?[EB/OL]. (2016-04-11). https://www.zhihu.com/question/39732524/answer/94746224.

[39] 褚峤,陈清凝,谌丽,等,2016. 不用打开小区围墙 也可以实现小街区的好处[EB/OL]. (2016-07-23). https://www.thepaper.cn/newsDetail_forward_1502908.

[40]滴滴媒体研究院,2016.2016年上半年中国城市交通出行报告[EB/OL].(2016-07-01). http://www.imxdata.com/archives/10768.

[41]滴滴媒体研究院,第一财经商业数据中心,2017.2016智能出行大数据报告[EB/OL]. (2017-01-23).https://wenku.baidu.com/view/b12d3d2d53ea551810a6f524ccbff121dd36c 507.html.

[42]董菁琳,李根,2017.公安重拳严整非机动车交通违法查获非机动车各类交通违法行为384 万起[N].上海法治报,2017-11-17.

[43]高德地图,2016.2016年第一季度中国主要城市交通分析报告[EB/OL].(2016-05-22). https://max.book118.com/html/2017/0528/109932000.shtm.

[44]高德地图,2017.2016年度中国主要城市公共交通大数据分析报告[R].

[45]高德地图,2017.2016年度中国主要城市交通分析报告[EB/OL].(2017-01-01).http:// report.amap.com/index.do.

[46]高善文,2017.土地供应垄断带来的扭曲:重点城市房价上涨之谜[J].清华金融评论,(2).

[47]官阳,2018.城市道路应当如何设置栏杆[Z/OL].(2018-03-08).微信公众号:市政厅.

[48]管驰明,姚士谋,2001.城市交通与土地利用关系研究:以南京市为例[J].南京社会科学 (z2).

[49]广东移动大数据应用创新中心,2017.基于移动大数据的深圳市人口统计研究报告[EB/ OL].(2018-01-13).http://bbs.caup.net/read-htm-tid-55110-page-1.html.

[50]郭斌亮,汤舸,高路拓,2015.人口疏解 让城市变得更拥堵[Z/OL].(2015-03-08).微信公 众号:城市数据团.

[51]郭超,汤旸,2013."份儿钱"进化史[N].新京报,2013-04-17.

[52]郭继孚,2017.大数据视角下的城市与交通[C].深圳:第七届公交都市发展论坛.

[53]郭敏,2018.与其用"人脸识别"处罚穿马路,不如反思交通控制五原则[Z/OL].(2018-03- 22).微信公众号:市政厅.

[54]国家自行车电动自行车质量监督检验中心,2017.中国电动自行车质量安全白皮书[R].

[55]国务院,1994.国发〔1994〕17号:汽车工业产业政策[S].

[56]杭文,2016.运输经济学(第二版)[M].南京:东南大学出版社.

[57]赫尔曼·哈肯,2013.协同学:大自然构成的奥秘[M].凌复华,译.上海:上海译文出版社.

[58]环梅,2014.基于生存分析的信号交叉口非机动车穿越行为研究[D].北京:北京交通大学.

[59]黄伟,2017.新技术、新模式、新生活——未来城市交通的规划思考[Z/OL].(2017-06-27). 微信公众号:清华同衡规划播报.

[60]黄曦,李育蒙,孔小云,等,2017.全国12城市叫停新增投放共享单车骑至"拐点"?[EB/ OL].(2017-09-11).http://news.southcn.com/china/content/2017-09/11/content_ 177441578.htm.

[61]黄亚生,2017.城市的价值取决于其在多大程度上释放人的价值[Z/OL].(2017-12-10).微 信公众号:亚生看G2.

[62]纪俨玲,景明,2015.扬州公共自行车两次采购价格悬殊官方回应质疑[EB/OL].(2015-01-

30). http://china.cnr.cn/yaowen/20150130/t20150130_517576370.shtml.

[63] 简·雅各布斯,2006.美国大城市的死与生[M].金衡山,译.南京:译林出版社.

[64] 姜洋,王志高,2016."窄马路、密路网、开放街区":怎么看 怎么做?[EB/OL].(2016-02-22). https://www.thepaper.cn/newsDetail_forward_1434659.

[65] 老蛮,2018.虚省撤县 强化地市:真正的行政体制改革方向[Z/OL].(2018-03-06).微信公众号:数据透析站.

[66] 李燕,王芳,2017.北京的人口、交通和土地利用发展战略:基于东京都市圈的比较分析[J].经济地理(4).

[67] 梁鹤年,2002.经济全球化与中国城市[J].城市规划,26(1):70-74.

[68] 林语堂,1994.中国人[M].郝志东,沈益洪,译.上海:学林出版社.

[69] 凌小静,2016.国际大都市轨道交通线网布局经验总结[Z/OL].(2016-10-01).微信公众号:一路飞扬.

[70] 刘天宝,塔娜,肖作鹏,2016.中国的封闭小区从何而来 又该怎么办:"新单位主义"的回应.[EB/OL].(2016-02-25). https://www.thepaper.cn/newsDetail_forward_1435827.

[71] 刘易斯·芒福德,2005.城市发展史:起源、演变和前景[M].北京:中国建筑工业出版社.

[72] 陆锡明,顾啸涛,2011.上海市第五次居民出行调查与交通特征研究[J].城市交通(9).

[73] 陆锡明,顾啸涛,2011.上海市第五次居民出行调查与交通特征研究[J].城市交通(9).

[74] 马琦伟,阚长城,2018.如何用百度大数据评价城市重要性和划定城镇化分区[Z/OL].(2018-01-04).微信公众号:国匠城.

[75] 南京公安局交通管理局,2016.2015年南京交通事故大数据分析报告[R].

[76] 南京市城市与交通规划设计研究院有限责任公司,2009.2009年南京交通发展年度报告[R].

[77] 南京市统计局,国家统计局南京调查队,2016.2016南京统计年鉴[M].北京:中国统计出版社.

[78] 潘竟虎,戴维丽,2015.1990—2010年中国主要城市空间形态变化特征[J].经济地理,35(1).

[79] 企鹅智酷,2015.2015年中国"黑车"调查报告乘坐率超80%[EB/OL].(2015-01-12). http://www.199it.com/archives/320881.html.

[80] 企鹅智酷,2017.北京医疗资源分布及热度报告[R].

[81] 钱坤,郑景轩,2012.深圳市自行车交通现状特征与发展策略研究[C]//中国城市交通规划2012年年会论文集.

[82] 上海国际商品拍卖有限公司,2017.上海市个人非营业性客车额度拍卖公告[EB/OL]. http://chepai.alltobid.com/channels/22.html.

[83] 上海市城乡建设和交通发展研究院,2015.上海市第五次综合交通调查主要成果[J].交通与运输(6).

[84] 上海市城乡建设和交通发展研究院,2017.2016年上海市综合交通运行年报[R].

[85] 上海市交通港航发展研究中心,2017.2017上海市交通行业发展报告[R].

[86] 上海市民政局,2016.上海市老年综合津贴制度实施方案[S].

[87] 深圳市统计局,国家统计局深圳调查队,2017.深圳统计年鉴2017[M].北京:中国统计出版社.

[88] 石飞,2006.城市道路等级级配及布局方法研究[D].南京:东南大学.

[89] 宿凤鸣,2014.基于生理性弱势群体出行需求的城市交通公平[J].综合运输(9).

[90] 孙颖,2014.北京公共自行车频遭"恶搞"平均每天修两辆[N].北京晚报,2014-12-02.

[91] 汤姆·范德比尔特,2017.开车心理学:为什么我们一开车就变了样?[M].邹熙,陈晓斐,译.北京:中信出版社.

[92] 田莉,戈壁青,李永浮,2014.1990年以来上海半城市化地区土地利用变化:时空特征和影响因素研究[J].城市规划,38(6).

[93] 王凯,2014.北京地铁客流特征分析[J].管理科学与工程(3):51-56.

[94] 王蒙,2017.ofo小黄车宣布完成新一轮超7亿美元融资[EB/OL].(2017-07-06).https://tech.sina.com.cn/roll/2017-07-06/doc-ifyhvyie03 09664.shtml.

[95] 王玥,张晓龙,梁隽,等,2014.2013年基于教师科研的大学生科研训练计划项目结题报告:大城市被机动化人群空间活动与交通需求研究[R].南京:东南大学.

[96] 王志高,2014.尺度、密度、面积率:中国城市道路规划建设指标的启示[J].城市发展研究,21(Z2):1-6.

[97] 王志高,2015.中国城市的宽马路现象、影响及对策[C]//2015中国城市规划年会论文集.

[98] 夏晓敬,关宏志,2013.北京市老年人出行调查与分析[J].城市交通,11(5):44-52.

[99] 小芽,小浪,2015.数据解读城市:北京本地人VS外地人[EB/OL].(2015-11-18).https://www.sohu.com/a/42311652_242879.

[100] 肖姗,2014.南京去年老人免费或半价乘公共交通1.78亿人次[N].南京日报,2014-09-23.

[101] 新华社,2017.受伤的外卖小哥两天半死伤一人 为何事故多发?[N].北京晨报,2017-09-01.

[102] 杨保军,杨军,2008.被异化的城市[J].书摘(1).

[103] 杨涛,2016.正解"街区制、密路网"[Z/OL].(2016-02-28).微信公众号:市政厅.

[104] 杨雨,李庚,王蓉,等,2016.限行政策对道路交通流的影响研究——以天津市为例[J].交通信息与安全(1).

[105] 伊利尔·沙里宁,1986.城市:它的发展、衰败和未来[M].顾启源,译.北京:中国建筑工业出版社.

[106] 佚名,2014.工业用地进入"存量时代"上海成外来产业地产商噩梦[N].中国房地产报,2014-05-09.

[107] 佚名,2014.心理解读:上下班坐公交的幸福指数最低[N].广州日报,2014-2-14.

[108] 佚名,2015.北京首次公开公交财政补贴去向今年公交拟补贴83亿[EB/OL].(2015-01-23).http://industry.caijing.com.cn/20150123/3806395.shtml.

[109] 佚名,2017、2016年中国共享单车用户规模及市场占有率分析预测[EB/OL].(2017-02-

20). http://www.chyxx.com/industry/201702/496096.html.

[110] 佚名,2017.南京城镇非私营从业人员2016年均工资 高达8.7万[N].现代快报,2017-06-13.

[111] 佚名,2017.注意！11月25日武汉公共自行车停止营运即日起可退款[N].长江日报,2017-11-19.

[112] 永安编辑部,2016.永安公共自行车2015年大数据发布[Z/OL].(2016-03-03).微信公众号:城市公共自行车.

[113] 俞林鑫,2015.为什么会存在"不占便宜就吃亏"的心理？[EB/OL].(2015-04-23).https://www.zhihu.com/question/29771762/answer/45604368.

[114] 张健,孔祥雯,2012.浅议城市支路的缺失与对策[J].交通科技(8).

[115] 张京祥,赵丹,陈浩,2013.增长主义的终结与中国城市规划的转型[J].城市规划,37(1).

[116] 张振鹏,王玲,2014.城市的本质意义及其发展方向论析[J].郑州大学学报(哲学社会科学版)(1).

[117] 赵忞,2018.上海大型商品房社区分布特点和设计规律[Z/OL].(2019-05-07).微信公众号:见社里.

[118] 赵燕菁,2011.城市增长模式与经济学理论[J].城市规划学刊(11).

[119] 赵燕菁,2013.正确评价土地财政的功过[J].北京规划建设(5).

[120] 郑淑鉴,杨敬锋,2014.国内外交通拥堵评价指标计算方法研究[J].公路与汽运(1):1-4.

[121] 中华人共和国国务院,1996.国务院令第198号城市道路管理条例[S].

[122] 中华人民共和国公安部,1995.GA 115—1995 道路交通阻塞度及评价方法[S].

[123] 中华人民共和国建设部,1998.城市规划基本术语标准 GB/T 50280—1998[S].

[124] 中华人民共和国建设部,2002.GB 50180—1993 城市居住区规划设计规范(2002年版)[S].

[125] 中华人民共和国住房和城乡建设部,2012.CJJ 37—2012 城市道路工程设计规范[S].

[126] 中华人民共和国住房和城乡建设部,2012.GB 50137—2011 城市用地分类与规划建设用地标准[S].

[127] 钟晖,2017.电动自行车事故死亡率呈大增趋势[N].新闻晨报,2017-05-02.

[128] 周建高,2014.东京城市空间结构与城市交通合理性探析:从与北京比较的视角[J].城市(3).

[129] 周建高,2015.我国城市人口密度真相[N].中国社会科学报经济学版,2015-06-19.

[130] 朱轶佳,2015.1990年以来上海建设用地扩展的时空演化特征研究[C]//2015中国城市规划年会论文集.

[131] 住房和城乡建设部城市交通工程技术中心,中国城市规划设计研究院,北京四维图新科技股份有限公司,2018.中国主要城市道路网密度监测报告(2018年度)[R].